なぜ中間層は没落したのか

アメリカ二重経済のジレンマ

THE VANISHING MIDDLE CLASS
PREJUDICE AND POWER IN A DUAL ECONOMY

ピーター・テミン［著］
栗林寛幸［訳］／猪木武徳［解説］

慶應義塾大学出版会

THE VANISHING MIDDLE CLASS
by Peter Temin

日本語版への序文

日本の皆さんに拙著をお届けすることができて嬉しく思います。所得格差は世界的な問題ですが、私はアメリカについて書くことにしました。他国よりもアメリカの政治史についてよく知っているからです。他国や他言語の皆さんには、ご自身の住む地域の政治的文脈に沿って考えてほしいと思います。

本書で主張したように、アメリカでは第二次世界大戦からの復興が完了した一九七〇年代に所得格差が拡大し始めました。アメリカの人口を二つに分けると、二割の人は国民所得に占めるシェアを高め、八割の人は以前のシェアを失いつつありました。格差拡大には多くの要因があり、国内の技術変化や政策実践から、ますます開放的になる国際資本移動までを挙げることができます。

この傾向は、本書の執筆以降、引き続き速度を増しています。本書が出版された〔二〇一七年〕頃に成立したトランプ政権のもとで、それは加速しました。この政権の最初の二年間に成立した唯一の大型法案は、超富裕層に対する巨額の減税です。この減税は、現在、政権を強力に支配するもっとも裕福なアメリカ人の所得シェアを増やしました。彼らの影響は次第に拡大し、州の役職を目指す保守系候補に対する最富裕層の資金援助は、連邦レベルでの努力を補完しています。

私は本書のエピローグで、トランプは三つの理由で二〇一六年の選挙に勝ったと主張しました。

第一に、トランプは現代史上、もっとも人種を分断するような選挙戦を展開しました。第二に、所得格差が拡大し、「シチズンズ・ユナイテッド」事件についての二〇一〇年の最高裁判決を経て、資金が大きな役割を果たしました。第三に、プーチンとロシアのインターネット専門家たちがアメリカのソーシャル・メディアに影響を与えました。これらのテーマは引き続きトランプ政権の政策を支配しています。順番にコメントします。

任期の二年目（二〇一八年）に入ってもトランプ大統領は人種差別的な発言と政策を続け、その対象はアメリカの黒人から、亡命を試みるラテン系の人々やムスリム系移民に拡大していました。「アメリカを偉大な国に」というトランプの選挙スローガンは、アメリカを白人の国にして他の人々は抑圧せよという意味でした。[†1] アメリカ人の出生率は低いため、移民の不在は経済成長を抑制し始めるでしょう。そしてアメリカにおける大量投獄は、貧しい黒人に加えてラテン系移民にまで及ぶようになっています。

アメリカ政府を支配しているのは、非常に裕福な人々と彼らの従業員や代表です。彼らはあらゆる種類の規制に反対し、アメリカ政府が国内の活動を削減するように圧力をかけます。政府の政策は低賃金部門を助けるためのものでしたが、トランプ政権はそれらをひとつずつ削減・撤廃しています。

コーク兄弟は、アメリカ南部出身のノーベル経済学賞受賞者ジェームズ・ブキャナンに相談して、こうした（小さな政府を目指す）見方を一九七〇年代に採用しました。ブキャナンはアダム・スミスを引用し、政府が邪魔をしなければたいていの問題はひとりでに解決されると述べました。もちろん、スミスの言葉はコーク兄弟の二世紀前のものです。彼が論じていたのは、十八世紀英国の中世以来の宗教的ルールの緩和や撤廃であって、二十世紀アメリカのセーフティネットの廃絶ではありませんでした。にもかかわらず、ブキャナンはアダム・スミスを引用して、アメリカにおける社会的セーフティネットの廃絶を支持し、それは現在進行中です。

最後に、ロシア人がトランプ大統領の当選を助けました。プーチンと彼の取り巻きは高度に組織化されていましたが、トランプと彼の集団はバラバラでした。その結果、明示的な合意には至りませんでしたが、トランプ大統領がプーチンの顔を立てていることは明らかです。アメリカはかつて、北大西洋条約機構、欧州の統合、そして民主主義の擁護者でしたが、これらすべてに反対するようになっています。

トランプ大統領は、ロシアによる支援が報道されたため、引き続き大統領としての資格に神経をとがらせています。彼は、議会がさらなる調査のために求める情報を隠蔽し、自身の関与について嘘をついています。彼は頻繁に嘘をつき前言を翻すため、外国の首脳は彼が真実を述べると信用することができず、そのためアメリカは新たな国際的合意のために交渉することが難しくなっています。[†2]

---

†1　南部のトランプ支持者の多くは選挙戦で（南北戦争時の）南軍旗を掲げた。南軍旗は現在、奴隷制や白人至上主義的信条の象徴とされている。ただし、南部の白人の一部はそれを「白人の誇り」や抵抗の象徴であると見なす。

†2　トランプ大統領は二〇一九年一二月にウクライナ疑惑（権力乱用と議会妨害）をめぐって弾劾訴追されたが、二〇二〇年二月に上院で（それぞれ五二票対四八票、五三票対四七票で）無罪評決が下された。評決に対する世論も大きく割れた。

この序文を終えるにあたって日本の皆さんに思い起こしてほしいことは、一七七六年に英語圏の世界でどれだけ多くの出来事が生じたかです。アメリカ人は独立宣言に署名しました。英国人は蒸気機関の特許を取得しました。そしてアダム・スミスが『国富論』を出版しました。現在、一部のきわめて裕福なアメリカ人がアメリカを軍隊の維持に専念する十八世紀の奴隷所有国家に引き戻そうとしています。FTE〔金融・技術・電子工学〕部門は所得が伸びているため反対しません。低賃金部門が苦しんでいるのは、あたかもヴィクトル・ユーゴーの『レ・ミゼラブル』のようです。

目次

凡例 訳注は、本文中に〔 〕の中で示した。長くなる場合は、奇数ページの左端に脚注で示した。

はじめに

拡大する所得格差は、アメリカの中間層を脅かしており、中間層は私たちの目の前から消えつつある。アメリカの所得分布の中間に位置する人々は減っており、国は裕福な人と貧しい人に分断されつつある。所得分布は、ひとこぶラクダのような形から、中間に低い部分のあるふたこぶラクダのような形に変化した。私たちは現在でもひとつの国であるが、所得の広がりは国の統一に緊張をもたらしている。

中間層は二十世紀におけるアメリカの成功に不可欠であった。中間層が提供した人的資源のおかげで、国は二十世紀前半の二度の世界大戦を勝ち抜いた。また中間層は、二十世紀後半のアメリカによる世界経済支配の背骨であった。しかし現在、平均的労働者は職探しに苦労し、中位所得の労働者の収入は四十年間、上昇していない。(中位所得とは、まさに中間に位置する所得で、この値を上回る人と下回る人が同数になる。二〇一四年、三人家族で、約六万ドルだった。)アメリカが二十一世紀に強さを維持するためには、何かをしなくてはならない。*1

この問題を複雑にするのはアメリカの歴史である。奴隷制は建国当初のアメリカに不可欠の要素で、その廃止には長期にわたる血なまぐさい南北戦争を経る必要があった。あまりにも多くのアフリカ系アメリカ人が、現在でもアメリカ社会の主流に十分には統合されていない。前進は見られるものの、居住地や学校はまだ概して人種で隔離されており、アフリカ系アメリカ人は全体として白人のアメリカ人よりも貧しい。

格差と人種隔離の組み合わせは、健全な民主主義にとって問題である。たとえば、民主的な社会では、投票はあらゆる市民の権利でなくてはならない。奴隷は当然、投票しなかったが、アフリカ系アメリカ人の投票を妨げる試みが今日まで続いており、裁判で違法な妨害と主張された注目すべき例も数多い。加えて、黒人は白人と比べて、アメリカの「薬物との闘い」〔麻薬撲滅戦争〕で逮捕・投獄される確率がはるかに高い。

貧しい白人もまたさまざまに苦しんできたが、政治論争や決定にはほとんど声をあげず、姿も見せなかった。伝統的に、貧しい白人アメリカ人はあまり投票してこなかった。その原因は、写真つきＩＤの要請のように黒人の投票の抑制に使われた制限や、政党はみな同じで政治家は自分たちのことを気にかけないという広範な信念にあった。最近の経済成長から取り残されたという彼らの失望や絶望は、数々のストレスや自滅的行動につながり、中年の白人アメリカ人の死亡率を押し上げた。彼らの境遇への怒りは二〇一六年の政治に向かった。この怒りは長い間アメリカの政治に影響を与えそうである。

こうした動きは、ピュー・リサーチ・センターの最近の調査で劇的に示された。変化は図1に表され、総国民所得が三つの集団に分けられている。中間層、上位層、下位層である。中間層は、アメリカの中位家計所得の三分の二から二倍の収入を持つと定義され、一九七〇年には総国民所得の五分の三以上を得ていたが、二〇一四年には五分の二をわずかに上回るのみであった。図1の線はどれも、一九七〇年以前は水平だったが、二〇一四年以降は動き続けている。

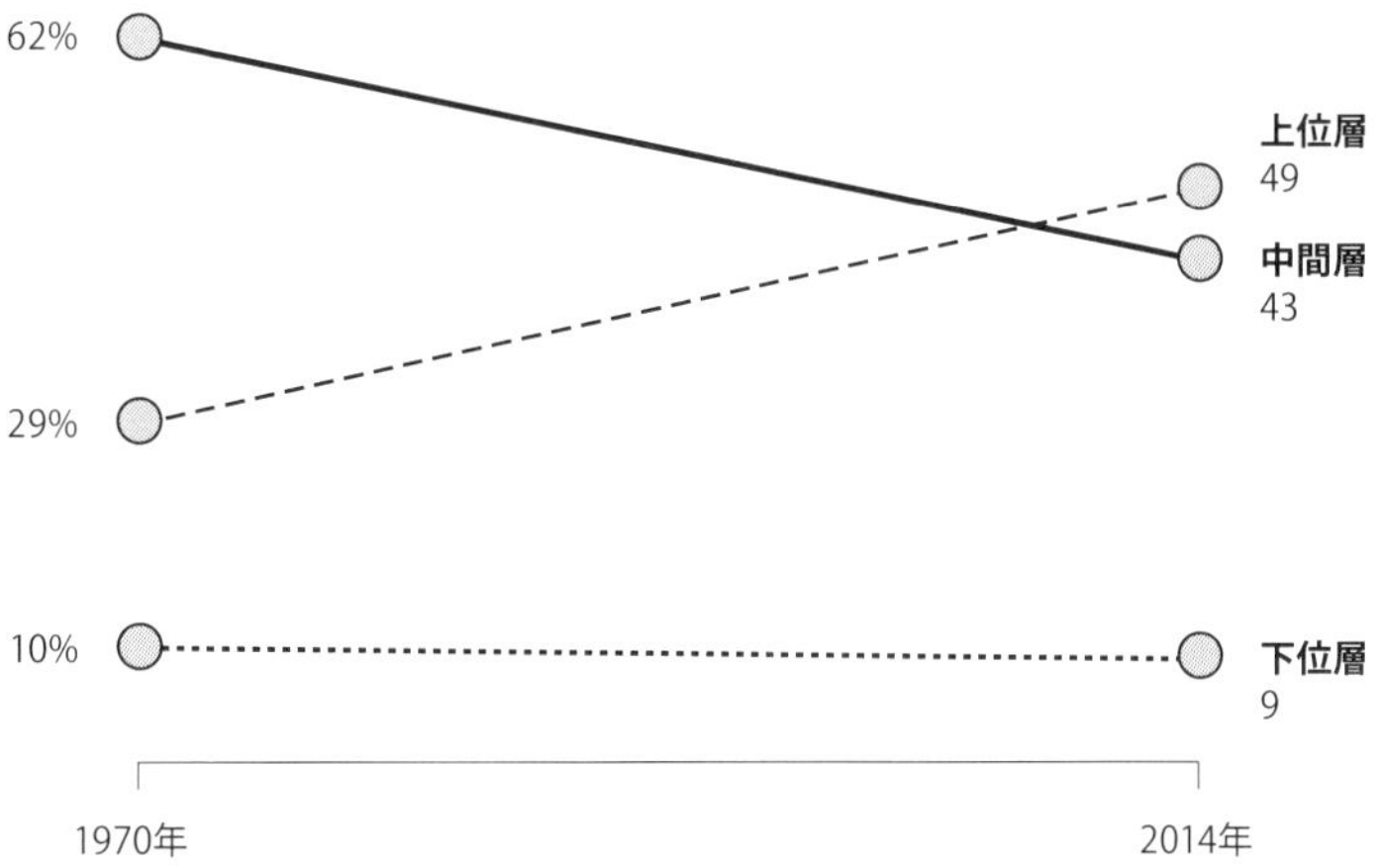

図1　各階層が米国の家計総所得に占める割合

注：所得階層への割当は調査前年の（人数調整済み）家計所得に基づく。四捨五入等のため、シェアは合計して100になるとはかぎらない。
出典：Pew Research Center 2015。

図1によると、中間層が失った所得のシェアは、中位所得の二倍以上を得ている人たちに流れた。要は、富裕層がより裕福になり、貧困層は姿を消さず、中間層が明瞭に縮小したのである。『21世紀の資本』のトマ・ピケティの研究から知られているように、一九七〇年から格差は拡大してきている。[*2] いま私たちが目にしているのは、所得分布の空洞化である。私たちは、富裕層と貧困層がいて中間層はわずかな国に向かいつつある。

格差拡大の歴史

本書は、貧富の所得格差のこうした拡大を考察する方法を提供する。私は、アメリカの歴史と政治が格差拡大と大きく関わっていると主張する。特に金融やIT分野で目立つ急速な技術の変化は、この話の重要な一部ではあるが、ごく一部でしかない。奴隷制とその後遺症という、人種をめぐる困難な歴史もまた、この分断の拡大に対する理解の重要な一部をなすのである。

イングランドの入植者が北米に渡り始めたのは十七世紀である。最初はマサチューセッツ州プリマスとバージニア州ジェームズタウンで、さらに大西洋沿岸地域に広がった。彼らは農耕のための広大で肥沃な土地を見つけたが、入植者・労働者の数が不足し、農耕は思うままにならなかった。先住アメリカ人は、イングランドからの占拠者のために働くことを拒み、ヨーロッパ由来の病気によって人口が激減した。入植者は、彼らの土地で農業をするように他の人々に勧めたが、ヨーロッパ人とアフリカ人に対する移住の呼びかけ方は非常に異なっていた。ヨーロッパ人は自由意思で、またはのちに独立できる年季奉公人として来ることを勧められたが、アフリカ人は奴隷商人によって無理やり連れてこられた。

ヨーロッパ人はまず農業、さらに工業によって繁栄を謳歌したが、アフリカ人は奴隷生活を余儀なくされた。十九世紀初頭には綿花が経済成長への鍵であり、南部でアフリカ出身の奴隷によって栽培され、北部でヨーロッパ人によって服に加工された。南北戦争で奴隷制は廃止されたが、それは南部の多くの白人にわだかまりを残したままである。第一次世界大戦後にヨーロッパからの移民が制限され、結果として、六〇〇万人のアフリカ系アメリカ人がいわゆる「大移動」の時期に北へ向かった。近年、メキシコや他の近隣中南米諸国からの移民が急増しており、ラテン系の人々も図1の下位層に集中している。働く貧困層をめぐる国民的議論は、アフリカ系アメリカ人に焦点を当てるが、ラテン系も含めて単純に「彼ら」と呼ぶこともある。

アフリカ系アメリカ人は、州と連邦の両方のレベルで政策論争の焦点にもなってきた。政府の福祉支出に反対する政治家は、かつては受給者を黒人と同一視していた。しかし、一九六〇年代の公民権運動以降、政治家は隠語を代用している。黒人アメリカ人のほぼ半数が図1の「より貧しい」層に含まれるものの、じつは貧しい人の大半が黒人ではない。アフリカ系アメリカ人の数は、貧困層の多数派になるほど多くないのである。貧しい白人も社会福祉サービスの打ち切りの影響を受けるが、彼らは政策論争ではほとんど目につかなかった。ボブ・ディランが一九六三年のマーティン・ルーサー・キングのワシントン大行進で歌ったように、「金のない白人は／後回しのままだが／責めてもしょうがない／ゲームの駒なのだから」[*3]。

人種と階級は別物でありながら、一八六五年に幕を閉じたアメリカの奴隷制時代以来、複雑に絡み合ってきた。ロナルド・レーガンが一九八〇年に大統領選出馬を表明したミシシッピ州フィラデルフィアは、一九六四年に三人の公民権運動家が殺害された場所である。ドナルド・トランプは二〇一六年の大統領選で、同じく遠回しに「アメリカを再び偉大な国に」と主張したが、ここでいう「偉大な」は「白人の」の婉曲表現である。公民権運動は人種差別の言語を変えたが、その作用範囲は狭めなかった。所得がますます不平等になるにつれて、人種差別は富裕層の道具となり、貧しい白人に黒人への優越感をかき立てて、経済的な窮状から目を逸らさせている。

図1は単純かつ複雑だ。単純なのは、大量の実証研究を印象深く要約しているからである。複雑なのは、経済、歴史、政治そして技術の結果だからである。色とりどりの糸から、首尾一貫した知的織物を織りなすために、私は経済モデルを利用する。モデルとは複雑な現実を単純化したもので、もっとも強い力の間の相互作用を明らかにする。それはまた、他の力をモデルに導入して、複雑な現実をより包括的に表現できるようにする。

ルイス・モデル

私が用いる経済モデルは、六〇年以上前に開発され、今日でも経済学の授業で教えられており、この話のさまざまな脈絡を一貫した筋立てに統合する。このモデルは、経済学の学習者以外にも理解できるほど明快でありながら、経済発展の過程についての洞察を提供し続けている。

経済学者はこのモデルを開発者W・アーサー・ルイスの名前で識別し、それはルイス・モデルと呼ばれる。より記述的には、**二重経済**（dual economy）モデルの原型としても知られている。二重経済が存在するのは、一国内に二つの別々の部門があり、異なる発展水準、技術水準、需要のパターンによって分断されているときである。この定義は、経済発展の分野におけるルイス・モデルの利用を反映しており、本書ではそれを翻案して、世界でもっとも裕福な大国であるアメリカの現状を描き出す。

これが意外にも逆説的でない理由は、二重経済から生まれた政策が原因で、アメリカはますます発展途上国の様相を呈するようになっているからである。誰であれ自宅から一歩でも出る人は、アメリカの道路や橋の劣化の問題を知っている。また、子供を私立学校に通わせる経済的余裕がないか、よい公立校があることで有名な郊外の高級住宅街に住むほど裕福でないならば、現在の教育危機のことも知っているだろう。

教育は二十世紀のアメリカの繁栄の鍵であった。私たちが「アメリカの世紀」を生きてきたのは、世界が羨むような教育の長い伝統があったからだといっても過言ではない。クラウディア・ゴールディンとローレンス・カッツがこの点を著書『教育と技術のレース』で指摘した。*4 教育は本書の論旨において二重の意味で重要である。第一に、教育は人々が二重経済の貧しい部門から裕福な部門に移るための鍵となる経路である。第二に、二十一世紀にアメリカが経済的成功を収め続けることに関心を持つ人なら、国の繁栄と成長を維持するために、学校の問題の解決を望むはずだ。

これはほとんどの人にとって切実な問題に見えるものの、二重経済がもたらす政治は、私たちの病める教育制度を再建するための賢明な行動を妨げている。のちに見るように、現在、教育には二つの制度が、二重経済の各部門にひとつずつ存在する。裕福な部門の学校の質にはばらつきがあるが、最高の学校はアメリカの歴史的経験をよく反映している。反対に、貧しい部門の学校は機能していない。問題解決の試みが知られるのは、その目も当てられない失敗による場合が多い。

奴隷制の遺産が、すべての子供に教育を提供する取り組みに今でも影を落としている。奴隷制の時代に黒人を教育することは違法だった。今日の政治家は、この人種差別の歴史をほのめかして、貧困層の教育を無視する。都市の貧困地区が良質な教育を奪われるのは、人種を想起させてそうした地区の無視・蔑視を正当化することが暗示されるためである。アフリカ系アメリカ人は暴力行為を非難されるが、それらは概して教育の失敗の（原因ではなく）結果である。地域の学区の統制は、アメリカの拡大期には、良質な教育の鍵であったが、ここ数十年、それは障壁になっている。[*5]

たとえ黒人学生が良質な教育を受けても、経済的地位を向上させるような仕事はなかなか見つからない。工場での仕事は一世代にわたって減り続けており、図1の右下がりの線の主要な原動力になっている。その含意として、教育を受けた黒人の大学卒業生が今日のアメリカ経済で高所得集団に入るためには飛躍的変化が必要になるが、この飛躍は二重の意味で難しい。それは通常さらなる教育を要するうえ、若く賢い黒人を高給の仕事に雇うことへの抵抗が存在する。経済構造の変化はアフリカ系アメリカ人の大部分を従属的な地位に押しとどめていると思われ、最優秀の精鋭だけが脱出を期待できる。南北戦争後の「大移動」期に南部を去ったアフリカ系アメリカ人のように、よい仕事を求めてアメリカに来たラテン系の人々も、似た問題を抱えている。

この描写は、モデルと歴史の含意を検討するにつれて、より鮮明になる。また、私たちは努力をより実り多いものにするための政治的変革の可能性についても学ぶことになる。未来を言い当てることは誰にもできないが、私たちは経済と社会のさまざまな土台を改善するための変化を希望している。のちに確認するように、二十一世紀の富裕層は、二十世紀にあらゆる黄金の卵を産んだガチョウを殺そうとしている。問題は、どうすれば現在の誤った軌道を修正できるかである。

本書の概要

本書の議論は四部に分かれる。第Ⅰ部でルイス・モデルを説明・翻案し、モデルの含意と現在のアメリカへの適用を示す。ルイス・モデルの含意に、上層部門が貧しい部門の賃金を低く抑えようとすることがある。たとえば、ボストン・グローブ紙は最近、新聞配達の費用の削減を試みた。ほとんどの人は、新聞が朝どのようにして玄関に届くのかなど考えないが、新聞配達は過酷な夜間のマラソンになっており、低所得労働者は経済の片隅で人目につかず働いている。配達運転手は被用者ではなく独立の請負業者と分類され、したがって医療費用の保証も退職金の積立もない。彼らは一年三六五日間働くが、給料は通常の仕事に見劣りし、休みが必要な日には代理人を見つけなくてはならない。彼らの多くは日中、別の仕事をこなして家族を助けている。働く人たちはますますこうした労働条件を強いられるようになっている。[*6]

第Ⅱ部では見かけ上の逆説を解消する。民主主義国において、経済の一部門がその意思を他の部門に押し付けることがいかにして可能なのか？　なぜ多数の貧困層は投票で少数の富裕層を落選させないのか？　中位投票者定理はこうした疑問のより厳密な問いかけを助け、可能な答えのありかを示唆する。政治の投資理論という別の見方が、二重経済における民主主義のあり方を明らかにする。

第Ⅱ部は、人種とジェンダーが私たちの意思決定に及ぼす影響から始めて、もっとも裕福なアメリカ人が政治において果たす役割に進む。彼らの活動がもっとも目立つのは、中西部の数州である。インディアナ州のヘッジファンド経営者たちが声高に支持した州知事〔現在は副大統領〕マイク・ペンスは、政府支出の削減、州の年金制度の廃止、公共部門の被用者組合の弱体化あるいは撲滅を望んでいた。この政策課題はウィスコンシン州でさらに推進されている。州知事スコット・ウォーカーは、より以前に着手し、企業による政党への直接出資を認め、独立の州政府説明責任委員会を、政党任命者からなる委員会に差し替えるところまで来ている。隣のミシガン州では、州知事リック・スナイダーが、貧しく黒人の多い町フリントの飲料水に含まれる鉛についての警告を無視していた。鉛中毒が黒人の子供たちに及ぼす有害な影響は長期にわたるため、フリントの事例を「環境人種差別」と呼ぶ評者がいる。*7

これは、一連の立法措置や裁判所の判決によって政府の政策を支配することができた富裕層の計画である。すべての人に対する投票権の保証を目指した民主主義を、この一世代で弱体化させてきた政治構造においては、人口構成よりも所得がものを言うのである。所得はさまざまな形でものを言うが、選挙戦への支出は投票の中身と誰が投票できるかの双方に影響を与える。この新しい政治を生み出す決定を正当化してきたのは間接的な人種差別であり、それは貧しい人々を「他者」として厳しく罰するが、黒人と褐色人（ヒスパニック系）のことを指している。文字通りの人種差別的発言はなかったものの特筆に値することは、医療費負担適正化法〔通称オバマケア法〕のもとでメディケイド〔低所得者・身体障碍者向けの公的医療保険制度〕の無料適用拡大を拒絶した州は、ほとんどがもともと南部連合に属していたことである。[†1]

本書の第Ⅲ部は、第Ⅰ部と第Ⅱ部の洞察を特定の政策分野に適用する。軸となるのは、「多数派少数派（majority minority）」と「民営公共（private public）」という二つの矛盾語法である。最大の見えざる政策は、図1に取り上げた期間における大量投獄の拡大である。ニクソン大統領が薬物との闘いを宣言して以来、アメリカの収監率は、他の現代民主主義国の水準から、以前には全体主義国でしか見られなかったような水準にまで上昇している。二十一世紀には黒人男性の三人に一人が刑務所行きを予想されている。ただし、黒人が囚人の過半数を占めるわけではない。ヒスパニック系男性の六人に一人、白人男性の十七人に一人が刑務所行きを予想されている。しかし、薬物との闘いは黒人コミュニティを浸食してしまった。言いかえると、二〇〇一年には、三五歳から四四歳の黒人男性の二二％が収監経験を持ち、他方、この年齢集団のヒスパニック系男性の数字は一〇％、白人男性は四％であった。[*8]

多くの貧しい黒人の家庭には、刑務所行きの経験のある家族や親戚・隣人の知り合いがいる。あまりにも多くの黒人の母親が、シングルマザーとして子育てに孤軍奮闘することを余儀なくされている。そして学校に通う多くの黒人少年が、かなりの確率で警察に呼び止められ、逮捕すらされて、しまいには収監されることを知っている。現状がこれだけ厳しいとき、そんな子供が将来を考えられるのだろうか？

一人親の家庭は両親のそろった家庭よりも貧しい。彼らが住むのは貧困地域、通常は都市であり、学校の質は低い。この三十年ほどの政府の決定は、学校制度を二つに分岐させた。一方は大学に進学する富裕な郊外の白人のもので、他方は収監の脅威が頭から離れない都市の黒人と褐色人のものである。郊外の学校は地方税による財源が潤沢な一方、都市の税基盤は、大量投獄が個人と家族に課す経済負担によって縮小した。

こうした政策の組み合わせは悪循環を生み、黒人男性は刑務所におり、黒人女性は疲労困憊し、黒人の子供は良質な教育を奪われている。少年には有利な機会がほとんどなく、警察との接触が多い。多くの少年がしまいには収監されるかもしれず、このシステムを永続させる。政治家は、生徒が中途退学して刑務所に行くようなら、都市部の学校への投資を増やす価値はあるのかと議論している。彼らが見落としているのは、これが大量投獄と複雑な財源の取り決めを伴う制度の結果だということである。この循環をミシェル・アレクサンダーは「新ジム・クロウ[†2]」と呼んだ[*9]。

都市への公共投資も放置されてきた。都市の社会基盤（インフラ）は、道路や橋梁から公共交通に至るまで劣化が進んだ結果、以前には発展途上国にしか見られなかったような、ルイスが描いた荒廃した状況に近づきつつある。さらに、住宅ローンの焦げ付きや教育の不備による個人の負債が

†1　一八六一年、南北戦争期に合衆国から脱退した南部の十一州が結成。奴隷制を擁護する憲法を制定したが、一八六五年に敗北して合衆国に再編入された。

†2　ジム・クロウはアメリカの人気ショー（一八二八年）で戯画化された黒人登場人物の名前。のちに黒人の蔑称となり、人種隔離政策、さらにはアメリカ（特に南部）の人種差別的法体系を指すようになった。

膨れ上がっており、その規模は消費支出を妨げ、二〇〇八年の金融危機からの完全な回復を遅らせている。

最後の第Ⅳ部では、アメリカの経験を他の裕福な国々と比較して、現在の政策の変更を望む場合に可能となる変革の可能性を示す。一部の国は、所得格差の急激な拡大という我が国のパターンに続いた。他の国は、この進展を緩和するため、社会の最上層で増加を続ける所得に庶民が少しでもついていけるように助ける施策を制度化してきた。一国内での貧富の分離という傾向は、本書で概要を述べる問題に対処するための政策によって抑制できるのである。

しかし、アメリカには二重経済のルイス・モデルが当てはまる。それは上層部門が下層部門の賃金を低く抑えたがる理由を示す。まさにその賃金抑制がこの四十年間にアメリカで起こってきたのである。本書は経済学、政治学、歴史学に依拠して、技術変化が私たち全員に及ぼす影響を説明し、まるでこれまでの歴史が起こらなかったかのようにより良い国を思い描くことはできないということを説く。建国時の経済成長は奴隷制に支えられていたが、血みどろの南北戦争を経て、私たちは奴隷制に終止符を打った。歴史の遺産に導かれて、アメリカ社会は二つの別個の部門に分かれるところまで来ている。この既存の経済構造を理解しなければ、多様性に富むこの国の異質な部分を将来的にまとめあげる方法を考えることはできない。

謝辞

私はここで指摘した論点について十年間考えてきた。きっかけは、フランク・レヴィと所得格差をめぐる論文を書いたことであった。のちに妻と私は「新ジム・クロウ」と題するコースをハーバード退職後学習研究所で教え、「人種の正義」という集団を結成した。これらのテーマについて論文を書き、それを拡張したのが本書である。[10] 有益なコメントを頂いたロバート・C・アレン、スタンレー・L・エンゲルマン、トマス・ファーガソン、ロブ・ジョンソン、フランク・レヴィ、リンダ・K・ケルバー、マイケル・J・ピオーレ、ロバート・M・ソローに感謝する。参考になる感想を寄せてくれた、ハーバード退職後学習研究所、ミシガン大学経済学部、国立経済社会研究所（ロンドン）、新経済思考研究所、コロンビア大学経済史のセミナー参加者にも感謝する。詳細で卓越した編集コメントを頂いたMIT出版の編集者エミリー・テイバー、数多くの大小の業務を助けて頂いたMITの助手エミリー・ガラハーにも感謝したい。必要な本を探す手助けをして頂いたMITのデューイ図書館の司書の方々にも感謝する。図書館の名前の元となったデイビス・リッチ・デューイは、本書でのちに引用するジョン・デューイの兄にあたる。最後に、本書に結実した研究[11]を開始した頃に、資金援助をして頂いた新経済思考研究所、また特別研究員の資格を与えてくれたラッセル・セージ財団に感謝する。

I

アメリカの二重経済

第1章　二重経済——成長の終焉とルイス・モデル

成長の終焉？

アメリカの中間層が消えつつあることは図1にはっきり見てとれる。総所得に占める中間層のシェアは四十四年間で三〇％減少した。これはアメリカにとって大きな変化であり、適応するにしろ、変革するにしろ、理解する必要がある。このグラフだけでは、何が起きているかは理解できない。ピュー・リサーチ・センターはなぜグラフの起点を一九七〇年にしたのか？　近い将来どうなると予想できるのか。

一九七〇年を起点にしたことにはわけがあった。その頃に実質賃金の上昇が止まったことが図2に示されている。第二次世界大戦の終結以来、賃金は経済と足並みをそろえて上昇していた。国民生産は一九七〇年以降も増加し続けたが、賃金は違った。どういうわけか、賃金は私たち誰もが考える経済成長からは乖離していたのである。

この乖離は広く知られていた。大統領候補ジョン・エドワーズは二〇〇四年に述べている。「アメリカに二つの経済があってはならない。ひとつは、人生準備万端で子供も孫も順風満帆であることがわかっている人たちの経済で、もうひとつは、給料日を食べつないでいく大半のアメリカ

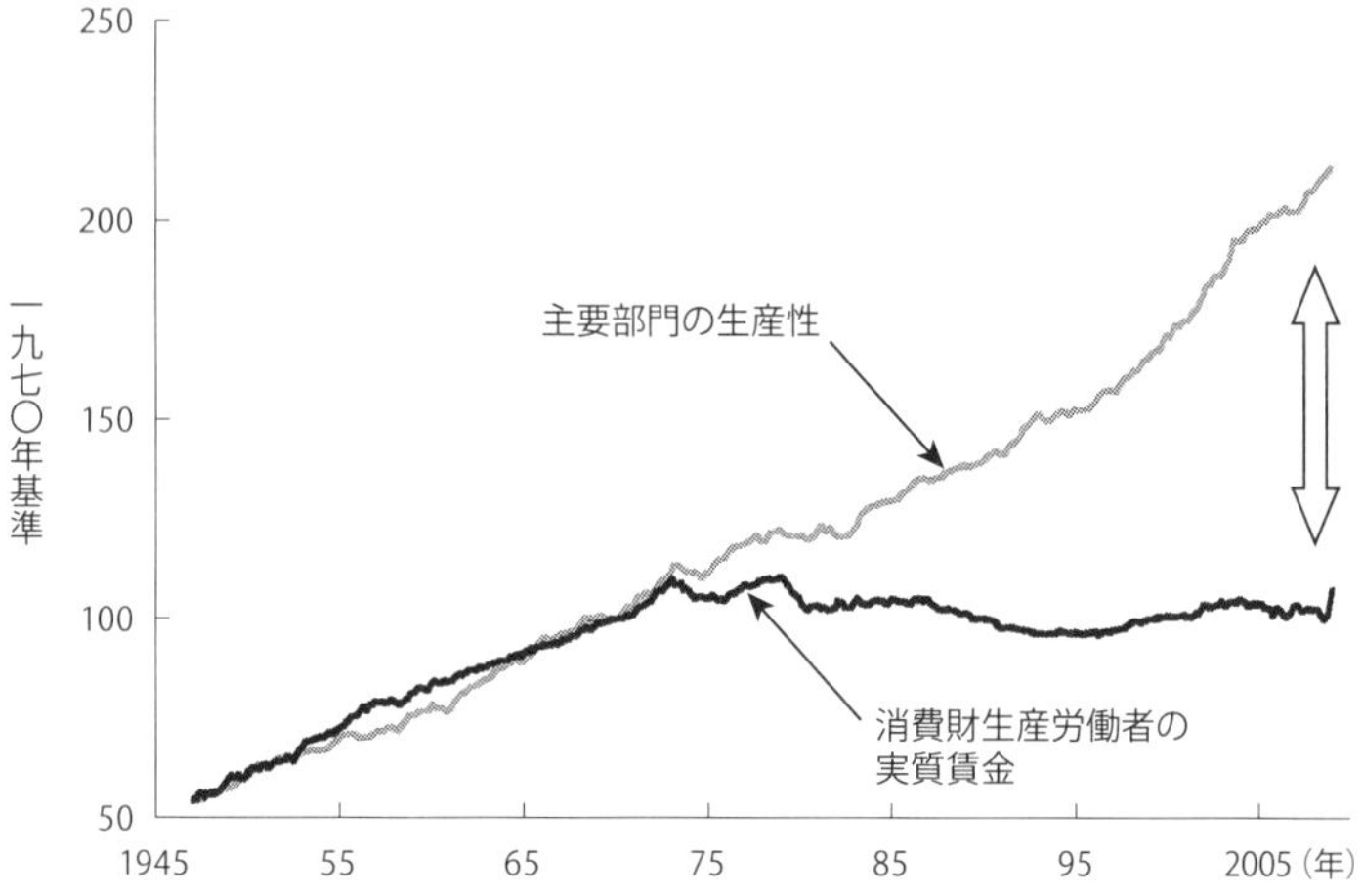

図2　生産性と平均実質所得

出典：Bickerton and Gourevitch 2011. US Bureau of Labor Statisticsのデータから。

人の経済である。[*1]」

ピケティの洞察

国民生産の差額の部分はどこへ行ったのか？　図1の下層集団ではない。それは、図3に示されるように、上層集団に向かったのである。この有名なグラフの作者は『21世紀の資本』の著者トマ・ピケティと彼の同僚で、彼らは多くの国の人口の最富裕層一％のデータを可能な限り昔にさかのぼって作成した。図1の最上層は人口の二〇％で、いわゆる「一％」の動向はそのパターンを示す。クリスティア・フリーランドはこの集団を「大富豪」と呼ぶ。次の一九％のグラフはそれほど急ではないが、図3に似ている。さらに、大卒者（人口の上位三〇％近くになる）のグラフは、教育の付加価値も増加したことを示す。所得分布で上層に行くほど、ここ数十年の所得の増加は速く、増加率が異なるパターンは、

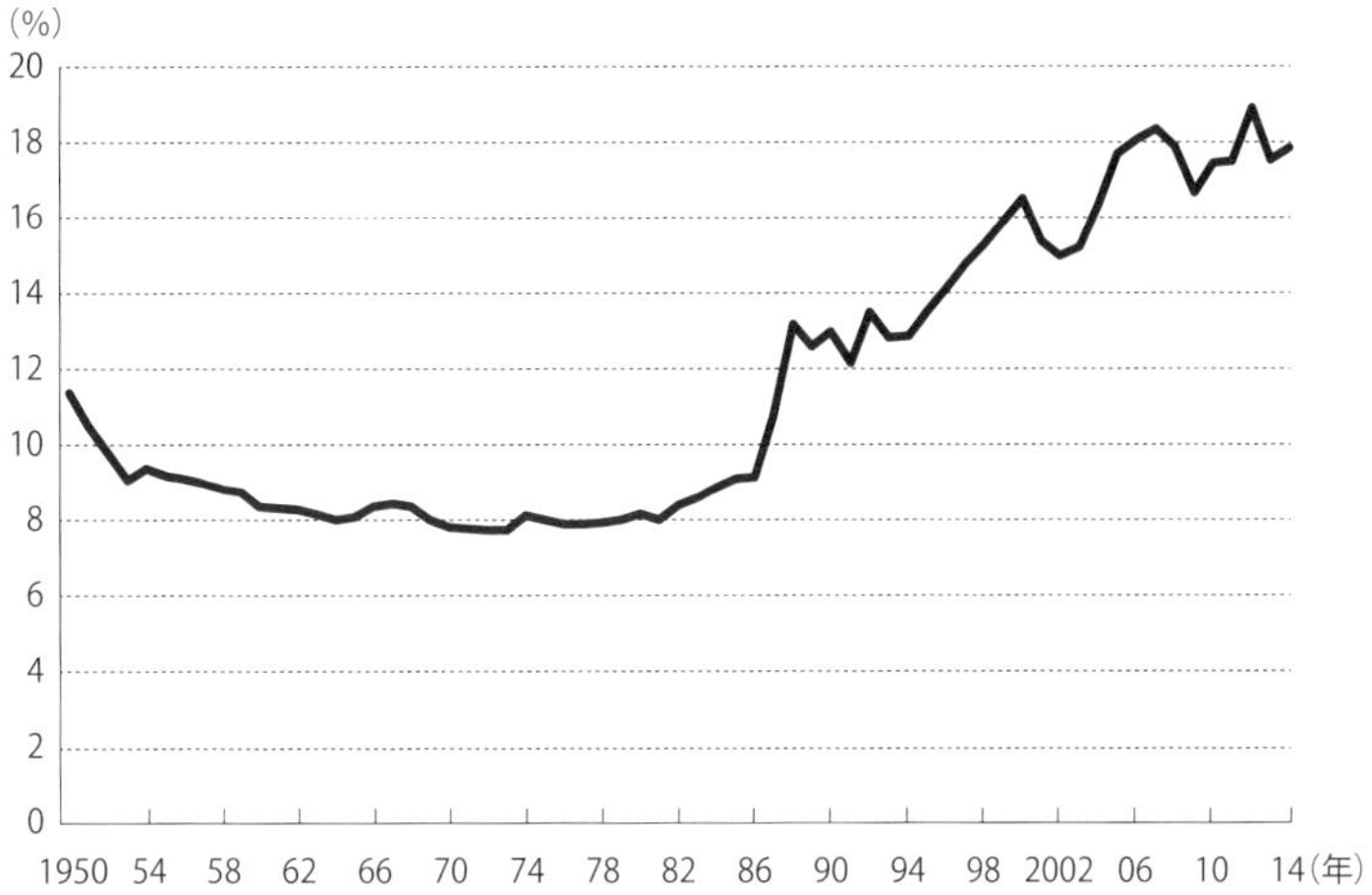

図3　米国における上位1%の所得シェア

出典：http://www.wid.world/

所得分布の上層二〇%にまで及んでいる。[*2]

図2や図3のようなグラフは二〇〇八年の金融危機以来よく目にするが、二つの曲線を論じる人々は異なることが多い。労働報酬の増加率の減少は、二〇〇八年の金融危機の一因とされている。労働者は、一九八〇年以前は上昇する所得で支えていた消費の増加を、家屋を担保とする借入によって維持していたのである。また、高所得のさらなる増加は最近の政治的議論の的になっている。資金集めがアメリカの政治でこれまでになく重要になってきているからである。

これらの図の線グラフ間の乖離はかなり拡大しており、アメリカには**二重経済**が存在すると考えるべきだ、というのが私の主張である。図1の上層部門には人口の二〇%が含まれる。彼らの運命は他の人々から切り離されてきた。低賃金部門には残りの八〇%が含まれ、彼らの所得は増えていない。私は簡単な理論を用いてこの乖離を分析し、二重経済の公共政策を左右する政治的選択において人種が果たす重要な役割を検討する。

二重経済

イングランドのマンチェスター大学教授であったW・アーサー・ルイスは、一九五四年に公刊された論文で経済発展の理論を提示した。彼によると、発展は国ごとのみならず、(国内の) 部門・地域ごとにも進む。経済的な進歩は均一ではなく、むらがあった。商人が輸出入を組織した港は、国全体よりも早く裕福になるだろう。結果として、国の一部は他の地域から離れていくかもしれない。ルイスは、このような例から一般化を行い、経済のさまざまな部分が互いにどう関連するかを知ろうとした。*3

発展途上国はいわゆる二重経済構造を持つことが多いとルイスは考えた。彼は二つの部門を「資本主義」部門と「生存」部門と名づけた。資本主義部門は、資本と労働の両方を利用した近代的生産の拠点で、その発展の限界は、経済における資本の量だった。生存部門は貧しい農民からなり、その人口は土地や自然資源の量と比べてあまりにも大きいため、働く最後の労働者一人の生産性(経済学者のいう「限界生産物」)はゼロに近かった。農民を一人追加しても、総生産は増えないことになる。新しい労働者は、自動車の五番目の車輪のようなものだった。

ルイスは経済学者の慣行に従って、経済のさまざまな部分に存在するあらゆる相違をたった二つの部門に要約した。港と内陸の田舎の例でいうと、ルイスは港を資本主義部門、田舎を生存農業部門とした。彼は限られた土地に多くの農民がいると考え、それは彼らが貧しい農民であることを意味した。彼のモデルが当てはまるのは、港や工業地域を持つあらゆる国というわけではなく、経済のその他の部分が労働者の余剰を特徴とする国に限られる。

低賃金のしくみ

ルイスが考えていたのはアジア、アフリカ、中南米で、多数の農民が小規模農業に従事し、少数の地域でのみ長距離貿易や工業生産が行われている国々だった。中国はおそらく彼が考えた最大の国だった。沿岸部では貿易と生産地域が拡大し、欧米の業者とやり取りしていたが、国の内部には極貧の農民がおり、家族を養う以上の余裕はほとんどなかった。より小さなアジアの国々も二重経済であったが、いくつかの国は一九六〇・七〇年代に急成長を遂げ、人口のほぼ全体が資本主義部門に組み込まれた。日本、韓国、マレーシアはそうした「成長の奇跡」で知られている。[*4]

ルイスによると、資本主義部門の賃金が生存部門よりも高かった理由は、港や工場での仕事は資本の助けがあり、農業よりも技術を要したからである。加えて、資本家は常により多くの労働者を雇って生産を拡大しようとしていた。ルイスの主張によると、資本主義部門の賃金は農民の収入と結びついていた。なぜなら、資本家は資本主義部門に労働者を引き寄せる必要があったため、農業の賃金を超える報奨金を提示して、農民や農場労働者を住み慣れた家や活動から引き離そうとしたからである。

ルイスは、この結びつきが資本家に生存部門の労働者の賃金を抑制する誘因を与えると主張した。資本主義部門の実業家は、労賃を低く抑えたいのである。彼らが提示しなくてはならない賃金は、基本的な低賃金と低賃金労働者を資本主義部門に引き寄せるための報奨金の合計である。実業家には報奨金の増減は不可能だが、生存部門の賃金を低く抑える試みは可能である。

資本主義部門の特徴

これはルイス・モデルの重要な部分であるため、彼の言葉を引用する価値がある。彼によると、「資本主義部門の賃金水準が生存部門の収入に依存するという事実は、時に政治的にきわめて重要である。というのも、資本家は生存部門の労働者の生産性を抑制することに直接、利害関係を有することになるからである」。さらに、資本家を帝国主義者と重ね合わせて、続けた。「帝国主義者は資本を投資して労働者を雇う。賃金の抑制は彼らにとって有利であり、たとえ生存部門の経済を敢えて疲弊させるにはいたらない場合でも、少なくとも生産性を高めるために何かしているところはめったに見られない」[*5]。

この二重経済の原動力は、資本主義部門の拡大だった。資本は初期には希少だったため、工場での雇用は孤立した場所にあった。貯蓄が初期には低水準であった理由は、生存部門の労働者は所得の（ほぼ）すべてを消費するからである。資本主義部門で利潤と地代（土地や不動産からの収益）が上昇するにつれて貯蓄は増加し、利潤を再投資してさらなる資本を購入・形成することが、資本主義部門の拡大につながった。資本主義部門は当初、一群の島のように見えたが、資本収入を平準化する資本の流動性のため、ひとつの部門と見なせる。あらゆる島の平均生産性が同じである必要はなかったが、各ケースで最後に行われる投資からの利潤（繰り返すが、経済学者のいう限界生産物）は等しくなるのである。新たな機械や生産設備が加わるとしたら、どの島でも生産性は同じになる。

ルイスの想定では、二つの部門の違いは、たんに所得にあったのではなく、思考過程にもあった。

生存部門の労働者が考えるのは、生き延びること、またはその日その日を暮らして給料日まで食べつなぐことだけである。資本主義部門の実業家は利潤を最大化しており、そのため、投資に最適な場所と活動を見つけようとする。その過程の結果として、二重経済の資本主義部門のさまざまな部分では、限界利潤が等しくなる。[*6]

労働者の部門間移動

このモデルは発表時にかなり注目され、ルイスは一九七九年にノーベル経済学賞受賞の栄誉に浴した。彼は二つの部門の賃金の結びつきを述べたが、部門間の移行は詳述していない。数年後に他の経済学者たちが、移行は労働者による合理的選択であろうとした。彼らは経済合理性というルイスの仮定を資本主義部門から生存部門に拡張したのである。都市への移動を考えている農民は、都市で得られる賃金に魅力を感じているのであり、それは田舎での賃金よりもかなり高いと彼らは主張した。農民は、都市での自らの予想賃金が高ければ、田舎を去るだろう。予想賃金は、賃金の差と労働者が都市で高収入の仕事を見つける確率で決まる。農民は、より高い賃金と、その賃金での就職が難しいことの両方を見込んでいると仮定された。[*7]

経済学者は、資本主義部門への移行の努力の成果が確実でも迅速でもないことを認めていた。都市に移動するだけではだめで、意欲的な労働者はよい仕事を見つけなければならなかった。周知のように、発展途上国のすべての大都市を取り巻く巨大なスラムからよい仕事を見つけることは難しい。そうしたスラムは、都市に来たもののそれができなかった移住者（季節労働者）であふれている。経済学者はこの困難を認めて、移住者が資本主義部門で仕事を見つけるのは（確実とはとてもいえず）確率の問題であると述べた。

多くの要因が意欲的な移住者の命運を左右した。例えば、それまでの教育や性格、都市で誰を知っているか、新しい人々に出会う偶然の機会等である。経済学者はこうした個人的特性を無視したわけではなく、概して観察不可能な特徴や出来事を確率分布に要約した。そして、この分布は、移住者の間に多かれ少なかれランダムに分布する多くの基本的な影響の合計であり、結果的にベル型の確率分布になっている、と暗に見なされた。[*8]

都市でよい仕事を見つける平均確率を決めたのは何か？　この平均の多くの決定要因は需要と供給に分けられる。新たな仕事の供給は、資本主義部門の成長が速ければ増加する。そして、資本主義部門で新たな仕事への需要が増加するのは、農民が都市へ行き運を試すことが容易な場合である。こうした要因は時間と場所に応じて明らかに異なる。

ＦＴＥ部門と低賃金部門

ルイスが選んだ部門の呼び名は、ルイス・モデルを使って発展途上国を分析する論文では、都市部門および農村部門に変わった。私はそれらをさらに変えて、ルイス・モデルを現在のアメリカに適用する。私の見るところ、アメリカ経済の二つの部門への分断は、都市と農村という典型的な区別とは異なるが、ルイス・モデルの趣旨にかなり沿うものである。私は二つの部門の技能と職種によって労働者を区別する。第一の部門は熟練の労働者と経営者からなり、彼らは大学の学位を持ち、技術主導型経済において、まずまず、あるいはきわめて高い給料を手にしている。この部門をＦＴＥ部門と呼び、経済のこの部分において金融（Finance）、技術（Technology）、電子工学

（Electronics）が果たす役割を強調する。[†] 他方の集団は、グローバル化の負の側面に苦しんでいる未熟練労働者である。私はこの部門を低賃金部門と呼び、半熟練労働者への需要を減らす政治と技術の役割を強調する。

こうすると二つの部門の賃金を図2と3に見ることができる。図2は、この一世代の平均賃金の停滞を示す。賃金が停滞する労働者は、ルイスの生存部門に相当するが、こうした労働者の収入は、実際の生存部門の農民の収入と考えられるものをかなり超えている（ルイスによると、生存部門の農業ですら賃金は通常そうした原始的な限界値を超えていた）。図3は、FTE部門で所得が最高の人々の賃金を示す。すでに述べたように、この部門の他の人々の賃金は、この一世代で上昇しているが、トップ一％ほどの上昇率ではなかった。[*9]

二つの部門の断絶は経済を不均等に分割する。FTE部門には人口の約二〇％が含まれ、低賃金部門にはその他の八〇％が含まれる。これらの数字は、図1を含むピュー・リサーチ・センターの報告に基づいている。中間集団に含まれる世帯の年収は、中位所得の三分の二から二倍、つまり二〇一四年の三人家族で四万ドルから十二万ドルである。

上・中・下層の割合は二：五：三

中間および下層の家族集団は、それぞれ人口の五〇％と三〇％であった。三つの集団の比率はし

---

† 原著者（私信）によると、FTEと名づけた理由のひとつは、それがFull-Time Employeeをも示唆するからである。正規雇用・非正規雇用の区別と読み替えられるだろう。

だいに多少変化した。一九七〇年には中間層に入る人々が一〇％多く、五〇％ではなく六〇％で、図が示すように、彼らはより豊かであった。その他の集団はそれぞれ一九七〇年には五％少なく、上層と下層集団で人口が増えたことは、二重経済の二つの部門の間の断絶を際立たせている。

白人とアジア人は、全国平均よりも下層集団に入る確率が低く、上層集団に入る確率は高かった。黒人とラテン系は、下層集団に入る確率が高く、上層集団に入る確率は低かった。黒人が下層集団に入る確率は次第に減ったが、黒人は現在でも白人やアジア人と比べて上層集団に入る確率がはるかに低い。アフリカ系アメリカ人は、二〇〇八年の金融危機前には中間層に向かっていたが、危機以降は家屋という資本とよい仕事を失い、失望している。ラテン系は、下層集団に入る確率が次第に増えた。メキシコや他の中南米諸国出身の最近の移民は、低賃金部門から抜け出せない危険がある。[*10]

これらの数字の意味をより明確にするには、我が国の人口を、一九七〇年以前からいた集団とそれ以降にアメリカに来た集団とに大まかに分けるとよいだろう。アメリカにより長くいる集団では、白人のアメリカ人がＦＴＥ部門（図1の上層集団）と低賃金部門の両方で大多数を占める一方、アフリカ系アメリカ人はほぼ完全に低賃金部門にいる。最近の移民集団では、アジア人の大部分がＦＴＥ部門に入り、ラテン系は低賃金部門のアフリカ系アメリカ人に加わった。アジア系移民は人口の五％をわずかに超えるのみであるのに対して、ラテン系移民は約一七％に増えて、今ではアフリカ系アメリカ人の数を上回っている。

言いかえると、ＦＴＥ部門は概して白人で占められ、他集団を代表する人はほとんどいない。低賃金部門はより多様で、白人、黒人、ラテン系（「褐色人種」）がいる。低賃金部門は約五〇％が白人で、他の半分はアフリカ系アメリカ人とラテン系移民がほぼ同数である。

図1は課税前の所得の変化を示めしている。税金と政府による給付が加減されると、結果的に格差拡大のパターンは緩和されるが、解消されることはない。勤労家族の世帯所得は一九七〇年以来、変わっていないが、可処分所得は働く人向けの税制優遇措置と給付が増えた結果、上昇した。二つの部門間の対照は、可処分所得に移ると消えるわけではないが、断絶は減少する。アメリカは現在でも、六〇歳以下、つまり働く人の課税後の所得分配が世界でもっとも不平等な国である。消えゆく中間層向けの小売店は業績が悪化している。*11

所得格差の拡大は、アメリカにおける富の格差の増大につながった。所得の高い人々は、貧しい人々よりも所得の多くを貯蓄し、高い稼得所得は高い資本成長をもたらした。トップ一%のさらにトップ一割の人々の資産のシェアは、一九七八年以来、三倍に増加し、現在、一九一六年や一九二九年の水準に近い。中間層のシェアは国富の三五%から二〇一〇年には二三%に減少した。中間層の富のシェアは、図1の中間層の所得のシェアよりも低く、同様な減少に見舞われた。*12

教育の重要性

現代の二重経済の二つの部門を結びつけるのは教育であり、教育を通じて低賃金労働者の子供はFTE部門に移動できるかもしれない。しかし、この道は困難で、あちこちに障害があるため、移行を成し遂げる子供の数は抑制される。アメリカ人の三〇%が大学卒で、これはFTE部門に入る人数の上限となるが、大学教育自体が高く伸び続ける所得を保証するわけではない。専攻の選択、景気循環の現状、その他の見えにくい個人的特徴が、教育（経済学者のいう人的資本）と所得の関係に影響を与える。元祖ルイス・モデルで、都市に移転しても、移住した農業労働者が都市でよい仕事を見つける保証はなかったように、現在の大卒者はＦＴＥ部門で仕事が見つかるかどうか確信を持てない。

加えて、ＦＴＥ部門への道が険しい理由は、教育が知識の増加とともに意識の変化を要請するからである。これはルイス・モデルに従っており、経済の二つの部門の人々は思考様式が異なると想定される。生存ぎりぎりの農民は次の季節を生き延びることだけを考えるが、資本家はもっと長期間の利潤を最大化する。*13

教育の見返りは長期にわたり、その便益が明らかになるまで長年の注意を要する。この困難は、ＦＴＥ部門内では、退職用の貯蓄や、子供にピアノの稽古を続けるよう説得する問題に似ていると考えられるだろう。また、教育の利益はさまざまで、教育制度は生徒が多くの次元の知識を学べるように構築される必要がある。政治と社会的決定により生じる教育制度の問題は、個々の生徒の問題に加わるのである。

低賃金部門の多くの人は、ＦＴＥ部門への移動から得られる利益を認めるが、いかなる試みにもリスクが伴うことを知っている。低賃金の親が子供のために費やせるあらゆる努力にもかかわらず、子供がこの長い移行を完了して、望まれたＦＴＥ部門への移動を成し遂げることのできる確率は小さなものでしかない。この確率を決めるのは、ＦＴＥ部門による学校予算の制限と個々の生徒の態度である。

三種類の資本

資本主義部門（私のモデルではＦＴＥ部門）の大きさは資本の量に制約される、とルイスは主張した。伝統的な経済学の枠組みの中で研究していたルイスは、資本を工場やインフラと解釈していた。彼がモデルを組み立てて以来五〇年の間に行われた研究は、この概念を拡大した。私はこうした研究を参考にして、私のいう二重経済のＦＴＥ部門で必要となるような資本について詳述する。この部門は三種類の資本の利用可能性に制約される。第一は物的資本で、機械や建物など、人々が買う製品の製造に使われる。第二は経済学者のいう人的資本で、教育からの利益である。低賃金部門からＦＴＥ部門への移行が教育を要するのは、ＦＴＥ部門のほぼすべての仕事に人的資本が必要になるからである。第三は社会資本（社会関係資本とも呼ばれる）で、他者からの広範な信頼や個人間のつながりを維持することを意味し、それは就職、昇進機会の発見や斬新なアイデアへの応答を助ける。[*14]

社会資本という概念を社会科学者の間に広めたロバート・パットナムは、近著『われらの子』で教育の重要性を強調した。このインタビュー集は、経済が富裕層と貧困層に分かれたと主張する。パットナムは、分かれ目は大学教育だとした。私に言わせれば、富裕層であるＦＴＥ部門の人は、パットナムの示唆よりも数が少ない。大卒者全員が高給の仕事に就くわけではないからである。このように小さな違いはあるものの、パットナムの生々しいインタビューは、本書の論点の多くを示す実例となっている。[*15]

ＦＴＥ部門は、長期的には標準的な経済成長モデルの予測通りに機能する。物的・人的・社会資本は、貯蓄をもとにし、さらなる生産を行う。重要なことは、投入と産出の両側面に社会資本を含めることである。信頼やつながりは生産性にとって重要であり、例えば金融という資本は基本的に物的資本ではない。ここで金融の生産性を試算するわけにはいかないが、金融が国民所得に占める割合は明らかに増大している。FTE部門は、白人男性に好まれる地位をほぼ維持しており、これは以前の成長を特徴づけていた。女性と黒人は前進したものの、平等への道のりはまだまだ長い。彼らは依然として富や高所得を伴う地位には足りていない。*16

政治的決定の作用

図2と3には重要な非対称性がある。図3に描かれるのは、かなり少数の人々であるが、彼らははるかに強い政治力を行使する。本書のひとつの目的は、多くの政治的決定が行われる枠組みの記述である。FTE部門の人々は概して低賃金部門のことを意識せず、人々のニーズを忘れることが多い。加えて、トップ一%がFTE部門内できわめて大きな力を行使し、この部門の人々の政治的決定は二つの部門間の違いを際立たせる。なぜなら、ルイスが主張したように、彼らは社会問題に取り組むよりも減税を望むからである。彼らの政治力は、財政政策の拡張を妨げ、二〇〇八年の危機からの完全復帰を阻害した。*17

低賃金部門の人は多種多様だが、教育を通じてFTE部門に移行したいと願う多くの人がますます大きな困難に直面している。第一の理由は住民の地理である。貧困は都市部に集中し、そうした地域の学校では生徒が学業に専念しにくいことが知られている。学校問題への取り組みは、共通試験につながった。それは教師と生徒の目を基礎的技能に向ける。試験に出ない教育分野は無視されていく。より高度な分野に挑戦する興奮はもはや過去の物である。社会資本を促進するような、教育の目に見えない側面は注目されなくなる。こうした障壁の維持は、アフリカ系アメリカ人に「身の程をわきまえ」させる文脈で支持されることが多い。黒人は低賃金部門においてさえ少数派であるが、公共の政治的議論では黒人に焦点が当たるため、低賃金の白人の問題が曖昧になる。[*18]

結果的に、教育は、かつては労働力全体を改善する力であったが、二重経済を強化する足かせになっている。ほとんどの若者にとって、教育は自らの生育環境に適したもので、FTE部門用の郊外の学校と低賃金部門用の都市部の学校の差は拡大している。人種が統合された学校の衰退は、この過程の一部であり、アフリカ系アメリカ人や今ではラテン系アメリカ人も都市部の学校に集中している。さらに、都市部の学校の改善をめぐる政治は、アメリカで長い歴史を持つ人種政治から切り離せなくなっている。アメリカの教育の問題を理解するには、人種とジェンダーの歴史を理解する必要がある。この歴史については第5章で概説して、今日の政治を分析するための背景を提供する。

第2章　FTE部門——金融・技術・電子の特権階層

ジョンソンからニクソンへ

一九六〇年代のアメリカは揺れていた。公民権運動は南部を混乱させ、〔リンドン・B・〕ジョンソン大統領は連邦議会に働きかけて、一九六四年に公民権法（雇用や公共施設における差別の禁止）を、一九六五年に投票権法（アフリカ系アメリカ人の投票の州権による妨害を連邦政府が禁止することを憲法修正第一五条に基づいて承認）を通過させた。これらの法律は不要のはずだった。南北戦争直後に通過した憲法修正条項は、アフリカ系アメリカ人に完全な市民権を与えていたからである。しかし、ヨーロッパ系アメリカ人はこの突然の平等に反対した。一九六〇年代の公民権運動は、黒人が完全な市民権を獲得する努力だった。この運動への反発が、のちに明らかにするように、その後の政策の柱のひとつとなった。

ジョンソンはこれらの法案のための闘いを続けると同時に、ベトナム戦争へのアメリカの出費と動員を劇的に拡大した。前年のケネディによる減税の直後の増税には気が乗らず、また議会の支持も欠いていたため、彼は経済を過熱させ、ドルの価値に大きな圧力をかけた。その価値は当時、第二次世界大戦後の国際取引を管理するブレトン・ウッズ体制によって固定されていた。戦後のドル不足は、ドルの供給過剰に変わっていた。[*1]

ニクソン大統領はジョンソンに対抗した。彼を大統領選挙で勝たせた「南部戦略」は、南部の人種差別意識と公民権運動への反対感情に訴えかけた。彼はジョンソンの「貧困との闘い」を放棄し、一九七一年には「薬物との闘い〔麻薬戦争〕」を宣言した。彼はブレトン・ウッズ体制の固定為替相場も放棄して、ベトナム戦争の拡大によるドルへの圧力に対処しようとした。[*2]ニクソンはアメリカを変動為替相場制に転換して、国内経済に対する責任を、財政政策担当の連邦政府から金融政策担当の連邦準備制度〔Ｆｅｄ：アメリカの中央銀行制度〕に移した。Ｆｅｄは過去四半世紀にわたって為替相場を守っていたが、新しい役割を学ぶ必要があった。この過程は、石油輸出国機構（ＯＰＥＣ）が一九七三年に石油の価格を四倍にすると、非常に複雑なものになった。結果として生じた「石油ショック」は、為替相場を含む多くの価格を変動させた。[*3]

石油ショックを見越したニクソン大統領は、一九七一年一一月に「独立計画」を提唱した。ニクソンが強調したのは国内生産と国内消費であり、彼の政策が暗示したのは、ＯＰＥＣの挑戦に対するアメリカの受動的な姿勢の維持であった。この考え方はその後、数年をかけて変質し、中東からの石油の安定供給を求める能動的な姿勢に変わった。ニクソンはこの頃、低迷する徴兵制度の代わりに志願兵制度を導入した。これも彼が石油ショック以前から始めていた計画である。ベトナム戦争が長引くにつれて、徴兵は困難になっており、保守派は兵役の強制という考え方に反対した。これは、軍の民営化の初期段階だった。[*4]

石油ショック

石油ショックは、ＯＰＥＣの加盟国が新たに獲得した富をどのように保持するかという問題も提起した。一九四〇年代にブレトン・ウッズで確立された高度な規制を伴う金融制度が、この巨額の現金の流入を吸収することは難しく、現金は一時的にアメリカ外にドル預金としてとどまった。欧州の銀行に預けられたこうしたドルはユーロダラーと呼ばれ、アメリカと欧州のいずれにも厳しく規制されなかった。現金の大半は、銀行が預金者の匿名性を積極的に保護するスイスに向かった。価格の変化と、巨額の資金が安全な場を求めたことによって、金融制度の規制緩和が求められるようになり、それは規制緩和を全面的に後押しし、その後数十年にわたる政策決定を左右した。[*5]

連邦準備制度は一九七〇年代の価格ショックを抑え込む方法がわからず、「スタグフレーション」（インフレと失業の併存）を招いた。カーター大統領は、この金融の混乱を収拾するため賃金価格安定委員会の委員長にアルフレッド・カーンを任命して、規制緩和を促進し、のちには圧力を受けてポール・ボルカーを連邦準備制度の議長に任命して、インフレの抑制に当たらせた。カーンが、「不況」という言葉の使用を禁じられて、「我々の状況をバナナと呼ぼう」と述べたことは有名だ。ボルカーは利子率を劇的に引き上げて、貨幣量の伸びを減速させた。その結果、一九八一年から八二年にかけて大量の失業を伴う厳しい不況が発生し、のちに物価は安定した。為替相場は乱高下し、多くの産業に負担を強いた。銀行問題をきっかけに、政府は貯蓄貸付組合（Ｓ＆Ｌ）の規制を緩和したが、これは過剰な借入につながり、一九八〇年代には三分の一のＳ＆Ｌが破綻した。

今にして思えば、Ｓ＆Ｌ危機は二〇〇八年の金融危機の前触れであった。規制緩和が招いた過剰な投機的行動は、結局は裏目に出た。連邦政府は十年かけて増税し、保証付き預金への支払いで生じた一千億ドルの負債を返済した。当時それは規制緩和の代償とは考えられていなかったが、増税は（父）ブッシュ大統領の失職をもたらしたのかもしれない。

S&L危機はむしろ、のちに「新自由主義」と呼ばれる経済的規制緩和へと至る途上の一過性の問題とされた。これはひとつの呼称であるが、信奉者は「保守派」を自称した。どちらの呼称も、彼らが想像する、二十世紀初めの戦争と恐慌以前の世界への回帰願望をあらわにする。なかにはさらに遡って、奴隷を所有できる南北戦争前の南部の州権の地位から説き起こす人もいた。

反共宣言

企業弁護士として成功していたルイス・パウエルは、このイデオロギーを具体化して、行動計画（動員令）をアメリカ商工会議所への秘密メモで提示した。ニクソンがアメリカ社会を変える行動を起こしていた頃である。一九七一年に同時に起きた出来事は、同年のちにニクソンがパウエルを最高裁判事に任命したことで一体となった。

パウエルのメモは冒頭で述べている。「思慮深いすべての人にとって疑いの余地がないことは、アメリカの経済体制が多方面で攻撃を受けていることである。攻撃の範囲、激しさ、利用される技術、そして見えやすさには違いがあるが」。さらに、「何にもまして必要なことは、究極の問題が生き残りである可能性を実業家が認識することである。我々が自由企業体制と呼ぶものの生き残り、そしてそれがアメリカの強さと繁栄および人々の自由にとって意味することのすべてがかかっている」。実業界は、報道界、学界、議会、裁判所において自らの立場を強力に擁護すべきであると主張した。[*6]

ヘリテージ財団は一九七三年、パウエルのメモの直後に設立された。初期の支援者はリチャード・メロン・スケイフ（メロン家の銀行業や石油業の巨万の富の筆頭相続人）だった。その使命はウェブサイトで述べられている。「ヘリテージ財団は研究教育機関（シンクタンク）であり、その使命は保守派の公共政策の策定と推進である。基本原則は、自由な企業、限定的な政府、個人の自由、伝統的なアメリカの価値、そして強力な国防である」[*7]。チャールズ・コークは、コーク兄弟をアメリカの最富裕層に仲間入りさせた株式非公開の石油会社の所有者で、パウエル・メモに刺激を受けて、数年後により学術的な保守派シンクタンクであるケイトー研究所を設立した。

パウエルの言及する「我々の自由」やヘリテージ財団のいう「個人の自由」は、反組合の婉曲表現だった。彼らが思い起こさせたのは、個人と小さな工場の所有者が対等な立場で賃金や労働条件を交渉するという神話的な過去である。このような過去の見方は、初期の工業化過程の描写としては甚だ不正確である。当時の法律は労働者をきわめて不利な立場に置き、よりよい仕事を探して離職することは犯罪行為だった。現代世界で組合を壊滅させると、労働者は再び雇用者に対してひどく劣勢に立たされる[*8]。

こうした言葉はアメリカ独立宣言の、特に「すべての人間は生まれながらにして平等である」という表現も思い起こさせた。建国の父祖たちは「すべての人間」と言ったかもしれないが、実際に意味したのはすべての白人男性である（独立宣言起草者でのちの第三代大統領ジェファーソンは、多くの奴隷を所有していた）。この点をめぐって南北戦争が戦われるまでは、平等の概念を拡大するという考え方すらそもそも不可能だった。現在、個人の自由の魅力の源泉は経済にあるが、アメリカを象徴する理想の魅力は人種的な含みも持っている[*9]。

ロビー活動の始まり

パウエルはまた、「今日のアメリカ社会でアメリカ人実業家ほど政府における影響力の小さい人々はまれである」とも書いた。議会に対する組織的なロビー活動は、この声明に刺激されたこともあって、この時期に始まった。ロビー活動の開始には多額の金が必要だが、活動を維持するのは安価で、平均費用は下がり、大きなロビー企業の成長につながる。ロビー企業の成長によって、小さな企業の声を反映させて、議会が一貫性のある法律を通過させることが非常に困難となっている。ロビー活動家の圧倒的な勢力の結果、医療費負担適正化法とドッド・フランク法（金融規制改革法）はいずれも三十万語を超えることになった。これらの重要法案は、議会のみならずロビー活動家をも満足させるため、定義、留保、例外条項に満ちている。*10

ロビー活動に加えて、実業界・産業界の組織は専門的なシンクタンクを支援し始めた。ヘリテージ財団とケイトー研究所には、多くの分野の企業利益を反映する幾多のシンクタンクが加わった。シンクタンクは非課税であり、政府の政策をあからさまに擁護することには注意を要する。しかし、彼らは企業利益からの非課税の寄付の見返りに、雇い続ける人を選ぶことによって、さまざまな見解を支援することができる。この種の影響は、ブルッキングス研究所（荒廃した都市を再建する企業努力を支援）のような一般的シンクタンクから、米国平和研究所（国内外での防衛支出を支援）にまで広がる。*11

保守系のアメリカ立法交流評議会（ALEC）は、州の立法に影響を及ぼすため、一九七三年に設立された。チャールズとデイビッドのコーク兄弟が、非営利企業としてALECを創立し資金を提供した目的は、自由市場、限定的政府、個人の自由という保守原則の推進にあった。

ＡＬＥＣは、これらの目的を実現するため、モデル立法を起草して州議会に配布する。提案される法律の約五分の一が、国のどこかで可決される。

ＡＬＥＣは約二千人の共和党州議会議員を会員に擁する。作業部会が推薦するモデル法案の狙いは、ビジネス規制の削減、公共サービスの民営化、減税（特に富裕な個人と大企業向け）、そして組合活動の制限である。ＡＬＥＣはまた会員がこうした趣旨の特定の問題について学ぶための集会を組織して、会員が他の政治リーダーや実業界の代表者に出会うことのできるネットワークを提供する。

州議会は一九九五年に二三一本のＡＬＥＣ法案を可決した。ほぼすべての州が少なくとも一本のＡＬＥＣ法案を可決し、バージニアはその年、二一本の法案を可決した。中位の州で三本のＡＬＥＣ法案を可決し、平均は五本だった。統計分析によると、議員が利用できる時間と資源が、可決されるＡＬＥＣ法案の数に大きな影響を与えていた。もっとも時間の少ない議会は、もっとも時間の多い議会より一二本多くのＡＬＥＣ法案を可決していた。もっとも保守的な議会はもっともリベラルな議会より五本多くのＡＬＥＣ法案を可決し、実業界寄りのメンバーがもっとも多い議会は、もっとも労働組織寄りの議会より三本多くのＡＬＥＣ法案を可決できた。ＡＬＥＣはコーク兄弟と支援者が政治の結果に影響を及ぼす方法のひとつである。パウエルが秘密のメモを書いた直後に始まったＡＬＥＣは、資金の潤沢な唯一の全国立法組織として存続し、その成功が示すのは、望ましい代表を選ぶ他にも公共政策に影響を与える方法が存在するということである。[*12]

限定的政府が最初に表明されたのは、一九七〇年代の金融と航空の規制緩和で、「個人の自由」は組合撲滅の婉曲表現だった。一九七八年の労働法改革法案の失敗は、世論が変化しつつあったことを示す。法案が提示した労働法の一連の技術的変更は、アメリカの労働法制が運用される法的枠組みを保持するはずであった。法案は小規模だったが、企業集団は大規模かつ扇動的な反対運動を展開した。法案は二五七票対一六三票で下院を通過し、当然、上院も通過するはずであったが、雇用者は議事進行妨害をお膳立てして阻止した。*13

ボルカーの緊縮的金融政策をきっかけとする厳しい不況は、通常なら一世代かかる変化を数年に圧縮した。耐久消費財の製造企業は、民間部門の組合化の柱であったが、まず一九七〇年代の不況に、さらに一九八〇年代には輸出販売を鈍らせるドル高に見舞われた。一九七〇年代の停滞期のドル安ののちに一九八〇年代のドル高が続くと、一九七〇年代の中西部の「地方ルネッサンス」は、一九八〇年代には「錆《さび》地帯」〔ラスト・ベルトといわれる斜陽化した重工業地帯〕となった。*14

労働組合における黒人の位置

組合は置き去りのまま政策が変化した。アフリカ系アメリカ人は、それまでの数十年の間に北部に移り、賃金と労働条件を改善するため組合に加入していた。「大移動」と呼ばれるこの長い過程は、一九一五年から一九七〇年まで続き、六百万人の移住を伴い、北部と西部に大勢の黒人人口をもたらした。始まりは第一次世界大戦中で、北部の製造業者はヨーロッパ人に戦争物資を供給し、生産を拡大しようとしていた。より多くの物資を生産するため、より多くの労働が必要であったが、移民は戦争によって中断されていた。黒人は南部から移住して、こうした仕事に就くように奨励された。

孤立主義的反応は移民の制限につながり、その過程は戦後も続いた。北部の雇用者には労働者が必要で、黒人が雇われた。ただし、移住した労働者にとってすべてがバラ色だったわけではない。「大移動」は地理的変化であり、田舎から都市への移動でもあった。ルイスがモデルで述べたように、これは大きな変化で、すべての新住民が工業都市でうまくいったわけではない。多様な結果は、イザベル・ウィルカーソンによる「大移動」の厳かな描写『ほかの太陽のぬくもり』に描かれている。[*15]

しかし、アフリカ系アメリカ人は北部で組合に加入しようとしたものの、既存の組合員は彼らに組合で完全な地位を与えることを望まず、黒人労働者の組合を対等なものと認めたがらなかった。黒人労働者へのこうした反発の源泉は多様で複雑だった。端緒は、人種差別感情や、別の集団よりも優位でなくなることへの恐れだった。文化の衝突が原因で、南部の農村出身者を北部の都市に吸収することの困難も存在した。北部の白人は、アフリカ系アメリカ人が「大移動」期にやって来ると、都市から離れた。組合員の地位は、アメリカの永続する問題の一部であった。[*16]

新しいアフリカ系アメリカ人労働者を代理する法律家は、努力の標的を労働法から憲法に移して影響力の拡大を狙った。彼らは差別を禁じた一九六四年公民権法などの連邦法を支持した。また、組合はアフリカ系アメリカ人を排除していたので、法律家は組合が好んだユニオン・ショップ（被用者全員がひとつの支配的組合に加入し組合費を払う）ではなく、オープン・ショップ（加入しなくても使用者から平等な処遇を受ける）を支持した。一九八〇年代にオープン・ショップを支持する実業界の人々はこうした前例を利用したが、労働における平等の追求は放棄した。[*17]

まさにこの一九七〇年代の経済的混乱のさなかに、労働者の実質賃金の伸びが止まった。図2が示すように、経済は引き続き上昇軌道にあったが、平均賃金は低迷した。インフレと失業の最中の一九七〇年代には、誰もこれに気づかなかった。たとえ実状を理解していた人がいたとしても、それがスタグフレーション期の一時的な逸脱にすぎないのかを直ちに知ることはできなかった。

現代の保守派の哲学

パウエルによる実業界の動員令は、今でいう新自由主義哲学に結実した。この新たな政策の方向性の理解に役立つのは、一九六九年にニクソンが提唱した新連邦主義と一九九〇年代に発展途上国向けに形成されたワシントン・コンセンサスの観点である。新連邦主義が提唱したのは、ローズベルトのニューディールという連邦による管理を無効にするため、州への特定の補助金を包括補助金に転換すること、つまり、連邦資金の管理を連邦から州政府に移行して、州の役人が人種差別を維持できるようにすることだった。ワシントン・コンセンサスと共通する政策勧告には、ケインズ主義的政策ではなく財政規律の要求、低い限界税率、低関税、国営企業の民営化、民間市場の規制緩和などがある。新自由主義者は契約の自由を加えたが、それは普通、労働組合への反対を意味する。彼らは完全雇用の維持という戦後の負託を放棄した。[*18]

現代の保守派は、世界大戦や大恐慌期に増大した連邦政府の力を恐れ、福祉国家における再分配に反対する。ニューディールや組合についても「民主主義の過剰」として（この言葉が何を意味するかはさておき）反対する。彼らは、自由市場が自由そのものに等しく、市場の規制は政治的自由の放棄を意味すると信じている。彼らのインスピレーションの源泉はフリードリッヒ・ハイエクやアイン・ランドである。ここには暗黙の政治理論が存在するが、より詳しくは第Ⅱ部で述べる。[*19]

この保守主義哲学は、戦争と不況に見舞われたそれまでの三十年の知的遺産の変化、つまりジョン・メイナード・ケインズからハイエクへの移行を意味した。ケインズは、民主主義国の市民のために繁栄と福利を実現する政府の役割を擁護した。ハイエクは、繁栄の源泉としての個人の活動に焦点を当てて、もっとも広く読まれた著書『隷従への道』では政府を拒絶した。アメリカの経済学者は、混迷した一九七〇年代にケインズを拒絶して個人の主導権を支持し、ケインズ主義のマクロ経済学は、学部生のコースに追いやられた。専門的な出版物ではハイエクが詳述されたが、経済政策担当者は依然としてケインズ頼みだった。*20

レーガン政権の「改革」

「はじめに」で述べたように、ロナルド・レーガンが一九八〇年に大統領選への出馬を表明したミシシッピ州フィラデルフィアは、一九六四年に三人の若い公民権運動家が殺害された場所だった。彼は黒人アメリカ人の完全な市民権への反対を無言で伝達できたのである。彼の出場表明は、政治の言説においてあからさまな人種差別から言動における婉曲表現への移行が起きたことを示す。レーガンは、ニクソンの新連邦主義の実行を通じて、この遠回しなやり方を続け、南部諸州が奴隷制の遺産を利用し続けることを認めた。

レーガン政権はしばしば新自由主義の政策志向の先駆けと見なされる。なぜなら、彼は大統領として第一に、就任演説で「政府は我々の問題の解決策ではない。政府こそ問題である」と表明したからである。この無政府主義の立場は、ヘリテージ財団とケイトー研究所の主張の結果であった。この政治的潮流の変化は、パウエルの秘密メモに反応した企業リーダーたちによって仕組まれていた。レーガンは航空管制官の組合（PATCO）を任期開始当初に撲滅した。PATCOは彼を支持していた唯一の組合で、これは組合との闘いを続ける彼の意志を示した。しかし、規制緩和や、軍や刑務所などの政府機能の民営化は、彼の第一期が始まった一九八一年以前から始まっており、彼が離職した一九八九年後も続いた。

レーガンは二回の減税で富裕層のために最高限界所得税率を下げた。彼は同時に軍事支出を拡大してソビエト連邦に脅威を与えた。この組み合わせは、均衡予算というレーガンの約束にもかかわらず、巨額の財政赤字につながり、彼が提案していた小さな政府に例外があることをはっきりさせた。真の保守派の立場は、軍を支持し、他には市民のことを考えない政府であった。

二度目の減税が行われた一九八六年は、人口のトップ一%の所得シェアが上昇し始めた時期と一致した（図3を参照）。この上昇は、図2が明らかにする賃金停滞の帰結でもあった。賃金の伸び悩みは、増加する国民所得に占める労働者のシェアの低迷を意味し、他の集団のシェアが上昇しなくてはならなかった。図1と図3が示すように、上昇したのは富裕層のシェアであった。レーガンの税制改革は、企業のリーダーを勢いづかせ、この上昇の分け前を要求させることになった。

議会予算局は結果を要約した。「所得分配のトップ一%の世帯で、（インフレ調整後）課税後所得は推定年率平均三・五%増加した。その結果、この集団に属する世帯にとって、（インフレ調整後）課税後所得は一九七九年から二〇一一年に二〇〇%上昇した。対照的に、最下層五分位（二〇%）の世帯が経験した（インフレ調整後）課税後所得の伸びは年率平均で一・二%だった。結果的に、この所得集団では、二〇一一年の（インフレ調整後）課税後所得は一九七九年と比べて四八%の上昇であった[*21]」。

金融の規制緩和

新しい計画の最重要部分は金融の規制緩和だった。新しい政策はユーロダラー体制をブレトン・ウッズ体制に組み込む代わりに、アメリカの金融をユーロダラー体制に近づけた。一九七〇・八〇年代初期の物価と為替の乱高下が、アメリカの産業に恐るべき犠牲をもたらしていたため、金融支援はどうしても必要だった。資金を産業間で移動する必要があり、その過程で企業を売買するためには金融が必要であった。金融の多大なニーズは、経済をうまく変容させるための自由な手段を要請する、と金融界の人々は主張した。

国の金融部門は一九八〇年代に劇的に拡大した。レーガンによる低額の税金と高額の軍事支出という双子の政策は、巨額の財政赤字を意味した。高い利子率とドル高による巨額の国際収支の赤字は、政府証券や企業買収の取引を刺激して、金融仲介業者、投資銀行家、企業法務への需要を拡大した。一九七〇年代の低迷後、ダウ・ジョーンズ工業株指数は一九八〇年代に三倍となり、証券業界に人材を引きつけた。[*22]

金融サービスへの需要の高まりは、金融部門の規模と被用者の利益を増加させた。規制緩和は、金融の必要性と金融のイノベーションの余地を拡大したため、この分野に引きつけられる高学歴者が増えた。ブレトン・ウッズ期には、銀行業は厳しく規制されており、高度な教育を受けた人々を引きつけることはなかった。これに変化が生じたのは激動の一九七〇年代で、金融部門に参入する高学歴者が増えた。金融における人的資本の増加が、一九八〇年代の金融所得の上昇の大半を説明する。金融専門職の賃金はそれ以降、他の産業における教育の報奨金を超えた。おそらくは金融におけるリスクの増加が原因だろう。経済のこの部分は、図1に示される最富裕層の所得の上昇の七分の一を占めた。[23]

税制の抜け穴

金融業界の人々の高収益は国民の関心の的となっている。ヘッジファンド経営者は、ファンドの収益の多寡によらずかなりの報酬を得る。トップの人々は、ファンドの成績が低迷したにもかかわらず、二〇一四年そして二〇一五年にも一人当たり約一〇億ドルを稼いだ。こうした所得への課税は、成功報酬（キャリー）免除のため税率が軽くなっている。これはヘッジファンド経営者の所得を労働所得ではなく資本利得（キャピタル・ゲイン）として課税するという税の抜け穴で、大統領候補〔当時〕ミット・ロムニーの納税申告書で劇的に示された通りである。彼が支払った税額は、高額な所得（先述の金融スーパースターたちの所得よりは低かった）の一五％を下回っていた。[24]

成功報酬の抜け穴は、FTE部門の人々が支払う税金を減らす方法のひとつでしかない。議会のリーダーたちが二〇一五年の暮れに巨額の税・支出法案をまとめていた頃、一九七〇年代初頭に活動を始めたロビー活動家の後継者たちは、不動産およびウォール街の投資家のために抜け穴を温存する五四語を追加した。それにより彼らは不動産を信託にして課税を回避できたのである。成功報酬免除と不動産信託条項は、富裕層のための法律家やロビー活動家が先鞭をつけて維持した税の抜け穴の二例にすぎない。[25]

金融の急成長と高収益は、経済成長における金融の役割に疑問を投げかける。ブレトン・ウッズ体制の終焉後に貿易と生産は大きく変化し、積極的な金融で対応する必要は明らかだった。また、経済を新たな状況に適合させるうえで金融の重要性を否定する理由はない。しかし、金融所得の持続的膨張は、金融活動の私的利益が社会的利益を上回っている可能性を示唆する。教育のある賢い人々が金融に引きつけられているのかもしれないが、経済成長に寄与できる彼らの生産性は、別の場で活用した方がよいだろう。金融の収益逓減という示唆については、さらなる科学的証拠を蓄積する必要があるかもしれない。[*26]

「中流」の崩壊

非金融部門の企業で報酬が最高のCEOは、金融部門のCEOよりも収入が一桁低く（ゼロをひとつ落とす）、二〇一四年には年収約一億ドルであった。彼らはFTE部門のうち技術・電子部門でもっとも収入の多い人々である。図1に示されたトップ一%の人々の年収下限は三桁低く（ゼロを三つ落とす）、三三万ドルで、資産の下限は四〇〇万ドルである。[*27]

FTE部門はほぼすべての大卒者を含むアメリカ人トップ二〇%を含んでいる。ただし、大学卒業が自動的にFTE部門への道を用意するわけではない。収入がトップ一〇%に入るアメリカ人の所得は、六桁の一〇万ドル以上である。[*28] これは、恵まれた学区に住み、自宅を所有し、新車を運転するのに十分な所得である。かつて快適な中流階級の暮らしと呼ばれたものだが、この言い方は「今では不安感、不確実な将来、不可能になりつつある生活様式を思い起こさせる」。[*29] 中位の労働者の収入は約四万ドルで、FTE部門と低賃金部門を分ける線はこの二つの数字の間にある。[*30]

この差の間に位置する労働者は、中流階級の生活様式の維持に苦しんでいる。例えば、中位の大学教員（経済学）の年収は約一〇万ドルで、明らかにFTE部門に属する。中位の大学教員でも英語・英文学の場合、年収は約六万ドルにすぎず、低賃金部門の中位労働者に危険なほど近い。[*31]

ＦＴＥ部門に属するか明らかでない大卒者は、理想主義的あるいは芸術的なのかもしれない。例えば、「ジョン＝デイビッド・ボウマンは、アリゾナ州メサのウェストウッド高校で、飛び級レベルの歴史と、国際バカロレアの『知識の理論』と呼ばれる授業を教えているが、二〇〇八年に雇用されて以来、昇給を経験していない。彼は学士号を二つと修士号を持ち、二〇一五年にはアリゾナの最優秀教師に選ばれた」。この名誉により、彼はホワイトハウスでオバマ大統領と握手することができた。それでも、ボウマンによると「私は二十年後に五万ドル以下のまま退職するかもしれない」[*32]。この卓越した高校教師は、この状況で教え続けると、現在も将来も低賃金部門にとどまるのである。

第3章　低賃金部門——格差と抑圧の構造

低賃金部門の誕生

ニクソン大統領が一九六八年の選挙に勝った一因は、地域の人種間緊張関係や隔離の歴史に焦点を当てる「南部戦略」にあった。南部戦略は、公民権運動や選挙権の拡大による力の喪失を恐れた南部の白人の怒りに訴えかけた。彼らは奴隷所有者の子孫で、「再建」（南北戦争時に脱退した南部諸州を戦後に合衆国に再統合するための、北部による南部改造。一八六五年から一八七七年まで）の終了後、政治力を維持するために、ジム・クロウ政策に依拠していた。彼らの方針は、南部のアフリカ系アメリカ人を従属的な地位に保つことであった。*1

低賃金部門はFTE部門と同様、一九七一年に誕生した。ニクソン大統領が、ジョンソンの「貧困との闘い」に替えて新たな「薬物との闘い」を始め、ルイス・パウエルを最高裁判事に任命した年である。薬物との闘いはその後数十年間にわたって拡大し、白人よりアフリカ系アメリカ人に対してはるかに強力に遂行され、ミシェル・アレクサンダーのいう有名な「新ジム・クロウ」となった。それは、南部で「再建」期後に続いた古い抑圧的な反黒人「ジム・クロウ法」の人種差別的意図を改訂・更新した。そして、第2章で述べた商工会議所へのメモの執筆者であったパウエルをニクソンが任命したことは、パウエルの階級利益と南部白人の人種利益を南部戦略において一致させた。パウエルは（同時に最高裁判事に任命された）レンクイストと比べて穏健な人物とされたが、ニクソンの南部戦略の一部だった。ニクソンは優先順位として「南部、最高裁、そして最後に国に対する自らの責任をパウエルに語った」。パウエルの最高裁における票はニクソンの南部戦略を国政に拡大した。[*2]

この拡大には、それまでの数十年間にアフリカ系アメリカ人が大量に北へ移住したことへの反応という側面があった。いわゆる「大移動」の開始は第一次世界大戦期で、移民が途絶え、アメリカの軍需品への需要が高まった頃である。企業所有者は、工場を操業するための労働者が見つかるなら、生産の拡大を望んだ。アフリカ系アメリカ人は北へ移動してこうした仕事を引き受け、実業家はヨーロッパ系移民の増加ではなくアメリカ人労働者で満足した。「大移動」は、ここに描いた出来事が始まる一九七〇年まで続いた。北部の人々はそれまでに、黒人が都市にいて彼らと仕事を取り合っていることに気づいていた。

ルイス・モデルでは、農村の人々は都市に食料を売っていた。このモデルの現代版では、低賃金部門の人々は通常、FTE部門にサービスを売る。ファストフードの飲食店で働いたり、病院やホテルを掃除したりする。運転手として人々を望み通りに移動させ、工場や店の品物を移動させ、組合のない産業で働き、ロボットが引き継ぐには複雑すぎる他の同様な活動に従事する。低賃金の原因は、技術改良による労働需要の減少と、貿易、移民、生産の海外移転といった多様な形のグローバル化による供給の増加である。

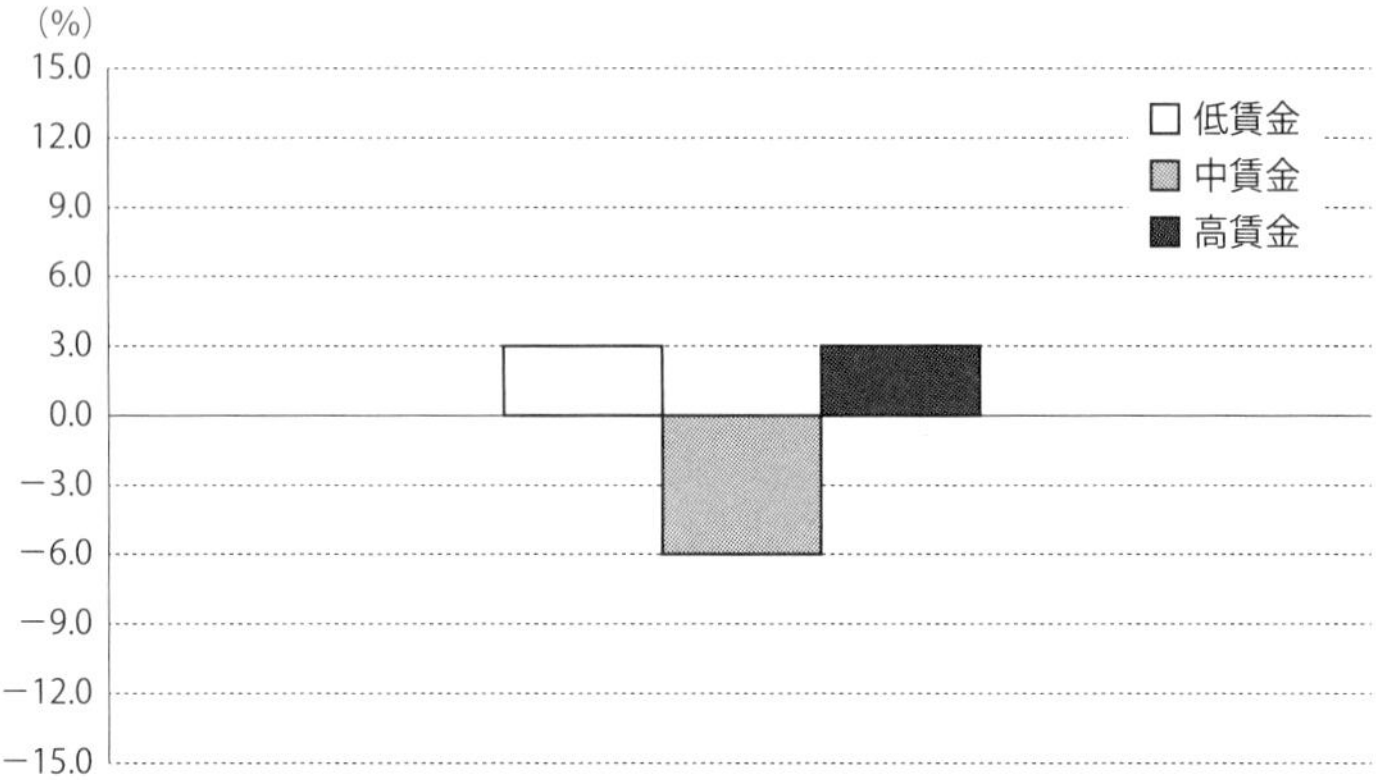

図4　米国（1993年〜2010年）における低・中・高賃金の職業シェアの変化

出典：Autor and Dorn 2013

仕事の二極化

こうした各種の力が働いた結果、特定の仕事への需要に変化が生じて、図4に示されるような中央部のへこんだ仕事の概略図が生まれた。図では仕事が賃金水準別に分類され、中間の範囲にある仕事が消えつつあることが見て取れる。こうした仕事の数は一九九三年から二〇一〇年にかけて六％減ったが、より賃金の高い仕事と低い仕事は増えた。この趨勢はアメリカの労働市場を賃金の低い部分とより高い部分に分裂させた。この分断は、低賃金部門とより賃金の高い労働者からなるＦＴＥ部門との違いを際立たせる。この図は、仕事の性質が変わりつつあることを示し、図1に見られる中間層の没落を説明する助けとなる。

低賃金労働者とは、肉体労働者やサービス労働者のことである。中程度の賃金労働者は、事務員、技手、組立工などである。高賃金の労働者とは、専門職や管理職である。トップの集団に雇用されるには大学教育が必要である。賃金が中程度の仕事の一部でも同様かもしれないが、その種の仕事は消えつつある。より低賃金の仕事をする労働者は、子供の頃に期待したような生活様式を維持することがほとんどできない。十分な所得にはならず、人々は引退後のための貯蓄ができず、それは多くの直近の必要からはかけ離れたことに見える。低賃金部門はＦＴＥ部門の進歩にほとんど影響を与えない。

図４はしばしば技術変化の結果と見なされるが、技術は全体像の一部でしかない。いくつかの原因の区別が可能で、国内要因と国際要因に分けられる。すべてが初期のＦＴＥ部門で下された決定の結果である。技術および電子工学の前進は、政府（主に軍事）支出によって促進された。金融への関心の増大が、企業や産業を方向づけた。グローバル化は、国際資本市場を開くＦＴＥ部門の方針によって加速され、アメリカの対外投資と経済的影響を促進した。

ＩＴ化の影響

アメリカでのコンピュータの発展は、ＦＴＥ部門の成長の重要な一部だった。コンピュータ資本は、定型業務で労働を肩代わりするようになる。定型業務とは、明示的な規則に従えば完了する仕事のことである。こうした工場での仕事は、二十世紀には組合の基礎であった。南部の農村から北部の都市にアフリカ系アメリカ人をもたらした「大移動」においても、そうした仕事は労働者を引きつけた。移住は経済が混乱した一九七〇年代に終了し、新たな北部の都市居住者は、仕事の性質が変わるにつれて、よい仕事を求めて奔走することになった。

コンピュータが苦手なのは、問題解決を要し、複雑で創造的な思考を伴う非定型業務であって、特定の人々や場所への個別の注意を要する業務である。こうした仕事は、高給の専門職の活動と、給料の低いサービス業務に分類できる。前者の、教育を要する仕事はＦＴＥ部門にある。後者が低賃金部門を構成する。[*3]

金融の成長は、企業の境界を変えることによって、労働者が直面する問題を増大させた。二十世紀初頭には、サービスの仕事の多くが大企業の内部で行われていた。清掃員、庭師、運転手や同様な補助員は、企業の従業員名簿に含まれていた。大企業に勤めるサービス労働者は、より小さな企業の労働者に比べて給料が高い傾向にあり、大企業の労働者の間では衡平性が保たれていた。[*4]

サービス業の外注化

しかし、一九七〇年代に金融が拡大するにつれて、企業は核となる活動、つまり自社が評判と顧客を持つ活動に特化するように奨励された。そうすれば、株式市場で企業価値を高めることになり、外部の会社やサービス業者を雇えば単純作業を任せることができたのである。工場の仕事を減らしたのと同じコンピュータが、サービス業務の説明書作成や監視を容易にした。企業の監督者は、労働者を監視する別会社との契約に置き換えられた。例えば、かつてはほとんどのホテルの従業員が自分の働くホテルに勤めていた。現在は、ホテルの従業員の八〇％以上が別の運営会社に雇われ、監督されている。[*5]

企業組織のこうした変化は、下請け、フランチャイズ化（一手販売・営業許可）、サプライ・チェーンなどを通じて、いくつかの方法で成し遂げられる。これらの法的形態は異なるが、すべてが賃金と企業の関係を変える。以前は、企業も労働者も、支払われる賃金の衡平性を考えた。新たな関係においては、賃金は下請け業者および労働の供給者を雇う価格に置き換えられる。特定の労働者とその人が勤める企業の間にはいくつもの層があるかもしれない。

いくつかの条件が整わないと、この新しいしくみは有益にならない。下請け業者はサービス契約の安値入札を望むだろうが、親会社はむしろ仕事の質に関心を持つ。下請け業者の利害は親会社の利害に合わせる必要がある。すり合わせを助けるための労働者の監視の拡大は、工場の仕事を減らしたのと同じ技術の結果、割安になってきた。職務は正確に定義される必要があり、今では個人の行為を監視できるさまざまな電子機器がある。親会社は、生産計画に弱点を見つけた下請け業者による遅延を避けたい。彼らは、代わりがすぐに見つかる競争市場で下請け業者を雇おうとする。

雇用形態の変容

こうした新たなしくみは、会社の利益になるが、労働者の利益にはならない。親会社からの賃金は、会社との契約価格に置き換わっている。かつて労働者を助けた衡平性の考慮はもはやない。今や労働者は競争的な下請け業者に雇われるため、賃金は会社のさまざまな従業員ではなく、同様な仕事をする他の人々の賃金と比べられるようになる。終身雇用、年金計画はなく、あるのは他の労働者との競争による容赦のない競争圧力である。

賃金の支払いから下請けの雇用への移行は、企業における労働者の位置づけにきわめて重大な変化をもたらす。労働者が賃金を得ていた頃、彼らの仕事には社会的要素があった。労働者は自分たちを集団と見なし、安定した集団の一員であることは士気を高めた。成功する会社のほとんどは、労働者が持つ会社との一体感や、それがもたらす追加的な注意や努力から利益を得る。代わりに、労働者が競争的なサービス企業に雇われると、親会社とは一体感を持たない。士気は低く、親会社のために必要以上の努力をすることはない。煩わしい監視が士気に、対立が協調に取って代わる。

低賃金部門で独立の請負業者が果たす役割が増加していることは、消費者がタクシーの代わりにウーバーなどコンピュータを使う運転手を利用し始めていることに確認できる。最近、ウーバーは運転手による集団訴訟で和解するため、彼らへの支払いをわずかに増やしたが、引き続き彼らを独立請負業者と分類する。また、独立請負業者の交渉力は、ウーバーが運転手なしの車に切り替えれば低下する。運転手は現在スマートフォンでウーバーの地図を利用して道を探しだしているが、運転手なしの車は、路上で運転できるようになれば同じ地図を使える。[*6]

さらに、アメリカでは大企業間の競争が急激に低下している。その一因は、ネットワーク効果の増大であり、合併に適用される反独占基準の緩和でもある。競争の低下はかなり広範で、ネットワーク産業のアップルやマイクロソフトから、農業ビジネスや無線通信に及んでいる。その第一の影響は、独占レントを得るための値上げである。これは、貧しい人々の賃金の価値を下げる。第二の影響は、労働者を求める企業間競争の低下で、それは賃金に直接跳ね返る。さらに、成長する独占企業群は、独立で競争し合う多くの会社ほど革新的でない可能性があり、経済の長期的成長に影響を与える。[*7]

金融の成長は、（オープンエンド型）投資信託の成長により、間接的にさらに企業間競争を低下させている。会社は従業員の年金用資金を投資信託で保有し、人々も自分自身の積立用に同じことをする。大きな投資信託会社は、ある産業の企業数社の株式を所有し、その経路を通じて企業間競争を低下させる。協力し合う企業は、仲間の企業からは人を雇わず、彼らに労働を供給する会社に対してはまとまりを見せ、賃上げ競争を許さない。賃金の抑制に加えて、彼らは製品市場でも競争を低下させ、競争的水準よりも価格を上げる。労働者の実質賃金は、低賃金と高価格の両方によって損なわれる。[*8]

新たな移民が引き起こす競争は賃金への圧力を増した。ここ数十年にわたり、中南米からはよりよい仕事を求めて移住者が絶え間なくやって来た。アメリカによる中米への政治・軍事介入は、アメリカへの移民を刺激した。アメリカは、自国の企業に友好的でない中米の指導者を躊躇せず退けたからである。その結果生じた混乱は中米の国民経済を縮小させ、北米への移住は、自国での限られた選択肢よりも魅力的なものとなった。アメリカにはよりよい仕事があり、自国の状況はしばしば危険で、命を落とすことさえあった。[*9]

海外との競争激化

技術進歩が工場内労働への需要を低下させ、金融が他の大企業による直接雇用を削減するにつれ、国際競争は工場数を減らした。日本製品、のちには中国製品が大量に流入し、アメリカ製造業への需要を低下させ、同時にコンピュータは工場労働の性質を変えた。一九八〇年代の日本製自動車や一九九〇年代の大量の中国製消費財は、アメリカにおける労働需要の構成を変化させた。アメリカで製造業の仕事が急減したのは、中国製品に対する将来の関税引き上げを取り止めた二〇〇〇年以降である。奇妙なことに、この重大な経済調整は、図2に示されるように、実質収入にほとんど影響を与えなかった。[*10]

こうした製品の輸入は、低い為替レートを利用して輸出と経済成長を促進するという、これらのアジア諸国の政策の結果であった。ちょうど英国とドイツが十九世紀末に工業製品の輸出を拡大したように、一世紀後に新たな産業大国は成長を加速させるため輸出を促進した。第2章で述べた、一九七〇・八〇年代の興隆期のFTE部門の急変は、国内価格とともに為替レートも変化させた。最後に、ブレトン・ウッズ体制の資本規制が取り除かれたことにより資本移動が加速し、アメリカの企業は工業化途上の国々に生産を拡大できるようになった。こうした企業は、労働者との交渉において海外生産を利用した。アメリカ人労働者は、仕事を維持するためには賃金削減を受け入れなければならない、と告げられた。こうした脅しは労働不安をもたらし、規制緩和が広まるにつれて、政府はますます雇用者側を優遇した。

技術の向上、企業組織の変化、輸入、移民、海外投資の脅威の結果、現在のアメリカの賃金は、図2が示すように抑制されている。低賃金部門の人々は、いつの間にかグローバルな労働市場のただ中に置かれ、世界の反対側に住む労働者と仕事をめぐって競争しているのである。影響はしばしば間接的であるが、遠く離れていてもきわめて強力である。輸送費用は低下しつつあり、生花や魚のような生鮮品でさえ遠くから運ばれて来る。そして、関税や他の貿易障壁の削減は、政府が経済（よって国内の労働市場）を世界的な影響に開放していくことを意味する。*11

実質賃金の低迷

一九七〇年から実質賃金が変わらないことは、福利の他の指標にも影響を及ぼしてきた。賃金が国民所得とともに上昇せず、国民所得に占める労働所得の割合は低下した。いわゆる「労働分配率」は、一九七〇年以前の経済成長では定数であると広く仮定されていた。今では、それが変化することが知られており、低賃金が続いた結果、それは低下してきたことがわかっている。[*12]

さらに、低賃金部門の人々の死亡率は、FTE部門の死亡率と比べて相対的に上昇した。その結果、現在、FTE部門の人々は低賃金部門の人々よりも長生きする。このことは、第12章で詳述する社会的施策に対して意味を持つ。しかし、この基本的情報だけでも、長生きするためには退職を遅らせるべきだとする議論は正しくないことが明らかである。FTE部門の人々は長生きするが、社会保障給付や他の形態の退職後所得が必要な人々は、以前より長生きするわけではない。[*13]

ここで述べた国際貿易の代償を考えると、貿易はすべての国の利益になると請け合う理論の力は損なわれるように見える。問題は、貿易の拡大が各国で不平等な影響を及ぼすことだ。勝者と敗者がいるのである。国際貿易の理論によると、勝者の利益は敗者の損失よりも大きく、勝者は敗者の損失を補償しても依然として得をする。理論は結構でも、補償が支払われなければ、敗者（この場合は低賃金労働者）は貿易の拡大に満足しない。公共政策が理論の全体を考慮しなければ、グローバル化の人気を貶めることになる。

例えば、外国の自動車製造会社や「移転工場」（外資系企業の国内生産者）との競争にさらされたGM（ゼネラル・モーターズ）は、二〇〇九年の緊急援助および破産において、賃金削減を実施した。「アメリカ自動車製造労働組合との合意に基づいて、二層賃金体系は拡大され、新規の被雇用者の賃金は、長期の組合員が得ていた時間当たり二九ドルの約半分に切り下げられた（ただしその後二〇一一年には時間当たり一七ドルに引き上げられた）。新たな被雇用者については、確定給付型年金が廃止され、四〇一kプランに代わった。クライスラーとGMの賃金や給付の総費用は、アメリカで操業中のホンダやトヨタの工場に並ぶ程度にまで引き下げられた[*14]」。

組合は機能不全ではなかったが、圧力に抵抗できなかったことは明らかだ。新たな自動車製造労働者への賃金を、ほとんどが南部にあって組合を持たないホンダやトヨタの工場の水準以下にすることに抵抗できなかったのである。一時間一七ドルで働く労働者の年収は約三万五〇〇〇ドルにしかならない。さらに、こうした仕事は、図4に示されるようにコンピュータやロボットに代替されつつあり、新たな仕事は多くないだろう。数少ない新たな自動車製造労働者は、自らが低賃金部門にいることに気づく。彼らの収入は少ない。それでも、不十分な収入の一部を退職後用の新たな四〇一kプランに積み立てることを期待されている。低賃金部門の人々の所得は、端的に言ってそれほど高くない。家計の経済状況に関する最近の報告によると、非退職者の四〇%が「退職後の資金計画を考えたことがほとんどないか、まるでない」のである。[*15]

FTE部門に特徴的な製造業の衰退は、低賃金部門に対して地理的にも強い影響を与えた。日本と中国の成長は、アメリカの製造業の衰退と工場内外における未熟練労働への需要を加速させた。工業都市でわかったのは、人間が仕事（雇用）ほど可動的ではなく、都市の繁栄が都市の仕事の欠如に替わったことだった。黒人労働者は「大移動」期に仕事を見つけるため北部の都市に移ったが、残念ながら仕事は消え去っていた。

白人の「脱出」

「大移動」は、先述のように一九七〇年に終了したが、北部での居住の統合にはつながらなかった。南部の黒人労働者が北部の都市に現れると、まもなく白人家族は都市から離れ始めた。白人の脱出（都心から郊外への転居）は、一九三〇年代の居住隔離の増加の原因の半分を占めた。豊かな白人都市居住者は、第二次世界大戦後も都市から郊外への移動を続け、新たな（人種隔離のない）統合学校を回避した。彼らを後押しした復員兵援護法〔復員兵への大学教育・住宅資金等の給付を定めた法律。一九四四年成立〕その他の連邦政策は、郊外の住宅に対する有利な住宅ローンや郊外居住者が自動車通勤するための幹線道路を提供した。都市部の人々への融資を拒否した特定警戒地区指定†が広がったため、都市部では同様な住宅ローンの優遇は制限され、老朽化する都市交通体系のための資金拠出は低下した。持ち家と仕事へのアクセスが、都市ではより困難になった。地区の臨界点の明らかな証拠が存在する。つまり、人口調査標準地域でいったん少数派の割合が五％から二〇％にまたがる閾値に達すると、少数派の割合が急増するのである。[*16]

都市の白人労働者は南部からの黒人移民に取って代わられ、都市の希少な仕事をめぐる競争に拍車がかかった。熟練度の低い労働者の賃金は低下し、都市における失業が高まった。ウィリアム・J・ウィルソンは、二十年前に「貧困の集中は失業と正の関係にある」と述べていた。そして、低賃金部門を代表するのは黒人である。階級と人種がこうして融合し、南部戦略を全国に拡大した政治的決定につながった。[*17]

アンドリュー・チャーリンによると、低賃金部門の都市生活は、働く家族にとってさえ臨時雇用化の結果である。仕事は臨時・短期で、契約なし、規制なしである。家族生活も同様に一時的で、同棲し子供のいるカップルでさえ婚姻率は低い。低学歴の若い大人の生活には「臨時雇用化、解放

† 「赤線引き」。銀行や保険会社が、特に都心部の老朽・荒廃地域で、抵当物件の危険を理由に融資・保険引き受けを拒否すること。

状態、根無し草。こうした形容が適切なようだ」。この状況は、ＦＴＥ部門の「高学歴者のはるかに安定した生活とは鋭い対比をなす」[*18]。

新連邦主義による交付金の削減

黒人アメリカ人は人口においても低賃金部門においても少数派であるが、黒人を劣った地位にとどめておきたいという願望は、低賃金部門の全員に不利な政策を後押しした。「黒」は時に「他者」の隠喩である。ＦＴＥ部門は人口の上層二〇％だけであり、黒人はたとえ全員が低賃金部門に属するとしてもこの部門の二〇％を下回る。ヒスパニック系移民により、ラテン系アメリカ人の数が激増し、彼らが現在ではアフリカ系アメリカ人とほぼ同数である。黒人とラテン系住民を合わせても、低賃金部門の半分を下回るが、大幅に下回るわけではない[*19]。

レーガン大統領は五〇年に及ぶアメリカの国内政策を逆転させて、連邦政府が貧しい人々の援助に用いていた地方政府・州政府向けの連邦交付金を削減した。一部の個人向け給付金は一九八〇年代に増加したが、政府向け交付金は減少するか（一般歳入分担金のように）消滅した。公共サービスの仕事や職業訓練は大幅に削減された。大都市の予算に占める連邦拠出金の割合は、二二％から六％に低下した。都市部で民間・公共の両部門の雇用が減少したため、白人・黒人の都市居住者双方にとって雇用機会が減ることになった[*20]。

レーガンおよびブッシュ政権は都市への資金拠出を減らしたため、一九八〇年代には連邦からの資金拠出が大幅に下落した。ニクソンの新連邦主義は連邦の政策を州への定額交付金に転換して、各州が資金の使い方をより自由に選べるようにしていた。のちにレーガンは定額交付金を削減・廃止することで、新連邦主義の隠れた狙いを明かした。[21]

新連邦主義の影響は、ミシガン州フリントの公共水道に鉛が混入した二〇一五年の危機に見て取れる。フリントは自動車製造の中心地であったが、その種の雇用は「大移動」によってよい仕事を求める黒人がミシガンに来てまもなく終わりを告げた。黒人が到着しても雇用は減っており、フリント市は財政難に陥った。リック・スナイダーが二〇一一年に知事に選ばれ、財政難に陥った市に緊急管理者を任命できるようにする異論の多い法律に賛成した。彼はフリントを管財人の管理下に置き、二〇一二年に緊急管理者を任命した。それから三年の間に四人の管理者がいたが、これでは包括的な計画は生まれそうになかった。

ある緊急管理者は二〇一四年の四月にフリントをデトロイトの水道システムから外して節約しようとした。彼は代わりに地元の河川から水を引くことにした。まもなく、人々の家の蛇口から褐色の水が流れ出し、新たな水道の供給に対して住民の不満が多く寄せられた。デトロイトは二〇一五年の一月にフリントに対して水道システムへの再接続と、接続料の大幅な免除を申し出たが、別の緊急管理者はこれを断った。

二〇一五年の二月と三月にフリントの水道から高濃度の鉛が検出されると、不満の声は高まった。このことを知事の周辺は知っていたが、何の行動もとらなかった。同年九月には、数名の医師により、フリントの多くの子供の血液に鉛の水準の上昇が見られたことが公表された。医師たちの会見後まもなく、河川の水への切り替えから一年半が経ってようやく、州は動き始めた。フリントは一〇月にデトロイトの水道システムに再接続された。

しかし、それまでに血中に高濃度の鉛が入り込み、河川の水で水道管が傷んでいたフリントの住民はどうなるのか？　州政府は新鮮な水のボトルをフリントに緊急援助として運んだが、それだけだった。州の資金拠出は政治的反対によって阻止され、連邦の緊急資金拠出も阻止された。本書が出版される段階〔原著初版は二〇一六年〕では、フリントの水道管に必要な投資が行われるかは不明である。住民は、自宅の所有や他の制約もあって、引っ越すことはできない。一方、フリントの緊急管理者の一人は、デトロイトの学校（これについては後述）を管理する職に任じられるという形で報奨を受けていた。ただし、フリントの醜聞が明るみに出た後に辞職した。*22

知事や管理者は全員がＦＴＥ部門の出身で、フリントの低賃金の黒人住民の健康を考慮せずに公共サービスの意思決定を下した。ＦＴＥ部門の代表者たちはフリントのインフラの維持や水質の保証ではなく、課税の制限を希望したのである。ルイス・モデルによると、ＦＴＥ部門は低賃金部門の所得を低く抑えようとし、それは低賃金部門の公共サービスの質の低下を含む。

薬物問題における差別

雇用、公共財政、民間労働の再組織化におけるこうした変化のすべては、失業者や問題を抱える人々の間に不満をもたらし、コカインの利用となって表れた。連邦の罰則は、〔低賃金のアフリカ系アメリカ人に好まれる〕クラック・コカインの方が（ＦＴＥ部門の人々に好まれる）粉末コカインよりも厳しく、結果的に多数の黒人コカイン利用者が厳しい刑罰を受けた。これはニクソンによる薬物との闘いにつながり、州政府は罰則法の制定を急ぎ、例えば悪名高い「三振即アウト」法〔重罪の前科が二度ある者による再犯は軽犯罪でも終身刑とする法律〕は、ＡＬＥＣとその起草法案の後ろ盾を得て、一九九〇年代に全国に広まった。アメリカの囚人人口は、五〇万人以下から現在の一、〇〇万人超に急上昇し、薬物の罪がこの増加の過半数を占めた。以前には大都市の職を支えていた連邦資金が、今では地方の刑務所を賄っている。現在、七〇〇万人が成人矯正制度の監督下にあり、収監、仮釈放、出廷待機中である。黒人は全人口の一五%を下回るが、囚人人口の四〇%を占める。*23

投獄率が変化しないとすると、三人に一人の黒人男性が生涯のうちに刑務所を経験することになる。*24 この衝撃的な推計は、生命表と収監記録に基づくもので、すべての黒人家庭が、収監中か収監経験のある人を知っていることを意味する。刑務所から釈放された人々はほとんどの州で社会的施策への参加を拒絶され、多くの男性収監経験者は、人生を前向きに歩んで良き役割モデルとなることを妨げられる。囚人に対する職業訓練は優先順位が高くなく、刑務所から釈放されたほとんどの男性が就職に苦労する。彼らはしばしば犯罪行為以外に金を稼ぐ方法を見つけられず、累犯性が高い。囚人人口に占める黒人男性の割合からすると、ほとんどの黒人家庭に、収監中か釈放されたばかりの男性がいる可能性が高い。投獄された男性家族の影に怯えながら育つ若い男性にとって、将来の計画を立てたり、将来役に立つ技能を習得したり、ともすれば、将来や教育について考えることさえ難しいかもしれない。

薬物との闘いは都市の黒人男性を主な標的とし、彼らの低賃金部門からの脱出を難しくしてきた。投獄の経緯は黒人男性を社会から引き離し、技能向上の可能性を奪う。刑務所を出た黒人男性は、過去の有罪判決により、貧しい人々の就職、職業訓練、食糧援助を助けるいかなる政府の施策にも参加が許されない。そして、黒人集団の中での刑務所の脅威（収監中か成人矯正制度の監督下にある人を誰もが知っている）は、個人的な努力が報われにくいことを皆に暗示する。大量投獄の蔓延は、ある種の社会統制になっている。*25

社会統制としての大量投獄

大量投獄の目的は犯罪の統制を超えた社会統制であるという主張は、犯罪率が低下していた一九九〇年代を通じて投獄率は継続的に上昇したという事実に裏付けられる。犯罪減少の原因はよくわかっていないが、証拠が示唆するのは、投獄の増加がほとんど効果を持たなかったことである。最近の研究の結論によると、「ここ二〇年間に投獄率の増加が犯罪の減少をもたらしたと信じる証拠はほとんどない」。二〇〇八年の金融危機後の予算不足だけが囚人の増加に歯止めをかけ、長期収監者は釈放されても再び社会参加を果たすための援助もサービスも提供されない。[*26]

この抑圧がもっとも重くのしかかるのは黒人であるが、低賃金部門の白人やラテン系の人々にも影響が及ぶ。結局のところ、囚人の過半数は白人なのである。しかし、貧しい白人は多数いるものの、貧困層を助ける政策に関する国民的議論において彼らは黒人よりも目立たない。レーガンが貧困層向けの政府拠出を制限するために選挙戦で「福祉の女王」にふれたことは有名だが、それは明らかな人種的言及であった。[*27] 薬物との闘いは法と秩序の施策のように見えるが、その運用は黒人男性に焦点を当てている。そして、その結果である黒人男性の状況が例として利用され、他の政府拠出に歯止めがかかる。現在、人々は一般に人種的な言い回しの使用を控えるものの、人種的偏見の根強さは、バラク・オバマ大統領の資格（適法性）を攻撃した来歴論運動[†]や、彼のツイッター開始への憎悪に満ちた反応に見て取れる。[*28]

社会資本の劣化

この複雑な諸政策の一部に対処する試みは、人種差別に突き当たり、根底にあるこの社会的構築物の強度を露呈する。例えば、釈放された囚人を社会に再統合する最近の試みである、〔逮捕歴・犯罪歴〕質問ボックス禁止運動は、元重罪犯の雇用を奨励するため、元囚人が仕事への応募に際してその身分を明かさなくてもよいようにした。ニューヨーク地域でこの政策を試したところ、質問ボックスを禁止しても、黒人の元重罪犯の就職を助けることはなかった。雇用者は、個人情報の入手を妨げられたため、黒人は元重罪犯である確率が高いという一般的情報に頼り、彼らの雇用を拒否したのである。質問ボックス禁止政策は、社会の根底にある人種差別意識を露呈し、低賃金のアフリカ系アメリカ人の前進を助けることがいかに困難であるかを示す。[*29]

低賃金部門の白人が抱える問題の拡大も同じく深刻である。白人の郊外への脱出は人種のみならず階級にも依存した。貧しい白人は都心部に取り残され、貧しい黒人と同様な経済的・社会的圧力にさらされている。先述したように、低賃金部門には黒人やラテン系よりもはるかに多くの白人がいる。家族を養うための十分な所得を得られない人が、一九七〇年以降、貧しい都市部の白人の間で増加した。都市部の白人の婚姻率は下落し、一人親家庭の割合は上昇した。貧しい都市部の白人の収監率は、黒人の収監率とともに上昇した。そして、彼ら白人たちの間の信頼という社会資本の劣化は、黒人同様に著しかった。アメリカの二重経済は、黒人アメリカ人がいなくても存在したはずだが、政治的議論は違っていただろう。[*30]

都市部の低賃金部門における社会資本の喪失は、黒人と白人で別々に記録されてきた。偶然だろ

---

† 〔来歴論（Birtherism）はハワイ生まれのオバマを「アメリカ生まれではない」とする主張で、トランプは二〇一一年以来この「フェイクニュース」を喧伝し続けた。〕

うが、二つの調査がフィラデルフィアの異なる地域で行われた。これらは社会資本の低下を描く点で似ているが、黒人地域に関する研究だけが、この低下における警察の役割に焦点を当てている。[*31]また、国のデータによると、女性が世帯主で夫が不在の世帯の人々の四〇%以上がアメリカの貧困線を下回る貧困状態である。[*32]

文化か、制度か

白人、黒人、ラテン系を問わず、貧しい都市地域の社会資本が同様に失われたことはウィルソンの主張を支持する。彼によると、黒人地域の病理は、これらの都市に見られた経済環境が原因であった。彼が尋ねたのは、一九九〇年代の都市部黒人の生活の特徴（投獄の増加、婚姻率の低下、一人親家庭の増加など）の原因が黒人の文化にあったのか、それとも彼のいう制度的要因にあったのかである。彼は、それぞれの原因が制度的要因にあったと結論づけた。この結論は低賃金部門の白人にも黒人にも一般化できる。彼らは、不運な経済状況に陥ってしまい、抜け出す力をほとんど持たない人々の典型である。パットナムも、インタビューを通じて、低賃金部門における社会資本の喪失を発見した。彼が人種と投獄の役割を強調しなかったのはインタビューの相手を選択する過程が原因だったかもしれないが、彼の結果が示すのは全体像の一部にすぎない。しかし、それらは都市政策が低賃金部門全体に及ぼす影響の証拠を鮮やかに描き出し補強する。[*33]

低賃金部門の黒人と白人のコミュニティの間には、社会資本の崩壊の形に違いがある。黒人コミュニティでは、警察からの継続的な圧力が社会資本の獲得にとって常に脅威となる。白人コミュニティでは、自分たちが忘れ去られているという感覚が自滅的行動をもたらし、飲酒や薬物による死亡率を上昇させ、教育水準の低い白人男性の死亡率の上昇を招いた。アメリカの他の人口集団の死亡率は低下していたのであるが。教育水準の低い白人男性が最近、政治的に奮起していることは、彼らにとって健全なのかもしれないが、同様な境遇にある黒人男性に対する彼らの優越感に訴えかけることは将来に禍根を残す[*34]。

福祉制度が犯罪視されるにつれて、この罠はよりやっかいになってきた。「福祉詐欺の抑止と処罰を願う人々の欲求が、社会の一員に経済的な安心を提供する意志を圧倒した。福祉の利用は常に貧困の烙印を伴ったが、今では犯罪の烙印も伴う[*35]」。福祉制度は、未決着の令状が出ている人々を捕まえるために利用されるようになっている。仮釈放中に仮釈放監督官との面会に行かなかったり、他の行為制限を破ったりすれば、すぐに未決着の令状を抱えることになる。薬物の重罪犯は多くの州で投票を禁じられるのみならず、福祉制度からも締め出され、社会からさらに置き去りにされる。

福祉給付は減少し、もはや生活の維持に十分な額ではない。その結果、福祉受給者のほとんどは他の収入源に頼らなければ暮らしていけない。彼らが収入を得るためにやむをえず携わるような活動は、給付を維持するために、福祉事務所には隠しておく必要がある。この隠匿は、福祉制度自体が助長するものであるが、詐欺と見なされる。福祉の受給中は薬物の使用が認められないため、薬物依存離脱プログラムも水を差され、ごまかしが助長される。制度の生み出す誘因が、低賃金部門の貧しい人々を生存ぎりぎりに据え置くのである[*36]。

抑圧的な法制度に囚われた人々の話を聞くと、その程度が明らかになる。一方で、逮捕された都市の労働者は、事情聴取まで勾留を免れるための保釈金を払えない。彼らには、裁判まで何ヵ月も、時にはもっと長く待つ間に、勾留を避けるため犯行を自供する大きな圧力がかかるが、この決断は彼らの将来の立場をさらに弱くすることが多い。他方で、この制度が及ぶ小さな町では警官が一、三人しかいない。そんなヴァーモントのある町では、警察が薬物を発見しても、白人の起訴率はわずか一二%だったが、黒人の場合は八七%であった。七倍である。[*37]

第4章　移行——教育による階層間移動への壁

部門間の移行を困難にする障壁

より伝統的な二重経済の場合と同様に、アメリカの低賃金部門に属する人の一部はＦＴＥ部門への移行を熱望する。そのためのしくみが教育であるが、二つの理由で低賃金部門の人には難しい。第一に、教育は長期にわたる支出と資源を必要とし、低賃金部門の人のほとんどがそれを持たない。第二に、ＦＴＥ部門は次第にこの移行がますます高くつくようにしてきた。これらの障壁を順番に論じる。

教育は、発展途上国で伝統的に見られる都市への移動よりもはるかに困難に見えるかもしれない。しかし、都市への移動は、工業経済で収入の多い雇用を見つけるための長く不確かな過程の始まりにすぎなかった。人々がよい就職のために都市への移動を始めた年齢は、現在の教育開始年齢よりも後であったが、以前の過程にはそれでも、まず場所を変えるという大変な障壁があった。経済学者は都市の職を得る可能性をランダムとしたが、現在、学習の適性も重要である。ただし、たとえ低賃金部門の人々が学校で活躍しても、高収入の仕事を探すときには、発展途上国の場合と似たような不確実性に直面する。[*1]

現代の二重経済では、学生は移行過程を子供の頃から始めて十六年以上続け、学位を取る必要がある。第3章を思い出すと、現在の趨勢が続くなら、黒人男性の三人に一人が刑務所行きとなり、多くの黒人の男の子がそれほど長期の人生計画を立てることは難しいに違いない。もちろん、都市の黒人家族の一部には服役中の家族がおらず、それは当然、小さな子がより多くの可能性を想像することを助ける。しかし、その子が中学校に上がる頃には、黒人男子生徒は学習が遅れがちで、より広い世界では逆風が吹いていることを知る。親が彼に学校でやる気を維持させることはいよいよ難しくなる。[*2]

貧しい学生が直面する壁

こうした問題は大学時代に続く。多くの貧しい学生が道半ばで脱落し、ＦＴＥ部門への入場券である学位を取得せずに中退する。最貧四分位の家庭出身の大学生は、三分の一しか卒業しないのに対して、最上四分位では、三分の二が卒業する。数学試験の得点が低かった学生が大学を卒業する確率は、貧しい学生と比べて豊かな学生は四倍高くなっている。この格差は得点が高くなるにつれて縮小するが、卒業の可能性は依然として豊かな子の方が貧しい子よりも約二倍高い。[*3]

学生がなんとか大学を修了したとして、低賃金部門から抜け出せる仕事が見つかる可能性はどのくらいだろうか？　白人学生は黒人学生よりも優位にある。最近の白人学卒者のほとんどが、親族、大学の同級生や友人といった社会的なつながりを通じて仕事を見つけ、彼らから仕事の情報を入手し、推薦してもらう。都市の黒人学生が、ＦＴＥ部門に職を得ている人やこれから参入する校友を数多く知っている可能性は低い。よって、彼らがよい仕事を見つける可能性は、同様な白人よりも低く、教育、社会事業、政府の仕事を見つけなくてはならない。実社会の主流で彼らが見つける唯一の仕事は、アフリカ系アメリカ人向けか彼らに関する仕事である。*4

たいていの白人は、社会資本におけるこの違いを意識していない。自身の成功は自らの努力の結果であると説明し、家族、友人、ましてや政府の助力など認めない。よって、学校も住民も貧しい、都市の貧困地域の貧しい学生は、彼らと同じほどの社会資本を持たないことになかなか気づかない。FTE部門の人々は、低賃金部門の人々と個人的な接触をほとんど持たないため、特にこの種の無知に陥りがちである。魚は水中で生きていることを知らず、FTE部門の人々は、彼らを取り巻き支える社会資本に無自覚なのである。*5

授業料の値上げと学生ローン

K-12教育†の問題は、第Ⅲ部で詳しく議論する。ここでは、低賃金部門の意欲的な人々にとって大学教育の利用可能性が変化したことを論じる。大学の学位はFTE部門への入場券だからである。公立大学は、低賃金部門の人々の利益になる他の州支出と同じ資金断食療法に服してきた。州予算の高等教育への割り当ては、実質価値で一九八〇年から四〇%下落している。公立の研究大学トップ百校の予算に占める州資金の割合は、一九九二年の三八%から二〇一〇年の二三%に下落した。州および自治体による高等教育への支出が高等教育への支出全体に占める割合は、一九七五年の六〇%から二〇一〇年の三五%に下落した。*6

† アメリカの多くの州で一般的な義務（無償）教育期間で、日本の幼稚園年長から高校三年までに相当する。

高等教育に対する州の支援の削減は、学生に課す授業料の上昇に直結する。インフレ調整済みの授業料は、一九八〇年から二〇一二年にかけて主な州立大学で二五〇%、全州立大学とカレッジで二三〇%、コミュニティ・カレッジ〔地域社会の必要に応じるための公立カレッジ。一般に二年制〕で一六五%増加した。こうした授業料の値上げは、低賃金部門とFTE部門をつなぐ教育におけるさらなる障壁である。*7

かつて教育を賄っていたしくみを二重経済が破壊するにつれて、学生の授業料は値上がりした。伝統的には親が子供の教育費を直接あるいは教育向けの資産課税を通じて支払っていた。二重経済では、低賃金労働者は子供の大学費用を払えず、FTE部門は彼らへの支援を渋る。世代間だけでなく部門間でも移転が必要であるが、すぐには望めない。

授業料の値上げは、今日きわめて多くの若者にのしかかる学生ローン危機の第一の要因である。貸し手は主に営利カレッジ、第二にコミュニティ・カレッジである。借り手のほとんどはFTE部門に移るための学位取得も技能習得も果たせない。彼らは依然として低賃金部門に属するが、今や〔彼らにとっては特に〕膨大な額の借金を抱えている。*8

州による公立大学やカレッジへの支援が減少したため、連邦による貧しい学生への援助は、ペル奨学金〔返還不要の連邦政府奨学金。上院議員Pell Claiborneの名から〕、復員兵援護法などの、個々の学生向け資金援助の形をとるようになった。フェニックス大学のような営利の私立校は、こうした形の政府支援を受け入れ始めた。これらの学校は、一九七二年に連邦による学生支援金の受託を認可されたが、焦点は長期的な学生の援助や知識の継承よりも、〔株価維持のための〕短期的な学生数の増加にある。私立大学は非常に収益性が高かったが、通常、学生を十分に教育してFTE部門に送り込むには至っていない。[*9]

連邦政府にとって、個人向け補助金から利益を上げるために出現した営利カレッジの制御は不可能であった。営利カレッジに入学するのは大学生の十二％にすぎないが、彼らが学生ローン破産のほぼ半分を占める。政府は営利カレッジ問題の拡大を抑えようとしているが、規制当局は、不当な糾弾であるとこぼす産業と、詐欺や低賃金部門の学生へのつけ込みを防ぐためにさらなる措置が必要であるという批判者の間で板挟みになっている。[*10]

カレッジを修了しない学生と、卒業生のＦＴＥ部門への就職に役立つ学位を提供しない私立カレッジが組み合わさった結果、多くの貧しい学生が依然として低賃金部門に残るが、現在、学生債務を抱えている。これらの債務は元学生が融資による「不当な困窮」を証明できない限り免除されない。法律には「不当な困窮」の定義がなく、多くの裁判所は一九八七年の意見書に由来するブラナー・テストを利用する。この基準には、持続的な貧困と融資返済の誠実な努力が含まれる。より新しい意見書を参考にすると、この基準はさらに、状況の改善が絶望的であることを要求する。つまり、学生はジレンマに直面するのである。ＦＴＥ部門に移行しようとすると、学生ローンで身動きが取れない。この野心を諦めて初めて学生ローンは免除される。ニュージャージーでは、死亡しても学生ローンから逃れられない可能性がある。[*11]

学生ローン問題の原因

ルイスは資本主義部門が生存部門の収入を低く抑える誘因を持つことを五十年以上前に主張していた。ＦＴＥ部門は二重経済のこの側面を例証しており、網の目のような諸政策が組み合わさって、低賃金部門の収入を低く抑えている。ニクソンとレーガンの新連邦主義は、連邦から州への援助を削減し、それは州立大学への公的支援の削減につながった。学生は、戦後世代よりも自らの大学教育に多くを支出せねばならず、借入で教育を賄った。規制緩和と民営化というFTE部門の政策は、学生ローンの急速な拡大を許したが、政府の監視や規制は存在せず、融資を管理する企業が広く借り手につけ込むことになった。FTE部門は、破産後もなお融資額の減免を困難にし、学生ローンの影響を増幅させた。そしてFTE部門の民営化方針により、営利カレッジは政府から学生ローンを受け取り、FTE部門に移るための教育を学生に提供しないまま成長できるようになった。営利カレッジは、大々的に広告を出して、学生と政府融資を引きつけるとともに、政府に対するロビー活動を行って地位の維持を図る。

学生ローンを抱える人は現在、四〇〇〇万人を超え、ローンの総額は一兆二〇〇〇億ドルを超えている。この借金は現在、消費者債務のうち住宅ローンに次いで二番目に大きく、支出を抑制する効果を持っている。低迷する支出は低賃金部門における労働需要を減らすことになり、図2で示したような賃金の固定化を助長している。学生債務の増加は、低賃金部門からFTE部門への移行をますます困難にする。[*12]

これは不可避なことではなかった。他の国々はこの負債問題を抱えていない。たとえ公共政策によって学生が大学教育のための借入を強いられるとしても、融資は現在のアメリカとは異なるしくみで行うことが可能である。教育が作り出す人的資本は、ほとんど生涯にわたって持続するため、それは車というより家に対する投資に近い。学生による融資の返済は、今日の住宅ローン期間の典型である三〇年以上にわたってもかまわないだろう。そうなれば、月々の支払いと学生への負担を減らせる。あるいは、返済を収入に合わせることも可能だろう。ＦＴＥ部門への参入水準から始めて、それを超える収入のわずかな割合を徴収するのである。*13

リズ・ケリーの場合

アメリカの学生ローンの問題は、不運な借り手であるリズ・ケリーの経験に見ることができる。彼女は私立カレッジへの入学時にすでに結婚して子供がいた。典型的な学生ではなかったが、ＦＴＥ部門への移行を目指す、比較的標準的な低賃金労働者だった。ケリーは借入をしてカレッジに行き、一九九四年に英語の学位を得て卒業した。卒業時の彼女の借金は、二〇一五年のドル換算で約四万二千ドルだった。これは私立カレッジに通うために約三万二千ドルを借りる標準的なカレッジ卒業生の借金に近い。英語の学位があったが、ケリーは仕事を見つけられず、法科大学院への進学を選んだ。これでカレッジのローンの返済義務は猶予されたが、最初の三学期で三万七千ドルが彼女の借金に加わった。

その後、ケリーは重い病気にかかり、長期の入院が必要になった。法科大学院は中退して、最善の可能性は教師になることだと決心した。高い給料を稼ぐためには、さらなる教育が必要だった。彼女の夫は働いており、子供の養育費と追加の教育費は借りなければならなかった。一九九九年から二〇〇四年まで大学院に在籍し、教育ローンの返済は延期した。融資に対する利子が八・二五％で積み上がり、彼女の借金には六万ドルが加わった。借金は、融資と積み上がった利子を含めて、合計二〇万ドル弱となった。

ケリーの夫は二〇〇八年の金融危機で職を失った。二人は家を失い、離婚した。彼女はすべてのローンを利率七％に統合した。合計は二六万ドルに膨らんでいた。彼女はカレッジに通う子供の一人を援助しようとし、別の大学院課程に短期間入学した。ケリーのローン回収代行者は、ローンの猶予が一六ヵ月で期限切れとなることを告げた。彼女の負債は四〇万ドル超に達していた。支払えなければ、ローン回収代行者が彼女の賃金と社会保障給付を差し押さえることになった。

四八歳となったケリーは、退職後のための貯蓄を望んでいるが、今後三十年にわたって月々二七五〇ドルを支払う義務がある。破産宣告をしたいと考えても、連邦法はこの解決法を学生ローンには認めない。彼女は憤慨するわけでもなく、「私は犠牲者ではありません。自分で選択したのです」と述べる。

たしかにそうだが、これは教育を通じて低賃金部門からＦＴＥ部門に移行することがいかに難しいかを示している。以前の世代では、直接的な支援や教育税を通じて、親が大学教育のほとんどを支払っていた。公立大学は授業料無料か僅かな額で学位の取れる課程を提供していた。これはすべて過去の話で、意欲のある学生は自分の教育費を賄わなければならない。ケリーは長い道のりを歩んできたが、五〇歳を目前にしてさらにがんばらなくてはならない。*14

二部門間の移動の低下は集計データに明らかである。不平等と所得移動には反比例の関係があり、大統領経済諮問会議議長はそれを「グレート・ギャッツビー曲線」と名づけた。この関連は国際比較にもアメリカ内の地域比較にも表れている。不平等な社会の人々は、所得を上昇させることがより難しいのである。この関係を生み出すしくみは数多く存在し、低賃金部門からＦＴＥ部門への移行の困難はそのひとつである。ＦＴＥ部門が公教育を支援しないため、第2章で紹介したジョン＝デイビッド・ボウマンのような優秀な教師が、学位を持つにもかかわらず低賃金部門にとどまるのである。*15

II

二重経済の政治

第5章 人種とジェンダー——根深い差別の存続

人種がなぜ問題なのか

W・アーサー・ルイスはノーベル賞受賞者であったのみならず、平和と文学以外の分野で初の黒人ノーベル賞受賞者であった。興味深いことに、彼はアフリカ系でもアメリカ人でもなかったが、アフリカ系アメリカ人として扱われた。英国領カリブ海域で生まれ、英国市民となった。ルイスは後年にプリンストン大学で教えたが、アメリカの人種システムに組み込まれることには腹を立てた。ルイスはジム・クロウ運動に巻き込まれたくなかったが、新ジム・クロウもあまりましなものではない。タナハシ・コーツ〔アフリカ系アメリカ人の作家・ジャーナリスト。一九七五年生まれ〕が書いたように、「社会が一部の人々を学校、政府保証付き住宅ローンや先祖からの遺産のようなセーフティネットで守るにもかかわらず、お前〔コーツ自身の子〕のことは刑事司法というこん棒でしか守れないとしたら、その社会は善意の実施に失敗したか、はるかに邪悪なことに成功したかのどちらかだ」[*1]。

第Ⅱ部の政治分析の冒頭でアメリカにおける人種の歴史を論じる理由は、アメリカの不平等をめぐる政策の議論において、人種が重要な役割を果たすからである。FTE部門は所得稼得者のトップ二〇%を含み、低賃金部門が残りの八〇%を占める。黒人はアメリカの人口の一五%未満である。仮に黒人の全員が低賃金部門であったとしても、低賃金部門の人々の五分の一に満たないことは、私が強調し続けている通りである。奇妙にも、貧困層を助けるための公共政策の議論の大半が黒人に向けられているが、アメリカの人種システムの力がそうさせているのである。ジェンダーによる差別もこの話に関係しており、人種主義との有益な比較を提供し、アメリカの教育の重要な問題をあぶり出す。

人種レトリック

アメリカにおける人種に対する姿勢は、人種は存在しないという科学的・歴史的な証拠からかけ離れている。出身の異なる人々は外見などの特徴が異なるとしても、集団内の多様性と集団間の類似性がきわめて大きいため、人種のいかなる生物学的定義の基礎にもなりえない。アメリカでは人種差別は魔術（witchcraft）に類する**人種レトリック**（racecraft）になっている。私たちはもはや魔女がほうきに乗っているとは考えないが、人種が恐るべき力を発揮することを今でも信じている。「人種レトリックは、大多数の働くアメリカ人の希望を打ち砕くための、都合のよい宣伝用武器である。遅かれ早かれ、陰に陽に、不平等に取り組むあらゆる動きが人種レトリックを動かしだす」[*2]。

魔術が現在のアメリカにあたる地域で最後に登場したのは、一六九二年のセイラム魔女裁判であった。魔女とされた人々が告発された背景には清教徒の宗教があったが、その過程には奇異な地理的要因があった。魔女として告発された個人は、商業が可能な大西洋岸に近いセイラムの東部出身であった。告発した個人は、伝統的な農業に適した肥沃な土地のあるセイラム西部の出身であった。

ひょっとすると、魔術をめぐる狂気と無知蒙昧は、当時でさえ商業活動の魅力と田舎の農民の変化への抵抗の間の社会的対立を表現する手段にすぎなかったのかもしれない。*3

私たちはもはやコミュニティ内の違いを表現するために魔術を犯罪とすることはないが、人種レトリックは存続している。この持続の理由はアメリカ史と関係があり、セイラム魔女裁判と同時代に始まる。南部の農民が十七世紀に農業を拡大し始めたとき、彼らは中世の慣行を引き継いだ制約のもと、白人と黒人の労働者を等しく雇った。農民の問題はアフリカ人ではなく、豊富な土地で働く労働力の不足であった。彼らはヨーロッパからの移民を奨励するため、農場での労働義務を担保として、移民にアメリカへの渡航費を貸し付けた。つまり、ヨーロッパ系労働者は年季奉公人となり、借金を返済して年季奉公が終わったときに行動の自由を取り戻すのであった。南部の農民はこの方法をアフリカ系移民には適用できなかった。アフリカ人は自発的にアメリカに来たわけではなかったからである。イングランドやオランダ系の移住労働者のほとんどが自らの希望で来たのに対し、アフリカ系移住労働者は無理やり購入され、アメリカに連れてこられた。オスカー・ハンドリンとメアリー・ハンドリンが古典的論文で述べたように、「ヨーロッパ人の地位の向上のために契約期間を短縮すると、最終的には彼らの同国人の移住を促して利用可能な人手が増えるが、黒人の契約期間を減らすと、即座に損失が生まれ、最終的に得にならない」。

白人の怒り

十七世紀末のアフリカ奴隷貿易の拡大は、南部のプランテーション経営者に豊富な労働力を提供したが、その枠組みは白人と黒人を差別化するようになっていた。ヨーロッパ系移民とアフリカ系移民の間に生まれていた差は、黒人移民の間の「策略と陰謀」に対する恐怖や黒人労働者の制限につながった。「十八世紀の冒頭、黒人は経済的・法的地位によって区別されていただけではない。黒人は『忌まわしい』別種の人間であった」。十八世紀にはヨーロッパ系労働者からは同意を得る必要が増していたのに対し、アフリカ系労働者の独立は後退し、彼らは農奴から家財になっていた。「したがって、十八世紀の南部住民が人間の権利ということを考えるようになったとき、黒人がそうした権利にあずかるとは考えられなかった。社会全体の状況により合っていた主張は、奴隷がそうした権利を共有できないのは、彼らが人間として完全ではなく、少なくとも別種の人間であるからだ、というものである。それどころか、南部人が自由というものを包括的で自然で譲渡不可能なものと考える限り、奴隷はまったく不自由で、まったく人格を欠き、まったく家財であると結論づけざるを得なかった」[*4]。

独立宣言中の「すべての人間は生まれながらにして平等である」という記述の意味は、すべての白人男性は生まれながらにして平等である、ということであった。黒人奴隷は含まれなかった。そして南北戦争後に奴隷制が廃止された際にも、黒人は忌まわしく、人格を欠くという前提は存続した。「再建」はリンカーン大統領の暗殺後に勢いを失い、ついに一八七七年に幕を閉じた。その後のジム・クロウ法や社会統制は、戦前のような黒人と白人の関係を再現するために作られた[*5]。

アフリカ系アメリカ人に対する差別の継続は「白人の怒り」である、と一部の歴史家に描かれた。そうした感情を抜きにして、北部と南部の長年の確執を説明するのは難しいだろう。白人の怒りは人種レトリックの裏面である。この怒りは二〇一六年の大統領選挙戦に表れた。民主党全国大会には、白人、黒人、褐色人種など多様な人が参加していた。ナショナル・レヴュー誌は、白人の怒りを全開にして、この多様性を反・白人の「無法性と人種神話の称賛が暴力につながった」とした。[*6]

黒人の排除・抑圧

二十世紀の前半、連邦政府は南部の差別をほとんど防ごうとしなかった。南部民主党はいかなる連邦政府の介入も阻止する十分な力を持っていたからである。南部出身の議員は南部の白人だけを代表していた。投票できた黒人はほとんどいなかったからである。ジム・クロウ法と暴力により、南部の黒人は憲法修正第一四条で与えられた権利の行使を妨げられた。下院議員や上院議員は地域のエリートによって選ばれた。総選挙では野党がいなかったからである。いったん議会に選ばれると、彼らはこの制度が提供する長い任期を通じて主導的地位と政治力を手にした。[*7]

南部の議員は権力を行使して、連邦のニューディール政策の対象からアフリカ系アメリカ人を除外した。彼らを直接、排除するのではなく、農業や家事奉公などの黒人が多く従事する職業が排除された。南部の議員は、すべての連邦社会福祉政策が州の役人によって運営されるべきであると主張し、南部の役人がジム・クロウの基準を自由に永続化できるようにした。さらに彼らは、南部に資金を分配するような反差別条項を連邦社会福祉政策に盛り込むことを阻止した。

このシステムのため、貧しい南部出身者は、白人であれ黒人であれ、大恐慌期に北部の労働者に提供された救済策から締め出された。彼らの生活条件は、『名高き人々をいざ讃えん』に活き活きと描かれた。同書は、ジェームズ・エイジーの力強い文章とウォーカー・エヴァンズの鮮やかな写真を組み合わせたものである。[*8]

社会保障年金は開始以来四半世紀の間、黒人を対象に含まなかった。復員兵援護法は第二次世界大戦の退役軍人に教育手当を支給したが、大学入学は保証しなかった。南部の拙劣な教育のため、北部の大学への入学を許可された黒人はほとんどいなかった。よって、黒人は（南部の白人向け大学から排斥されて）南部の黒人向け大学に申し込んだが、後者も彼らを受け入れる余裕がなかった。各州は黒人向け大学、特に寮の施設の拡大を拒み、黒人の大学教育に対する需要は行き場を失った。黒人の退役軍人は、復員兵援護法によるよい就職への支援も受けられなかった。この法律の助成を受けた地域の職業紹介所は、彼らを伝統的な黒人の仕事に割り当て、軍で行われていた訓練を無視した。また、黒人の退役軍人は資本や信用格付けを欠き、好ましくない地域に住んでいるという理由で、しばしば融資を断られた。

アフリカ系アメリカ人は、南部諸州で受けた圧力に対応して「大移動」期に北や西に向かった。第2章で述べたように、黒人労働者は抑圧的な南部を脱して、生活と雇用機会の改善を目指した。しかし、この動きが常に成功したわけではなく、第二次世界大戦後、黒人は白人と比べて不利になった。黒人と白人の全国失業率は一九三〇年には同じであったが、黒人の数字は一九六五年には白人の二倍になっていた。十代（一三歳から一九歳）の黒人少年の失業率は、一九四八年には白人をわずかに下回っていたが、一九六五年にはほぼ二倍になっていた。黒人男性の中位所得は一九六五年には白人男性の五三％に低下していた。*9

所得や雇用率の低かった黒人は、富の蓄積も減少した。エリザベス・ウォーレン上院議員は近年、黒人の排除について熱を込めて要約した。「アフリカ系アメリカ人が自宅所有を通じて経済的保障を確立することを妨げる完全な法制度が作られた。法的な隔離の強制。制限約款（特定の人種・宗派の人への土地の非売却に関する所有者間契約）。特別警戒（融資・保険契約差し止め）地区指定。土地契約。大恐慌から抜け出したアメリカは中間層を形成したが、系統的な差別によって、ほとんどのアフリカ系アメリカ人家族は除外された[10]」。

黒人に対する抑圧は戦後急速に増加したが、一九六〇年代には反対運動が始まった。ジョンソンが支持した公民権運動は黒人に平等な市民権への法的権利を与える法制化につながったが、そうした法律に続いた薬物との闘いは新たな大量投獄体制を生み出して、ジム・クロウの伝統を存続させた。二〇〇〇年には黒人男性の三人に一人が収容経験を有していた。大量収監の発生は多くの黒人家族にとって重圧となり、社会的・経済的問題につながった[11]。

ニクソンが薬物との闘いを宣言したのは、まさに「大移動」が終わる頃だった。レーガンと州政府は、コカインの流行が広がるにつれて、一九八〇年代にこの闘いを拡大した。黒人は薬物違反で逮捕される確率が白人よりもはるかに高かった（今でも高い）。同時に、今では「錆地帯《ラスト・ベルト》」と呼ばれるアメリカ中西部で産業が衰え始め、黒人が北で見つけていた仕事が消滅し始めた。彼らにとって、北部の条件は南部よりも良かったが、期待したほどではなかった。

アイルランド系・ユダヤ系移民の待遇

人種レトリックの永続的影響力は移民の待遇に見て取れる。ただし、生物学者は、ある人種に属するすべての人を含み他の人種に属するすべての人を除外するような、人種の満足な定義を提供できていない。人種レトリックの影響は植民地時代には限定的であった。というのも、白人アメリカ人はほとんどが西欧のもっとも進んだ国の出身で、アフリカ人は自分たちの間の文化的違いを表現することを許されていなかったからである。多様な移民が合衆国にやってくるにつれて敵対的な態度は拡大適用され、ラテン系移民がより一般的になった現在、再び拡大適用されている。

新しい移民はたいてい貧しく、人種レトリックの二者択一的世界では、アフリカ系アメリカ人と一緒にされた。一部の移民はアメリカで大成功したため、「黒人」を卒業して「白人」となった。他の移民は、文化的属性のためか、移住当時のアメリカの状況のためか、あまり成功しなかった。しかし、人種レトリックの永続的な影響により、彼らのアメリカでの成功の記録は人種レトリックによって調整された。

十九世紀には多数のアイルランド人が、世紀半ばのアイルランド飢饉後にアメリカにやって来た。彼らは当初、黒人とともに肉体労働者として軽蔑された。新たなアイルランド移民は、イングランドによる支配からアイルランドを解放する動きへの共感から、奴隷制廃止論者たちに加わって奴隷制に反対した。しかし、多くのアイルランド系アメリカ人は、この姿勢を捨てて初めて白人と見なされるようになり、のちには他の白人に加わって人種レトリックを採用するようになった。この人種的自己認識は、ほぼ百年後にも当てはまった。一九七〇年代の南ボストンで貧しいアイルランド系アメリカ人として育った少年は、この配置のどこに自分が入るのかを探し出そうとしていた。「もちろん誰も自分を黒ん坊〔nigger：黒人どうしが用いる場合を除き、非常に侮蔑的とされる〕だとは考えなかった。それは常に、自分以下とみなす人間に対する呼び方であった。[*12]」

ユダヤ人が似たような移民の経緯をたどり、東欧での組織的虐殺《ポグロム》に直面して、十九世紀末に到着し始めた。彼らは差別され、二十世紀前半（東欧からの大量移民の時期から第二次世界大戦の終結まで）を通じて、生活、労働、時にはたんに滞在する場所でさえ制約された。裕福なユダヤ人（初期の宮廷ユダヤ人の末裔）も少数いたが、一般的ではなく例外だった。ほとんどのユダヤ人は、黒人ではないにもかかわらず、黒人と一緒にされた。第二次世界大戦の悲惨な結果を経て、戦後の繁栄のなかで、ユダヤ人はどこであれ受け入れられ始め、白人になったのである。しかし、ユダヤ人は移行を遂げたものの、彼らの動きはアメリカにおける人種関係の構造を変えなかった。アメリカにおいて白人であるということは、黒人の上に位置することを意味し、多くのユダヤ人が、新たな白人の地位で人種レトリックを採用した。そうした人たちが排除の慣習を共有する一方、別の人たちは過去の差別を忘れず、アメリカ社会の主流に統合されていなかった人々を助けようとした。*13

ラテン系移民の「大移動」

二十世紀末に二重経済が発展するにつれて、ラテン系の多数の人が祖国の混乱に直面してアメリカへの移住を始めた。これは第二の「大移動」と呼べるだろう。メキシコや他の中米諸国からのラテン系移民が、一九七〇年以前のアフリカ系アメリカ人の「大移動」に続いた。アメリカのラテン系住民の数は、一九七〇年の約五％から今日の一七％へと増加した。アメリカではラテン系人口が黒人人口を上回っている。

「大移動」と同じく、ラテン系移民は経済的な向上および保障への道を閉ざす抑圧的政治体制を逃れて、北部へ移った。アメリカが中米に介入して、是認しない政府の退陣を目指したのちには、一九九四年の北米自由貿易協定（ＮＡＦＴＡ）の発効が続いた。ＮＡＦＴＡによって、メキシコは、それ以前にアメリカの労働者に影響を与えていたグローバル化の波にさらされるようになった。しかし、メキシコの労働者にはアメリカの労働者にはない選択肢があった。地位向上のため、北に移動できたのである。

この動きは国際的で、アフリカ系アメリカ人の「大移動」期の州間移動とは違った。一九二〇年代の移民法改正後に雇用者がアメリカ南部の労働者に目を向けたように、アメリカ国内での移動の終焉後に雇用者はアメリカ国境の南の労働者に目を向けた。しかし、ラテン系移民の流入は、中米が薬物の主要な供給源になるにつれて、薬物との闘いと切り離せなくなった。薬物の流入を阻止する試みは、メキシコとの国境管理の強化につながり、かえって非正規移民の増加をもたらし、彼らは政治的駆け引きの道具となっている。労働の新たな供給源が欲しいアメリカの雇用者と、すでにグローバル化の弊害に苦しんでいるアメリカの労働者との間の緊張関係が原因で、アメリカはこうした新たな状況に合わせて移民政策を更新することができないでいる。

ラテン系住民は現在ほとんどが二重経済の低賃金部門に属する。彼らは教育資源を欠く都市に集中し、アフリカ系アメリカ人コミュニティと同種の社会的機能不全に直面している。白人集団の意識では、ラテン系地区の人は悪事をたくらんでいるとされる。ラテン系住民は人種レトリックで疎まれる側にいるのである。

アメリカの経済状況は、十九世紀よりも移民に好意的ではない。これはわずか二、三十年足らずの近年の動きで、はるかに長い歴史を持つヨーロッパ系のアメリカ移民とは異なる。しかし現在、ラテン系住民が人口に占める割合はアフリカ系アメリカ人とほぼ同じで、経済やＦＴＥ部門の意識においても同様な地位を占めている。*14

人種レトリックが再分配政治に与える影響は、最近の多くの出版物で描かれてきた。アメリカと欧州のある比較研究は次のような結論を下した。「人種の不和は、貧困層についての信念の形成に決定的な役割を果たしている。(…) アメリカで再分配に反対する人たちは、人種に基づくレトリックを繰り返し使って左派政治に抵抗してきた[*15]」。

アメリカの郡に関する最近の計量経済分析は詳細に引用する価値がある。「一八六〇年に奴隷の人口密度が高かった郡に現在住んでいる白人は、南部の他の場所に住む白人と比べると、平均的により保守的で、アフリカ系アメリカ人に対して冷淡な気持ちを表明する。つまり、住んでいる郡の一八六〇年における人口一人当たりの奴隷の数が大きいほど、今日の南部白人は共和党支持者と自己認識し、積極的差別是正措置に反対し、ある水準の『人種的敵意』を示唆する立場を表明する可能性が高い[*16]。」

現在のアメリカで黒人であることの意味を鮮やかに表現するクラウディア・ランキンの散文詩は、ある専門職の男性を描いている。彼は自分の車から警察に引きずりおろされ、手錠をかけられて、警察署に連行され、服を脱がされ、結局は釈放されて帰宅する。次の句が反復される。「そして、お前は犯人ではないが、犯人像にピッタリだ。犯人像に合う男はいつも一人だけなのだ[*17]」。

ジェンダーによる差別

女性の待遇は、人種についての現在の分断と、ある身体的な面で似ている。自由なアフリカ系アメリカ人でさえ、ごく最近まで市民ではなかったが、非アフリカ系の女性は市民であった。しかし、女性と政府との関係は、長い間、男性とはかなり異なっていた。奴隷の解放は、女性が投票権を約束されるはるか前であった。女性に投票権があるとした憲法修正第十九条の批准は、アフリカ系アメリカ人に同じ約束をした同第十五条の五十年後であった。

初期のアメリカはイングランドの家族法をほぼそのまま採用した。男性は家族関係の旧法からどれだけ利益を得ているかを理解し、変更はしなかった。既婚女性は夫に対する義務を負い、妻にできることのほとんどを夫が管理した。この「妻たる身分」制度は、女性の市民的アイデンティティを結婚と同時に夫に移行させた〔女性が結婚するとその人格が夫の人格に吸収されて一体となるという、夫婦一体の原則。現在この法理は廃止されている〕。これは、既婚女性が夫から独立に自身の財産と見解を持てることを否定した。女性は、身体の不可侵性や、投票し、陪審員を務める能力を否定されたのである。

身体の不可侵性は、投票し、陪審員を務める権利の基礎になる基本的市民権であり、それが黒人と女性の双方にとって脅かされている。問題の起源は先述したように異なり、それぞれ奴隷制と「妻たる身分」である。しかし、人種とジェンダーによる差別の存続は、黒人と女性の身体に対する共通の危険に光を当てる。アフリカ系アメリカ人男性にとって、それは殺される危険であり、肌の色を問わず多くの女性にとっては、強姦され、適切な医療ケアが利用できない恐れである。

近年、全国で多くの警察官が多数の黒人を殺害してきた。地区の自警団員に殺されたフロリダ州のトレイボン・マーティンと、ミズーリ州のマイケル・ブラウンは、若い黒人男性が銃撃されたもっとも有名な二つの例にすぎない[*18]。

女性はそれほど頻繁に銃撃されてきたわけではないが、既婚女性の身体の不可侵性は、長年にわたって不安定であった。夫は妻を他の男性による暴力から守るとされていたが、妻の身体に対する夫の財産権は無制限であって、強姦の長年の定義は「妻でない」女性に対する性的暴行であった。こうした法律の一部は一九七〇年代に改正されたが、夫婦間の強姦は全五〇州で一九九〇年代初頭まで犯罪ではなかった。

未婚女性も危険にさらされていることは、二つの強姦事件をめぐる決定に示されている。ひとつの事件はプエルトリコで起こり、ウースター工科大学が運営するプログラムに参加した学生が寮の警備員に強姦された。強姦犯は二十年の禁固刑に処せられたが、大学は強姦についての責任を一切否定し、被害者が危険な決断を下したと非難した。しかし、警備員を信用できなければ、誰を信用できるのだろうか？　警備員を雇っていたのは下請け会社で、この慣行は第3章で述べたように広く普及しており、親会社は自らに責任が及ぶことを認めようとしなかった。

もうひとつの強姦事件は、スタンフォード大学で起きた。ある友愛会〔フラターニティと呼ばれる男子大学生の社交クラブ〕のパーティの参加者が、飲み過ぎて記憶を失った。彼女は強姦されたが、のちに容疑は性的暴行に格下げされた。酔ったスタンフォードの学生が他の学生に取り押さえられ、警察に引き渡された。寮の警備員とは異なり、スタンフォードの学生の刑期は六ヵ月であった。彼は軽い罰を受けたが、寮の警備員は長年にわたって収監された。学生の父親が書いた手紙によると、彼の息子の人生は悪行に対する後悔の念で台無しになってしまい、「二十分の行為」のために投獄される必要はなかったという。どういうことだろう？　ウースターの短期コースよりもスタンフォードのパーティに行く方が安全なのだろうか？[*19]

女性の権利

政治家たちが全米家族計画連盟のような組織に反対するようになった二十一世紀初頭の現在、身体の不可侵性に対する女性の権利も脅かされている。人工妊娠中絶や女性の健康管理をめぐる扇動的な言葉の結果として生殖に関わるケアの利用が拒否されることにより、女性の身体の不可侵性は脅かされているように見える。アメリカの半分の州が、医療費負担適正化法のうち、健康管理プランは中絶にも適用されると定める条項を拒否しており、現在、一部の雇用者は医療費負担適正化法による避妊費用の支払いを免除されており、多くの女性にとってリスクが拡大している。[20]

アメリカの連邦最高裁は二〇一六年六月、妊娠中絶の利用を厳しく制限したテキサス州の州法を違憲であるとした。それによると、中絶医に近隣の病院や診療所で入院特権〔患者を診察する特別の権利〕を持つことを要求するテキサス州の制限は、救急外科センターの基準を満たすためとされたものの、女性が中絶を行う能力に「不当な負担」を課すことを禁じた最高裁の以前の判断に反していた。この決定は、一九九二年以降、中絶に関するもっとも包括的な声明であり、一九七二年に「ロー対ウェイド」裁判で確立された、憲法が保障する中絶の権利の力強い再確認であった。数週間足らずで中絶反対派は、引き下がるわけにはいかないと応答した。彼らは、身体の不可侵性を保持する女性の権利への攻撃を続けることになる。[21]

しかし、この州法は施行されていた間、強い効力を発揮したようだ。テキサス州の妊婦死亡率は、州が家族計画連盟への財政支援を打ち切ってから倍増した。それは現在、ロシアやウクライナの死亡率に匹敵する。明瞭な因果関係は証明されていないが、タイミングはかなり示唆に富む。黒人の男性や少年が公務員に撃たれる一方で、妊婦が政府の行為によって死んでいるのである。[22]

女性と黒人の投票権

女性参政権論者と奴隷制廃止論者は、十九世紀にはほとんど重なりがなかったが、彼らの関心は、「人」〔persons：白人男性に限定されない〕に言及した憲法修正第十四条に合流した。修正の平等保護条項の適用は、アフリカ系アメリカ人に対する差別の削減を意図していたが、女性は二十世紀の終盤三分の一で保護の獲得に成功した。女性参政権の保障は修正第十九条を要したものの、「一九六四年公民権法が形成した人種と性別の連携により、（…）性別によって異なる処遇は、伝統の問題から差別の問題へと移った[*23]」。

黒人の投票権は、憲法修正第十五条および一九六五年投票権法によって法的に保障されたことになっていたが、それは現在も攻撃されている。最高裁は二〇一三年に投票権法の一部を無効とし、南部の州はジム・クロウ法を想起させる規則をすぐに復活させた。修正第十五条は投票の規制に人種を利用することを禁じていたので、代わりに人頭税が利用され、貧しい白人も（性別にかかわらず）投票権を奪われることになった。人頭税が一九六四年の修正第二十四条で違法とされた時点で、五つの州が依然としてそれを利用していた。現在、身分証明カードのような新たな制限が、貧しい人々に投票させないために利用されており、連邦裁判所はこうした制限の多くを承認した[*24]。

より多くの人に投票させようとする試みは、重要な政治的効果を持った。一九六三年以前には、人種の点で保守的な見解を持つ南部の白人有権者は民主党支持であるとかなり正確に予想できた。しかし、ケネディ、ジョンソンの両大統領がアフリカ系アメリカ人の市民権を支持してから、人種的に保守的な有権者は共和党支持者となった。こうした有権者の鞍替えが、南部白人による民主党支持の低下の四分の三を説明する。一九六〇年に南部の上院議員はすべて民主党員であった。現在では二十二人のうち民主党員はわずか三人であり、北部の民主党はこうした変化への対応に苦慮している[*25]。

男性は投票権を手にすると同時に公職に就く権利を獲得したが、女性は公職に就くためには後の裁判所の判決を待たねばならなかった。女性と黒人はともに伝統的に陪審員から除外されていた。法的には黒人も女性も陪審員候補者名簿に載る権利を持っていたが、検察には、望まない陪審員を排除する大きな裁量権が与えられていた。女性陪審員が一般的になったのは、州法および司法慣行が変わった結果であり、一九六〇・七〇年代になってからだった。しかも、一九九二年になってようやく、最高裁の判決により、説明の不要な専断的忌避†を、性別を根拠にして行ってはならないとされた。

一九八六年の最高裁の決定により、人種を根拠にして専断的忌避を行ってはならないとされたにもかかわらず、この慣行は存続し、南部や他の一部の地域では黒人陪審員はまれである。ただし、最高裁の意見によると、彼らの除外は人種が原因ではない可能性もある。二〇一六年の最高裁判決によると、ジョージア州の検察は一九八七年に、陪審員候補者を黒人であるという理由で違法に却下した。検察側の資料では、黒人の陪審員候補者の名前が明るい緑色で強調され、横に「B」と書かれていた。その結果、無実のアフリカ系アメリカ人ティモシー・フォスターは死刑を宣告され、三十年にわたって収監された。*26

一九三〇年代になるまで、女性に可能な仕事は限られており、家周りの仕事や教育、看護、綿織物生産といったいくつかの自宅外活動にとどまった。女性は概して、公式・非公式な割り当てによって、法律、医療、他の多くの専門分野から排除されていた。女性を給料のよい多くの仕事から排除していたのは、求人広告に「男性求む」「女性求む」と書いていた慣行で、給料のもっとも高い仕事は男性に確保された。女性の特性や社会的役割を反映する「保護」法制によって、女性は労働力のなかでも制約を受け、実際にこなすことのできる仕事から締め出され、しばしば（仕事の範疇がまるごと除外されることにより）有色人種の女性は搾取の危険にさらされた。

女性の仕事が変わり始めたのは、最近の世代になってからにすぎない。ゆっくりと、困難かつしばしば危険な奮闘を経て、「家族に対する務めで市民的な義務を代行するという補完の慣行が次第に崩壊していった」。さらに、人種とジェンダーの奇妙な相互作用で、女性警察官（多様な職業を選択する女性の新たな自由の一部）は、発砲の確率がかなり低く、おそらくは黒人の命を救っている。[*27]

しかし、女性は今でも仕事で差別に直面している。女性の中位所得は男性よりも約二〇％低いままである。教育が原因ではない。現在、女性は同様な職業の男性に匹敵する教育を有している。それでも、女性の医師や法律家は、同等な男性よりも収入が低い。さらに、女性がある分野で目立つようになると、賃金は下がる。研究者は懸命にこの賃金格差の源泉の理解を試みているが、観察可能な相違を調整した後でさえ、それは姿を見せる。[*28]

† 陪審員の選定に際して、原告・被告双方が理由を付さずに候補者を忌避（拒否）できること。

第6章 政治の投資理論——政治資金の影響力

アメリカがさまざまな点でいかに分断されているかということを示した。第一の分断は、第Ⅰ部で論じたように経済である。所得の不平等があまりにも進み、アメリカは二重経済と考えられる。第二は、第5章で述べたように人種である。黒人と白人の関係は「新世界」の初期に遡り、それ以来、多くの奇妙な経緯をたどってきた。近年、黒人大統領が二度選ばれているものの、人種差別（人種レトリック）は消えていない。第三の分断は、同じく第5章で論じたようにジェンダーの文脈に沿うものである。近年、多くの前進を遂げたが、女性は依然として男性と完全に平等ではない。

中位投票者定理（MVT）

こうした分断はアメリカの政治にどのような影響を与えるか？　これは難しい問題であり、答えるにはいくらかの努力を要する。まず中位投票者定理（The Median Voter Theorem: MVT）から始めて、より啓発的な他のアプローチに向かおう。

MVTは専門的・一般的な議論の双方で多用されている。定理は簡単な例から始まる。ひとつの争点をめぐる投票が行われることになり、各投票者は絶対賛成から絶対反対までの範囲内のどこかに位置する見解を持つとされる。仮に各投票者が問題となっている争点に対する見解以外の理由で選ばれるとすると、おそらく投票者たちはベル型曲線やひとこぶラクダのような広がりを持つだろう。専門的に言うと、その分布は正規分布に従う可能性が高く、両極端よりも中央にいる人が多くなる。

ＭＶＴの予測によると、こうした選好に直面した政治家候補者は、中央の、つまり中位投票者、すなわち投票者の分布の中央に位置する人物になびく。こうした政治の見方はかなり一般的であり学界から公共の議論に広まった。例えば、フィナンシャル・タイムズ紙で二〇一六年の出来事を予想したジャーナリスト、エドワード・ルースは、二〇一六年の共和党大統領候補は「中位投票者のはるかに右側に位置するため、ホワイトハウスにはたどり着けないだろう」と予測した。[*1]

この定理は二重経済の政治に強力な予測をもたらすように見える。しかし、深刻な問題をはらんでいる。仮に中位投票者が決め手になるのであれば、アメリカの公共政策は低賃金部門を支持するだろう。低賃金部門は人口の過半数を含むため、全員が投票するとしたら、中位投票者は明らかに低賃金部門の人である。しかし、中位投票者は例えば最低賃金の引き上げを支持するだろうが、長年それは起こっていない。ＪＰモルガン・チェース会長のジェイミー・ダイモンは、二〇一六年の半ばに賃金停滞への対応として自社の賃金を引き上げたと表明した。これは称賛に値するが、国の最低賃金の引き上げとはまったく違う。[*2]

この逆説はＭＶＴが二重経済と矛盾することを示す。ルイスは、二重経済の低位部門は政策への影響力を持たないと仮定した。経済政策は資本家階級の利益に仕え、自給自足農民には政治力がなかった。ルイスは、本書第Ⅰ部で彼のモデルを紹介するために引用した箇所でこの点を強調し、資本家を帝国主義者と呼んだ。社会とほとんど接触を持たない人たちのことである。

MVTの多くの解説は、人々や投票者がまるで同質であるように語る。しかし、このアプローチはアメリカでは不適切である。その理由を確認するには、合衆国憲法の起源に遡る必要があり、それ以降の歴史を調べて、憲法がどのように修正され、再解釈されたかを理解しなければならない。

合衆国憲法の成り立ち

憲法制定会議が一八七八年に開かれたのは、連合規約（一七八一年に発効していた合衆国初の成文憲法）が機能していなかったからである。各州で構成されていた連合体は、人々に課税する権力を持たず、各州に請求できるのみだった。結果的に、それ以外のことをする権力をほとんど欠いた。制定会議は権力をいくらか連邦政府に移譲するためのよりよき代案を提示することになっていたが、この変更を実施する権力を持たなかった。連合の九つの州が憲法を批准して初めて、それは発効する。したがって、憲法には十分な数の州を説得して批准させるための一連の妥協が含まれていた。各州間の二つの違いがここでは重要である。各州は、昔も今も、規模が違い、北から南に広がっている。

憲法の起草者たちは、州の規模の違いに対処するため、二院制の立法府を導入した。下院の代表は人口比とするが、各州は州の規模とは独立に二名の上院議員を有することになる。加えて、上院議員の選出は、一般投票ではなく州議会によるとされた。この取り決めは、イングランドに由来し、新しい国の民主主義の範囲を制限するとともに、ロード・アイランドのような小さな州を説得して憲法を批准させる後押しをした。*3

この取り決めは合衆国の誕生を助けたが、新しい国の民主主義を制限した。上院は下院の決定を抑制し、人々の意思は政策に直結しなかった。上院の役割は、合衆国が西へ拡大し、農業に代わって工業化が進むにつれて、次第に変化した。人々はますます都市に住むようになり、都市は港の周囲に集中した。大西洋岸の港に、五大湖、さらには太平洋岸の港が加わった。しかし、住民は大きな港や都市のある州に集まったものの、上院議員は以前に定められた州から来ていた。有権者の場所と上院議員の場所の違いが民主主義を制限した。

十九世紀が進むにつれて、州議会による上院議員の任命が難しくなっていった。州議会が誰を任命するか合意できなかったため、十九世紀末には上院に多くの欠員が出ていた。解決策は、憲法を修正して人々に上院議員を選ばせることだった。これは憲法修正第十七条で実現し、一九一三年に発効した。

上院では票の重みが不平等であることに加えて、下院議員を選出する選挙区の再編問題がある。この過程は過去数十年にわたって政治化してしまい、〔民主・共和〕両党が党員のために再選確実な選挙区を生み出した。その結果、下院議員の九割が再選確実な議席にある。公共政策に影響を与えたい人は二重の負担を背負い、上院のためには小さな州に住み、下院議員の選挙戦が競争的な州に住む必要がある。アメリカの有権者でそのような場所に住む人は非常に少ない。[*4]

このように上院議員の選出方法に注目するにもかかわらず、憲法は投票資格にまったく言及せず、投票の規定を各州に委ねている。これは新たな民主主義国が憲法を起草する方法としては奇妙だが、第五章で述べたアメリカ植民地の人種の歴史の結果であった。憲法は北部と南部の双方の州に批准されなければ、発効できなかったのである。

投票者は成人人口全体に等しいとする仮定は、ヨーロッパについては多かれ少なかれ正確であるかもしれず、議会選挙の投票率は該当する人口の約八割で安定している。しかし、アメリカでは事態は非常に異なる。大統領選挙の平均投票率は、一九七六年から二〇〇八年まで五六％であった。大統領選挙のない年の下院中間選挙の平均投票率は、わずか三八％であった。

一九八〇年の投票率を社会経済的地位別に分析すると、アメリカで実際に誰が投票するかがわかる。当時の呼称でいう中間階級の半数以上が実際に投票したのに対して、労働者階級と失業者で投票したのはわずか一六％であった。図1に示されるように、一九八〇年には中間および上層集団が人口の大半を占め、下層集団は投票しなかった。場所による分類がこの結果の源泉を明らかにする。議会中間選挙における北部と西部の投票率は、一九七〇年まで五〇％を上回り、それ以来四〇％まで低下している。しかし、南部の投票率は一九一八年から一九五〇年まで約一〇％足らずで、近年約三〇％にまで上昇している。[*5]

奴隷制をめぐる妥協

提案された一七八七年の新憲法は、新たに独立した連合国家の大西洋沿岸を南北に連なる諸州を引き寄せるための妥協を含んでいた。そのうちもっとも重要なのは、奴隷制をめぐる妥協であった。南部諸州は、下院の議員数配分で奴隷が勘定に入れられることを望んだ。当時、奴隷は人間ではなく財産と見なされていたため、彼らは明らかに有権者ではなかった。したがって、代表権を要求することは民主的連邦の考え方と衝突した。北部諸州はこの矛盾する要求への同意を渋ったが、奴隷の完全な排除を主張したまま、南部諸州の批准への同意を得ることはできなかった。妥協として、

（現在すべての子供が学校で習うように）奴隷を一人の「五分の三」と数えて、奴隷貿易の制限を二十年間禁止することになった。†

代表をめぐるこの妥協のため、憲法制定会議が投票条件を規定することは不可能だった。実際、初期共和国の構想者のほとんどは、普通選挙権が統治の健全な一部であるとは考えなかった。彼らは、財産所有者が新憲法に関心を持ち、それをよく守るだろうと考えた。どれだけ財産があれば有権者になれるのだろうか？　自由な黒人は投票できるのか？　女性は投票できるのか？　こうした問題は、制定会議にとってあまりに困難かつ悩ましかったため、投票に関する取り決めは各州に委ねられた。

その結果、投票はけっしてアメリカ人全員の権利にはならず、人口のうちでも富裕な人々の特権であった。各州は実験的に自由な黒人や女性の投票を認めたが、そうした例外は長続きしなかった。自由な黒人男性は、ニューヨーク州の民兵からは排除されたが、財産要件を満たせば投票できた。選挙法が包括的であった初期のニュージャージー州では、財産要件を満たした独身女性は投票できた。しかし、女性票が選挙の結果を左右したと見なされてから、ニュージャージー州議会は選挙法に性別条項を挿入した。ジャクソン大統領の時代（在任一八二九年から三七年）には、財産要件が撤廃されたが、人種条項が挿入され、投票は白人男性に限定された。ケイザーはこれを「部分的」民主主義と呼ぶが、南部の寡頭制であった。こうした除外の結果として、政治参加は低迷した。[*6]

---

† 条文では「奴隷」という語の使用は回避された。「奴隷制」が初めて登場するのは一八六五年、その廃止を定めた憲法修正第十三条においてである。

南北戦争がこのパターンに加えた変更は驚くほど小さかった。南部での投票は「再建」期にはより民主的であったが、ジム・クロウの法律と慣習が原因で南部には低投票率が舞い戻った。憲法修正第十四条・修正第十五条にもかかわらず、黒人は選挙登録から遠ざけられた。一般選挙の候補者は、投票者のはるかに少ない予備選挙区で選ばれた。こうした小規模の白人集団は、現職の下院・上院議員を再選に向けて指名し、彼らは簡単に繰り返し当選した。彼らは議会で長い任期を務め、大きな力を持った。なぜなら、委員会の委員長職は在任期間の長さによって与えられたからである。これら南部議員の影響力のため、ニューディール政策や復員兵援護法は、給付の運営を州に委任した。これらの給付は南部では白人に限定され、この体制を永続させた。[*7]

存続する投票制限

このパターンは現在も続いている。一九六五年の投票権法は、南部のジム・クロウ法の遺物に対処するための条項を取り入れた。最高裁は二〇一三年、「シェルビー郡対ホルダー」事件をめぐって、そのもっとも効力の大きな条項を違憲と判断した。この条項は、指定された（過去に差別的手段を用いた）州・地域に対して、投票に関する取り決めを変更する際に、連邦政府から事前承認を受けることを命じていた。つまり、投票に関する取り決めが発効する前に、それが投票権法に反するかどうかを連邦政府が決めることになっていた。この条項が違憲と判断された理由は、州・地域指定の方法が四〇年以上前のデータに基づいており、現在の必要にもはや対応できず、したがって連邦主義と州の平等な主権という憲法の原則に容認できない負担となるというものであった。[*8]

すべての州は同様であるとする最高裁の主張にもかかわらず、当初の法律に記載されていた各州は、事前承認制のもとでは認められないような投票制限をまもなく足早に課すことになった。こうした制限の動機が人種にあることは明らかに見えるが、もはやそのような表現を用いることはできない。したがって、投票の困難は低賃金の白人および黒人に影響を与える。

南部諸州は黒人の投票の合法的制限が投票権法によって妨げられると、黒人を投票から遠ざけるために人頭税を利用した。人頭税が一九六四年に違法とされると、各州は代わりに識字能力試験テストと有権者IDカードに頼った。こうした措置は、黒人を狙い撃ちしているという非難は免れたが、低賃金の白人による投票をも妨げた。人種問題として始まったものが、階級差別に変わったのである。そして、二〇一六年の政治家は、投票をめぐるこうした新たな要件の効果を懸念した。有権者IDは貧しい人々による投票をかなり阻んだようだ[*9]。

古い南部の慣行は、大量投獄によって北部に伝わるようになった。先述したように、囚人人口は一九七〇年以降に急増し、アメリカは囚人の人口比率で突出している。囚人は概して中核都市出身で、黒人が不釣り合いに多い。刑務所は通常、民間雇用が減った農村地域に建設された。政府の収入はますます都市ではなく農村地域に分配されるようになっている。最高裁の判断では、囚人は人口の一部に数えられる必要があるが、投票はできない。北部の一部農村地域の住民は現在、ジム・クロウ法のもとにあった南部白人と同じ投票上の地位を占めていることになるのである[*10]。

選挙はなぜ火曜日なのか

「中位投票者定理」（MVT）を実践に移す際の別の問題は、投票者が政治的選択において通常は二つ以上の争点に直面することである。例えば、単一の投票で人種問題と経済問題が浮上するかもしれない。二〇一六年の大統領選挙で共和党候補であったドナルド・トランプは、「トランプ大学」〔二〇〇五年から一〇年まで運営された営利目的の不動産投資セミナー〕で損失を被った人々が彼を訴えた訴訟を担当していた連邦地裁判事ゴンザロ・P・クリエルについて、彼は「メキシコ人だった」から訴訟を監督すべきでないと述べた。判事がインディアナ出身であることを指摘されても、トランプは引き続き、彼はメキシコ系だから自分を裁くことはできないと主張した。下院議長のポール・ライアンは、トランプの攻撃は人種差別だが、それでも彼を支持すると述べた〔集団訴訟はトランプ氏側が元受講生たちに総額約二八億円を支払って和解した〕。この状況では、市民の一票は二つの争点を結びつける。典型的な人種差別と経済である。MVTはこの選択の比較評価方法を投票者に教えるものではない。*11

投票の慣行によってエリートが享受するさらに別の特権が、投票のタイミングから生じている。火曜日の投票は、仕事を休めない低賃金労働者の投票を制限する。しかし、この時代遅れの慣行を変えようとする動きはない。火曜日の投票が始まったのは十九世紀で、その頃はほとんどのアメリカ人が農民であり、馬車で移動していた。彼らは郡庁所在地に着くまで一日、投票に一日、そして帰宅に一日を要し、当時一般的だった三日間の祈りを中断できなかった。残るは火曜と水曜だが、水曜は市の立つ日だった。こうして火曜日になった。一八七五年に議会は火曜日をアメリカ下院選挙にも適用し、一九四五年には上院選挙にも適用した。

ほとんどのアメリカ人が現在、都市に住んでいる。通勤、子供の世話、仕事をこなすだけでも大変であり、列に並んで投票するのはなおさらである。これが影響を与える有権者は、自分の時間を比較的自由に調整できるFTE部門よりも、低賃金部門に多い。国勢調査のデータによると、アメリカ人が選挙に参加しない主な理由は、選挙が不便だからである。一部の州はさらに投票所を閉鎖し、投票には長い列と待ち時間が必要になった。期日前や不在者投票があれば、一部の投票者は助かるが、貧しい投票者の制限をねらう州は、そうした活動用の資金を削減し、投票者に時間と労力を強いている。コロンブスの日、大統領誕生日〔ワシントンとリンカーンの誕生記念日〕、キング牧師記念日はいずれも買い物客や旅行者の便宜のため月曜日に設定されるが、投票が低賃金労働者にとってより便利になるように現代の状況に合わせるには至っていない。現在、投票のタイミングはほとんど議論されないが、投票参加を増やすひとつの方法は、投票日を火曜日から別の曜日に変えることである。[*12]

投票権の歴史

モーガン・カウサーとアレクサンダー・ケイザーによると、投票権の歴史は紆余曲折に満ちている。アフリカ系アメリカ人は「再建」期に投票権を獲得したが、議会や司法の決定により、すぐにまた失った。彼らは公民権運動の時代に権利を取り戻したが、「投票権法の根本的再解釈と（…）最高裁の『保守派』多数意見が導入した平等保護条項の革命的解釈」により、権利を再び失いつつある。この革命的解釈が法律になったのは、「ショー対リノ」事件の判決（一九九三年）であり、最高裁は人種に基づく選挙区再編を厳格審査の対象とした。[*13]

MVTの支持者たちは、投票参加率の違いの歴史的淵源に気づいていないようだ。ひょっとすると、憲法修正第十九条で女性が投票権を手にしたが何も変わらなかったことに安心したのかもしれない。投票権の拡大は、第一次世界大戦後に数か国で投票制限が撤廃された頃だった。女性参政権運動の全国組織は黒人参政権運動から距離を置いたが、「南部は反対し続け、州権を声高に叫び、人種をめぐるこの地域の深い懸念に苦悶の声を与えた[*14]」。

それでも、女性への参政権付与は国政選挙に影響を与えなかったようである。人種よりも階級が（少なくとも南部以外では）支配的となり、女性は男性と同じ階級の出身だった。彼女たちは男性とともに投票し、政治学者はＭＶＴが裏付けられたと考えた。

情報収集の費用

投票を制限する部分的民主主義の問題に加えて、投票のための情報収集の費用はＭＶＴで大きな役割を果たさない。定理の仮定によると、投票者はいかなる選挙でも単一の争点のみを気にかけ、一直線上に並んでおり、全員が自分自身の選好を知っているとされる。そうした仮定と軌を一にするのが競争の解釈であり、消費者は無料で手に入る情報に基づいて商店で買うべきパンや紅茶を選ぶとされる。こうした消費者の選択に不思議なところはほとんどなく、政治学理論がここでは経済的な仮定に従っていたのである。

経済学の内部では、近年、豊富で無料の情報という仮定は崩れつつある。今日の複雑な文明では、人々は時間をかけて、時には金銭を費やして情報を得なければ、買うべき製品を選べない。金銭を支払う対象について、ある程度情報を得ずに、スマートフォン、車、家を購入する人はいない。求職は、自分の技能や必要に合う仕事を見つけるためにしばしば調べものをする必要がある。さらに、ほとんどの大人にとって、良い医師の発見から処方の選択まで、医療についての情報収集は必須となっている。多くの経済学者がさまざまな市場における情報の費用を分析してきた。

情報の発見と理解にかかる時間的費用だけであっても、情報には費用がかかる。高所得の人々は、必要な財やサービスの情報を得るためにより徹底的な調査ができる。そして、こうした財やサービスの売り手は、膨大な量の資源を投資して、潜在的な顧客が彼らの製品についての情報を入手・利用できるようにする。広告はもっとも明白な出費である。消費者はいたる所であらゆる形の広告に取り囲まれており、それは地下鉄を埋め尽くす広告から、テレビやインターネット上の広告にまで及ぶ。広告を通じて受け取る情報の質については疑問がある。広告の製品の便益はしばしば誇張され、欠点やときには危険性すら省略されうる。ある種の広告に対しては規制が存在するが、悪徳業者が人々を利用する余地はかなりある。

ブランド名は、消費者にとって情報の費用を低下させるひとつの方法となる。多くの人が耳慣れたブランド名に頼り、購入品が求める品質を提供する印としている。これは消費者にとって情報の費用を大きく低下させる。しかし、会社が優れたブランド名を確立・維持するには費用がかかる。会社が良質な製品を長期にわたって提供しなければ、潜在的顧客はそのブランドを知り、利用し、信用するには至らない。会社はブランド名をつけた財やサービスの品質を維持する必要があり、たとえ一時的な過失でもブランドとその後の売り上げを害する可能性がある。

公的年金破綻のレトリック

選挙は高額な買い物に匹敵する複雑な問題を提起する。例えば、最近の選挙戦で一部の候補者は、社会保障年金プログラムの資金がまもなく底をつくと主張した。これは何を意味するのだろう？社会保障年金は住宅ローンのようなもので、資金が底をつくと年金の受け取りが止まり、制度から退去させられるのだろうか？　あるいは、加入者を維持し続けるには、給付額の一律引き下げが必要になるのだろうか？　ある種の崩壊を予期する多くの演説からは、いったい何が起きているのか理解しがたい。

現在の社会保障年金財政には冷静に取り組むべき問題があるが、政治的レトリックのどぎつい調子は、問題を説明するよりも覆い隠しがちである。社会保障年金のしくみを簡単に見直すと、どのくらいの情報があればこのプログラムの将来について聡明な選択ができるかが明らかになる。

社会保障年金は年金プランとは異なる。年金プランは、若い頃に払い込み、ある年齢に達すると引き出す。社会保障年金の財源は毎年の税金で、それは現在の社会保障年金受給者のための支出を賄うために労働者が納めている。どの年の税金も、その時点の社会保障年金給付に必要な額と正確に等しくなることはないため、社会保障年金信託基金と呼ばれる税額と給付額のバッファーが存在する。この信託基金は、過去数十年の間に積み立てられ、のちに給付を受ける第二次世界大戦後生まれの大勢のベビーブーマーのために準備されたものである。

ベビーブーマーはいま高齢化しており、社会保障年金の受給者数が増えている。信託基金は人口が高齢化するにつれて現在、目減りしている。社会保障局は七五年先まで計画する必要があり、関連人口の変化の予測も含まれる。現在の人口予測に従うと、信託基金は現在のルールのもとでは七五年以内に枯渇する。信託基金はまもなく底をつくことになり、これが引き起こす問題に対処するため、立法措置が必要である。

社会保障年金がまもなく崩壊するわけではない。資金が不足しつつあるのは、社会保障年金信託基金であって、制度全体ではない。信託基金が底をつき、対策を講じなければ、給付は削減される。

これは多くの社会保障年金受給者を困らせるが、社会保障年金の終焉を意味するわけではない。信託基金は一九八二年に底をつきかけたが、議会が対応して制度を改正した。
社会保障税が課される賃金は、十一万八五〇〇ドルまでである。制度を均衡させるには、この限度の引き上げか、撤廃すら必要になるかもしれない。社会保障税が課される収入の上限は、不平等が拡大する前に設定されたが、現在、FTE部門と低賃金部門の境界に近い。よって、賃金の課税上限を引き上げると、社会保障年金の財源をFTE部門に拡大することになる。しかし、FTE部門は低賃金部門の支援に無関心で、何もなされていない。[*15]
社会保障年金に問題はあるが、人々は対策の選択肢を理解するための情報を必要とする。大惨事が迫っているわけではない。存在する問題は、状況の変化とともに発生し、周期的に対処されてきたのである。最後の大改訂が制度化されたのは三十年前であり、その頃は現在ほど不平等の問題が深刻ではなかった。長期的に、税と給付を再び見直す必要がある。そうした措置は通常、長期計画のための超党派の行動や委員会によって取られる。いま何もしなければ、社会保障年金給付は引き下げられ、〔連邦・州〕政府間の支払いに運営上の問題が生じるだろう。
どうすれば投票者はこうしたことを理解するだろうか？　社会保障年金のような非積立型給付は、大半の労働者にとってほぼ消失した。社会保障年金の歴史もあまり知られていない。選択肢はときどき話題になるに過ぎず、他の方法と冷静に比較されたこともない。情報の費用は高く、一般の人々は関連する情報の所在と入手・理解の方法を見つける必要がある。情報がなければ、投票者の態度は理性よりも感情に基づくことになる。

投票のための情報を誰が提供するのか？

社会保障年金は比較的単純な例である。政府の赤字や借金の問題の方がはるかに複雑である。必要となる単純なルールや是正策があるわけではない。むしろ、多くの別々の要素がこうした集計的指標の原因にも結果にもなっているのである。投票者はこうした情報や計画作成に用いられる推論の背景をほとんど知ることができない。理性的な投票選択のための十分な情報の入手は、時に不可能ではないが、きわめて難しい。

低賃金部門の多くの投票者は、過去三〇年間彼らの賃金が上昇していない（図2を参照）理由を知りたがっている。なぜ彼らの賃金は生産性から乖離しているのか？　なぜアメリカン・ドリームが彼らには実現不可能なのか？　第3章で説明したように、これは多くの要素からなる複雑な問題である。低賃金部門の多くの労働者がこの全体像の把握に必要な情報を入手できたとは考えにくい。よって投票者は他人の助けに頼る。しかし、誰がその情報を提供するのだろうか？

経済で複雑な財を販売する場合のように、資金のある人々はこうした問題への解決策を宣伝している。大企業が消費者の選択のための情報を支配するのと同じく、大きな政治組織は政治的選択のための情報を支配する。そして、ブランド名（この場合は政党名）が、投票者のための情報を要約する。問題は、政治の領域には二、三のブランド名しかなく、投票者が投票時に考慮すべき多くの争点について個別の情報が利用できないことである。投票者は、多様な争点についての考えのみならず、単一の票を投じる際に個別の選択がどれほど重要であるかも認識する必要がある。

政治的知識の欠如はMVTにとって問題である。例えば、MVTの研究で著名な政治学者ラリー・バーテルズは、二〇〇一年と二〇〇三年のブッシュ政権の減税に対する有権者の意見を検討した。多くの一般の人が減税を支持したことを発見した彼は、信じられないといった調子で尋ねた。「一般の人は、この分野について無知で確信がないにもかかわらず、公共政策のこれほど複雑な問題について、いったいいかにして見解を形成したのだろうか?」[*16]

二〇〇三年のイラク侵攻を考えると同様な疑問が生じる。この侵攻はニクソンの「独立プロジェクト」〔エネルギーの輸入原油依存からの独立を目指す計画〕の論理的帰結だったのかもしれない。それはまた、一九九〇年代に「ワシントンは、サダム(・フセイン)に対して、まるでエイハブ[†]のような執着心を抱くようになっていた」とするジョージ・W・ブッシュの助言者たちの帰結でもあった。イラク侵攻はブッシュ政権が決定し、国に売り込んだが、その中心は国務長官コンドリーザ・ライスと副大統領ディック・チェイニーであった。軍は新保守主義者たちが支持した小さな政府への志向から免れていたのみならず、戦争もまた、アメリカ国民が決定したのではなく、政権が国民に売り込んだのだ。[*17]

MVTでは、一部の人々の投票を妨げる障壁は考慮されず、選択に必要な情報の費用も考慮されない。選挙過程のこうした重要な側面を、分析の周縁から中心に据える必要がある。

政治の投資理論(ITP)

別のアプローチは、ここで論じた情報の費用から出発する。営利企業が消費者への情報提供に投

† メルヴィルの小説『白鯨』の主人公で捕鯨船の船長。白鯨に片足を食いちぎられたことへの復讐のため、洋上をさまよい、再び遭遇するが、攻撃を受けて命を落とした。

資するように、政治団体は投票者への情報提供に投資する。政治団体の投資の目的が人々を説得して投票させることであるように、企業による投資の目的は他者を説得して購入させることである。そして、大きな政治組織が政治教育に巨額の投資を行う資源を持つことは、大企業が多数の広告を打ち、多くのブランドを維持する資源を持つのと同様である。この理論は「政治の投資理論〔The Investment Theory of Politics: ITP〕」として知られている。[*18]

この理論によると、投票の効果を決定するのは、さまざまな手段で政治競争に巨額の投資を行える存在、つまり企業、富裕な個人、PAC〔Political Action Committee：政治活動委員会。政治資金を調達して特定の候補者に寄付する機関。企業などによる直接献金は違法となるため、その規制をくぐり抜けるための組織。寄付は現職議員に集中する傾向がある。元来、選挙運動浄化を目指していた〕である。ひとつの方法は、投票できる人を管理して、投資主体が望むように投票する人々だけを認めることである。別の方法は、こうした投資主体の見解を〔テレビや電子掲示板上で〕大量かつ強烈に宣伝することである。なぜなら、投票者は投票の効果について他の情報を入手するのが困難だからである。投票者は通常、あらゆる争点について、入手費用のかかる情報を要する。この情報を入手するための時間や労力がないと、広告や支持政党に頼ることになる。投票できる候補者の数も少ない。各候補者は多くの決定についての立場を表現し、投票者はこれらの抱き合わせから選ばなくてはならない。

「政治の投資理論」（ITP）では、「中位投票者定理」（MVT）とは対照的に、投票者は多次元空間に散在し、各次元で自らの位置を決めるために必要な情報は希少である。少数の候補者を前にして、投票者が頼りにするのは、自らの選好の組み合わせを魅力的に見せるために投資する豊かで強力な存在から受け取る信号である。政治家がきわめて多くの時間と労力を資金調達に費やしているとき、誰がＩＴＰを疑えるだろうか？　その結果、投票者が政治的結果に及ぼす影響は投資主体の影響よりも小さくなる。

選挙は寡頭的な政党間の競争になり、政党の主要な公共政策提案は大口投資家の利益を反映する。ＩＴＰが焦点を当てるのは、候補者や投票者よりも投資家の利益である。予想されるのは、投資家が、特に自らの利益に反するような公共の要望には応じず、自らの利害関心に従うことである。彼らは国民を彼らの見解に順応させようと試み、投票者を取り込むために自らの見解を変えることはしない。言い換えると、ブッシュ政権がアメリカ国民にイラク戦争を売り込んだ政策は、例外ではなく典型であった。[*19]

バーテルズは、最低賃金、市民権、予算放棄、討論終結〔法案の討論時間を制限して直ちに採決に入る制度〕に関する点呼投票〔議長が議員の名前を順次呼んで、賛否か棄権の意思表示をさせる投票方法〕を分析した。彼によると「上院議員は所得分布の下位三分の一の選挙人の見解をまったく重視しなかった。（…）中所得層の選挙人の見解は、ほんのわずかに影響が強かったようである」。社会的争点を分析すると、「妊娠中絶のような、特に経済的な中身のほとんどない社会的争点についてさえ、経済的不平等が政治的代表における相当な不平等を生み出していた」。バーテルズが多くの例の分析から下した結論によると、「豊かだろうと貧しかろうと市民の特定の政策見解が政策決定過程に及ぼす影響は、選出された議員のイデオロギー的な確信よりも小さい」。これこそＩＴＰが予測することである。バーテルズの驚きは、学者の間でＭＶＴが力を持つことと、それがアメリカの政策形成の分析では大きな限界を持つことを、ともに確認する。[*20]

国民は政治学者よりも実態に気づいているようである。最近のギャラップ調査でインタビューを受けた人の三分の二が、巨額献金者は議会の投票に大きな影響を及ぼすと考えていた。ギャラップ社がアメリカ政府のしくみに関する回答者の知識の水準によって調査結果を並べ替えると、知識の多い人ほど、巨額献金者は大きな影響を及ぼし、連邦議会議員を選ぶ選挙区民はほとんど影響を及ぼさないと述べる傾向があった。*21

金額と得票の比例関係

こうした知見の源泉は、二〇一二年の連邦議会議員選挙に確認できる。民主党の下院議員に投じられた票の比率は、支出された金額と密接に関連していた（図5を参照）。それどころか、観察結果は直線の周辺に密集しているため、この図は政治資金の支出が政党の得票のもっとも重要な決定要因になっていることを示唆する。図はこの関係が線形であることも示す。金額が多いほど、得票も多くなる。人柄、争点、選挙イベントは新聞記事の焦点になるが、選挙結果の最大の決定要因は資金である。インタビューが捉えた投票者の見解は決定的に見えるかもしれないが、それらは実際には、費やされた資金が投票者に影響を与えるメカニズムである。これ以上劇的にＩＴＰを確認するものは想像しがたい。*22

同じ著者たちによる新しいワーキング・ペーパーは、図5を一九八〇年以来の連邦議会議員選挙にまで拡張している。最初の頃の一、二の選挙を除いて、すべてのグラフが（上院・下院とも）図5にそっくりである。ＩＴＰは連邦議会議員選挙の投票を過去三十五年にわたってうまく説明する。現在、多額の資金が政治に流れ、近年、不透明な資金の役割が急拡大しているものの、資金は

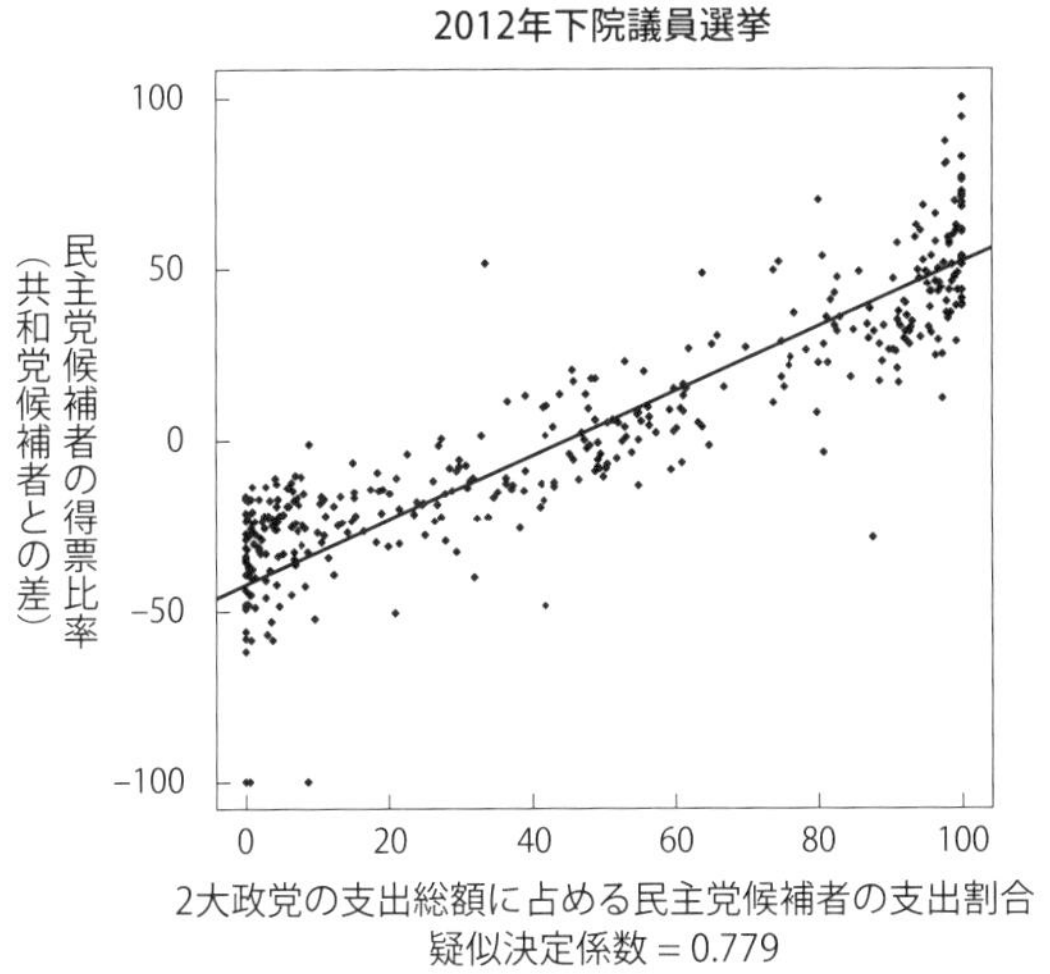

図５　資金と連邦議会議員選挙（2012年）

出典：Ferguson, Jorgensen, and Chen 2013

長年にわたってアメリカの連邦議会議員選挙を動かしてきた[*23]。

事例に基づく情報は、図5が地方選挙にも当てはまることを示唆するが、正式な検証を行うための情報は利用できない。問題は不透明な資金、つまり出所のわからない資金の拡大である。〔ニューヨーク大学〕ブレナン司法センターは、二〇一〇年以後の数州の地方選挙を調査し、費やされた不透明な資金の額が二〇〇六年から一四年にかけてほぼ四十倍になっていたことを明らかにした。二〇〇六年の外部支出の四分の三は、出所が完全にわかったが、二〇一四年には約四分の一だけが透明であった。監視されない政治的支出の拡大は汚職を助長し、それをもっとうまく説明するのはＩＴＰである[*24]。

多数派よりもエリートの利益

過去二十年間に下されたほぼ二千に及ぶ政策決定の研究によると、この結果は投票から政策決定に拡張される。著者たちは二種類の利益を区別した。中位投票者の見解を反映する多数派の利益と、所得分布の上位一〇%（FTE部門の上位半分）に典型的に示されるようなエリートの選好である。エリートの利益は、中位投票者の利益と非常に異なり、時に対立することがわかった。政策の結果は、多数派の見解と見なされる中位投票者の見解を反映していなかった。多数派の利益がエリートの利益と対立する場合、前者は政治的競争でほぼ常に負けていた。アメリカの政治に組み込まれた強力な現状維持バイアスのため、多数派が賛同しない政策を変えることも困難だった。要するに、「政治の投資理論」こそ「中位投票者定理」よりもはるかに正確に政治的競争を予測するのである。[*25]

ITPは二重経済における政治のしくみを明らかにする。FTE部門が意思決定を支配し、低賃金部門はその過程から締め出される。この排除が「民主的」社会で維持される理由は、投票は特権であって権利ではないと主張し、低賃金部門の人による投票参加を制限し、さらに政策をFTE部門寄りにさせたい企業と富裕な個人が情報を拡散しているからである。要するに、私たちは「黄金律、つまり金持ちが支配するというルール」に従って生きているのである。[*26]

第7章　超富裕層の選好——小さな政府と減税

トップのトップ

図3は人口のトップ一％が過去三十年間でいかに富裕になったかを示す。本章は彼らの増大する国民所得のシェアを二重経済の政治の議論に統合する。「政治の投資理論」こそアメリカの所得分布と政治的決定を結びつける。これまでに描いてきたさまざまな集団や部門の人口比率を比べると、二重経済における諸集団の役割を理解しやすい。表1に関連するデータを示す。第一行と第三行は観測データであり、その他の行は総人口に占める比率の計算値を示す。

アメリカには現在、三億二〇〇〇万人がいる。そのトップ二〇％が二重経済のFTE部門を占める。掛け算すると、約六四〇〇万人がFTE部門に属する（表1の第二行を参照）。これは黒人の人口（同第三行を参照）をわずかに上回るだけである。FTE部門に黒人の管理職や専門職が存在するため、二つの集団に重なりはあるが、概して別々である。

その下の数行は、総人口に占める諸集団の比率である。第四行は人口のトップ一％で、彼らが総所得に占めるシェアの拡大が図3に描かれている。次の行は、人口のトップ一％のなかのさらにトップ一％であり、金融・実業分野の主導的経営者と考えられる。約三万人がこの範疇に入る。最後

部門	人口
総人口	320,000,000
FTE 部門（20%）	64,000,000
黒人人口	46,000,000
総人口の 1%	3,200,000
1%の 1%	32,000
1%の 1%の 1%	320

表１　米国の人口構成

出典：https://www.census.gov/topics/population/data.html（第一行と第三行）

の行は、人口のトップ一%のトップ一%のさらにトップ一%を示す。彼らは、アメリカでもっとも富裕な人々として毎年公表される「フォーブス四〇〇」のリストに入る。[*1]

彼らは、政府の役割に関する自らの考えを長年にわたって公共政策に具体化しようとした人々でもある。一九七一年のパウエル・メモは、企業リーダーたちへの動員令であり、それを機に富裕層のこうした集団間で複雑なダンスが始まった。それは、表1の最後の三行の人々の政治を描くことで明らかにできる。「政治の投資理論」は、人々は自分の利益になる政策に投資すると主張する。この概説はそうした議論を支持する。

富裕層は財政赤字を特に問題視

富裕層に関する情報の入手はもちろん難しい。彼らは多忙で、人目を避け、彼らを研究したがる社会科学者を追い払うための監視役を立てる。「一%」は超富裕層の最大の集団で、この集団のサンプルは役に立つ。ページ、バーテルズ、シーライトは、多大な努力を費やして、二〇一一年にそうしたサンプルを集めた。出発点は、高級顧客向けビジネスが望ましい顧客に接触するために集めた富裕層の名簿であった。彼らは、この名簿を改良するため、高額な家屋や収入を生み出す資産を持つ人々を選び出し、さらに高位の幹部・取締役の名簿にも載っている人を選んだ。その結果できた名簿上の人々への聞き取り調査を試み、最終的には八〇名をわずかに超える富裕な人々のサンプルが取れた。

回答者の平均収入は約百万ドルで、平均資産は約一四〇〇万ドルだった。平均は中位よりもかなり高く、サンプルは一部のかなり富裕な個人を含んでいたことを示す。サンプルに含まれた人々は、政府職員との個人的接触を含む継続的な政治活動を回答していた。アメリカが直面するもっとも重要な問題は何かと問われると、ほぼ全員が財政赤字だと答えた。

一％層は失業や教育を重要課題としたが、これらの問題はアメリカが直面する最重要課題にはめったに挙げられなかった。それほど富裕でない人々も政府の赤字を懸念しているが、一％層は赤字を解消するために、増税ではなく支出削減を支持する点で異なる。彼らはインフラ整備や科学研究のための政府支出を一般に支持するが、社会保障年金や食料割引券などの政府の社会福祉政策はいっさい支持しない。ページ、バーテルズ、シーライトは、「中核となる社会福祉政策をめぐる、富裕な回答者と一般の人との顕著な違いは、アメリカの政治の現状について重要な何かを示しているだろうと推測する」[*2]。

回答者は失業を気にしていると言ったものの、失業者の就職を支援する連邦の施策は拒絶した。この見方は、就職支援を広く支持する一般の人の見方と鮮明な対照をなす。同様な意見の違いが、低賃金労働者を助ける最低賃金や勤労所得税控除についても見られた。一％層の人々はこれらについて一般の人よりもはるかに否定的である。同様に、一％層はすべての子供に良質な学校を保証するための政府支出に対して、それが増税を必要とする場合には、支持率がはるかに低かった。国民皆保険の提供のための増税にもより消極的である。

一％層は民間支出による教育の改善を支持する。彼らは規制の削減も望む。富裕層のサンプルは、サンプル内の違いを示すように作られたわけではないが、一％層のなかでも、より富裕な個人はそれほど富裕ではない人々に比べて、規制削減を望む割合がかなり高かった。この研究は一％集団の意識と選好を垣間見させてくれる。彼らは政府の赤字削減のために政府活動の削減を望むのである。彼らは政府の赤字を減らすための税負担増を望まず、可能であれば減税を支持する。[*3]

一％層はクリスティア・フリーランドの『グローバル・スーパーリッチ』で次のように紹介された。「彼らは超グローバルな貴族コミュニティになりつつあり、祖国の同郷人とよりも互いの間で多くの共通点を持つ。」そして彼女は、あるビジネスマンの言葉で結んだ。「先進国と途上国の世界が『中間のどこかで合流する』につれて、西側の中間層の一人当たり消費は低下しなくてはならないだろう[*4]」。

金融・保険・不動産業界による政治献金

所得分布を上昇する（表1を下降する）と、一％の一％層は、一％層全体よりも極端に減税に焦点を合わせていた。彼らはまた一％集団全体よりも政治的に活発である。彼らは二〇一二年の選挙で政治献金全体の四分の一以上を提供した。その年に当選したアメリカ下院・上院議員の全員が、一％の一％層からの資金援助を受けていた。そして、当選したこれらの議員の五分の四以上において、この厳選された富裕者集団から受け取った資金が、二〇〇ドル以下の寄付者全員から受け取った額を上回った。

超富裕層の政治献金は両党に向かった。二大政党は大きく違うと考えると慰めになるが、両党は所得分布の同じ狭い階層から支援を引き出していたのである。ナンシー・ペロシとジョン・ベイナーは、それぞれ民主党と共和党の前下院議長を続けて務めたが、一％の一％からの支援がもっとも強力だった議員に入る。「政治の投資理論」によれば、二人の政策姿勢はあまり違わないことになる。所属政党や多くの個別の政策に対する意見も異なるが、両者はともにＦＴＥ部門に好意的で、超富裕層に対して波風を立てようとはしない。[*5]

「政治の投資理論」は、この政治的支援の背後にどの産業がいるかも問うている。こうした寄贈を際立って頻繁に後押しする産業部門は、経済学者のいうＦＩＲＥ（金融、保険、不動産）部門である。この単純な観察事実が、過去十年の重要な政治的決定のひとつを明らかにする。二〇〇八年の金融危機後に、損害を受けた金融機関は緊急救済されたが、ローンが焦げ付いた家計は救済されなかった。第12章で述べるように、低賃金部門の人々を救済しなかったことが、金融危機からの国の回復を遅らせた。「政治の投資理論」は、政治過程に関する重要な問いを私たちに投げかけ、ＦＴＥ部門がいかに低賃金部門のニーズを無視するかを示唆する。

ニューディールを撤回せよ！

一％の一％の政策願望をうまく要約すると、ニューディールを取り消したいということになる。ローズベルトは、一九三〇年代に実業界からの強力な反対に直面しながら、大恐慌の影響の緩和を試みた。そうした反対は第二次世界大戦後にも続き、ノースカロライナ州のジェス・ヘルムズ上院議員らによって、人種隔離を維持する南部の利益と組み合わされた。ヘルムズは人種の融合のみならず福祉国家や労働組合にも反対した。また、人種を融合するくらいなら公立学校を閉鎖した方がましだと主張した。彼が重視したのは、こうした政策決定をすべて社会主義への対抗と一括して、人種融合への反対を目立たなくすることだった。*6

この保守的な実業界の動きの震源地はテキサス州ダラスであった。ダラスは石油の町で、第二次世界大戦中には連邦政府が戦時生産を沿岸部から移転するにつれて非常に活気づいた。ダラスは「南西部の戦時首都」となった。戦後、石油生産者は自らの保守的な考え方をアイン・ランドやフリードリッヒ・ハイエクに結びつけた。彼らは自らのイデオロギーをアメリカ史につなぎとめるため、合衆国憲法は権利を守るためではなく制限するために考案されたと主張した。彼らの見方では、憲法の役割は財産権を保護し、連邦政府から州政府の権力を守り、そして民主主義を縮小して特権を維持することであった。*7

限定された連邦政府というこの見方は、石油生産と石油会社の所有者が連邦政府から受け続けてきた支援と食い違うように見える。議会は一九二六年に石油減耗控除を承認し、石油生産者が総収入の四分の一以上を課税所得から控除することを認可した。この税控除を主唱したテキサス州の上院議員がのちに認めたところによると、石油生産者はより低い減耗控除で満足したであろうが、二七・五%という数字は控除に科学的推論の見せかけを与えると考えた。もちろん彼らはより大きな控除にもっと満足した。ローズベルトは一九三〇年代にこの税の抜け穴を塞ぎたかったが、何も実現しなかった。トルーマンも試みたが、失敗に終わった。ケネディとニクソンは減耗控除について討論した。ケネディは反対し、ニクソンは自らの南部戦略に従って支持した。以来、石油減耗控除は変更され、さまざまな方法で制限されることもあったが、オバマが二〇〇七年に廃止を試みた際、法案は民主党支配下にあった上院金融委員会で葬られた[*8]。

小さな政府を信じるとしても、実業界のリーダーたちが政府活動の結果から利益を得ることをためらうわけではない。この見せかけの矛盾を理解する鍵は、「小さな政府」が単純な意味を持たないことにある。時にそれは、経済の低賃金部門への援助を渋る政府を意味する。ニューディール政策は廃止し、戦後の拡張も撤回すべきである。組合は潰すべきである。しかし、税体系を通じた低賃金部門からFTE部門への移転は問題ないとされる。

富裕層は税を回避する

憲法は議会に対して、ビジネスの促進のために破産政策を拡大適用する権限を与えた。今日、企業経営は頻繁にこの条項を利用して経費を低賃金部門に移転する。石炭会社はアパラチアの田舎を汚染し、規制当局の推計では浄化に一〇億ドルがかかる。しかし、石炭会社は破産するため、費用は低賃金部門にのしかかる。ドナルド・トランプは同様に破産を利用して、アトランティック・シティでの投機活動の費用を他人に支払わせつつ、利益は自分のものにした[*9]。

トランプは不動産に適用される税の抜け穴を利用し、その額は約一〇億ドルにも上った。同様に、ニュージャージー州は、ヘッジファンドの億万長者デイビッド・テパーが税率の低いフロリダに移住したことで損失を被った[†]。多くの会社も税金を逃れるために利益を移転する。アップルは利益最

† 二〇一九年の秋にトランプは定住地をニューヨークから所得税と相続税のかからないフロリダに移した。

大のアメリカ企業で、利益を海外に移して税金を免れている。ファイザーは利益の大きな製薬業界のリーダーで、法人税の負担を税率の低い海外に移転する課税逆転を試みた。各国は互いに競って富裕な居住者の資産を保護しようとしている。[*10]

一%の一%は、懸命に税額を減らそうとするが、可能であれば税の完全な回避をためらわない。ガブリエル・ズックマンの推計によると、家計の金融資産の八%が租税回避地にあった。これはほぼ八兆ドルで、巨額の資金が徴税官から隠されている。パナマの銀行が資金の隠ぺいに手を貸したことが暴露され（パナマ文書と呼ばれるようになった論争）、こうした税回避が起こる詳細なしくみの一部が明らかになっている。そしてアメリカ企業に対する実効税率は、利益が租税回避地に隠されるにつれて急低下している。アメリカの企業の隠れた資産は、企業の実効的な利益率を名目値の半分に引き下げてきた。[*11]

表1の最後の行を見ると、人口の一%の一%は約三〇〇人である。雑誌フォーブスに載るアメリカでもっとも裕福な四〇〇人の四分の三である。彼らの名前ははっきりしており、政治活動は計り知れない。彼らの富が極端であるように、政治も極端である。税額は低く、政府活動は削減すべきだとする点で、彼らは金融支配層のより下位の人々に同意する。彼らはこれを強固に信じており、目的達成のため政治的に活発になっている。

「フォーブス四〇〇」のリストにアフリカ系アメリカ人はほとんどいない。ごく少数の人だけが、この信じがたく裕福な個人のリストに載るほどの財を成した。アフリカ系の並外れた人々が他の分野で頂点に立ったように、この分野でもトップに到達した。本書で使っているモデルを定式化したW・アーサー・ルイスはトップの経済学者だった。オバマ大統領〔当時〕はトップの政治家である。

しかし、人種レトリックが「フォーブス四〇〇」に入るアフリカ系アメリカ人の数を抑制し、アメリカ社会・経済が完全に人種融合していたら目にするはずの五〇人近くをはるかに下回っている。

アフリカ系アメリカ人が公職に当選すると、気の遠くなるような課題に直面する。彼らは通常、アメリカで少数派に降りかかってきた不運の一部を是正しようとするが、職にあり続けるには、不遇な人々をあからさまに優遇していると見なされてはならない。オバマ大統領は初のアフリカ系アメリカ人大統領としてまさにこの立場にあったが、市長、知事、上院議員などを務めた他のアフリカ系アメリカ人も同様な利益相反に直面した。そして当然、彼らは例外なく辛酸をなめた。何かできることがあったとしても、人種レトリックの力に制約されたのである。[*12]

コーク兄弟の活動

トップ一％が総じて政府の職員に献金・接触するのとは異なり、「フォーブス四〇〇」の一部の人々は自らの目的を推進するために秘密組織を結成した。チャールズ・コークは弟のデイビッドと並び二〇一五年の「フォーブス四〇〇」で五位にあるが、一九七一年のパウエルの秘密メモに鼓舞されていた。彼は一九七三年にALEC（アメリカ立法交流評議会）を創始した。この州政府ロビー組織の活動は国政に関心を持つほとんどの人の目をかいくぐっている。なぜなら、関心を持つ観察者でさえ、すべての州を視野に入れることはできないからである。しかし、第2章で説明したように、ALECがもっとも成功するのは州議会議員が法案を調査するための自己資金を欠く場合である。ニクソンの新連邦主義がレーガンとその後の政権によって実施され、州政府は資源を奪われ、ますます資金難に直面している。政策の組み合わせにより、ALECはますます効果的になりつつある。

さらにコークは大企業と富裕な役員の利益を促進するための秘密組織を結成し、ジョン・バーチ協会（一九六〇年頃に設立された小さな政府志向の保守反共団体）のモデルをはるかに大規模に踏襲した。この組織は政府の大部分の解体を意図していたが、テロリストの連想を避けるため、無政府主義とは呼ばれないことを目指した。チャールズが一九七六年に書いたように、「やっかいな批判を避けるため、組織の管理運営方法を広く宣伝してはならない」。このごまかしはジェス・ヘルムズの間接的方法に通じるところがある。[*13]

この秘密組織について知ることができるのは、主にジェイン・メイヤー著『ダーク・マネー』のおかげである。この名著はコークの事業（彼女はコクトパスと呼ぶ）の闇を照らし出す。メイヤーは二〇一〇年にコーク兄弟に関する記事をニューヨーカー誌に寄稿し、政治的な闇資金について公表し始めていた。コーク兄弟は私立探偵を雇ってメイヤーのスキャンダルを暴こうとした。彼らは彼女を剽窃で糾弾したかった。剽窃は無責任な取材記者にもっとも損害を与える行為のひとつである。彼らは悪い知らせの使者メイヤーをとがめ、組織の秘密を守ろうとした。メイヤーは責任あるジャーナリストで、コーク兄弟は彼女の口封じに成功しなかった。以下の詳細の大半は彼女の本を参考にしている。[*14]

コーク・インダストリーズはダラスにはないが、最大のビジネスは石油の精製である。ミネソタ州のパイン・ベンド製油所を所有し、カナダ産の低品質の石油を精製して、ミネソタとウィスコンシンで幅広く販売していた。この低質な石油を上質なガソリンに精製することは利潤をもたらしたが、製油所は大量のエネルギーを使い、周囲の環境を汚染した。

コーク・インダストリーズの経営陣は、従業員に対して製油所で働く危険を警告せず、内部告発者や外部の政府、特に環境保護庁の説明要求の双方に抵抗した。チャールズ・コークが一九七八年にリバタリアン・レヴュー誌に書いたように、「我々は規制当局が足を踏み入れようとしても屈してはならない。(…)自主的に協力してはならない。法的に可能な限り、どこでも、限界まで抵抗せよ。『正義』の名において」。[*15]

ダラスの石油生産者と同様に、コークは低賃金経済部門への生産費の転嫁を目指した。しかし、しくみは違った。ダラスの連中は石油減耗控除という形の補助金で満足したが、コークは従業員や製油所による汚染に晒される製油所周辺の人に費用を直接課していた。政府規制に対する彼の反対は、イデオロギーと利潤の双方に基づいていた。コーク・インダストリーズは、所得分布の対極にある少数派の先住アメリカ人から窃盗を働いているとして、一九八九年に上院の調査で糾弾された。この窃盗の調査は訴訟につながり、一九九九年にはコークに不利な包括的な判断が出た。二〇一〇年に彼の会社はアメリカで大気汚染を引き起こすトップ一〇企業のリストに載った。[*16]

二〇一〇年の初め、最高裁は歴史的な「シチズンズ・ユナイテッド」判決を下し、政府は非営利企業による独自の政治支出を制限してはならないとして、企業による選挙への献金を大幅に緩和した。コークと彼の秘密組織はすぐにこの機会をとらえた。資金はより小さな市場にはより大きな影響を与えるだろうと考えた彼らは、二〇一〇年の中間選挙で州知事や州議会議員の選挙に資金投入した。民主党はこの機会の利用に出遅れた。規律を欠き、中央による統制も欠いた。たとえ機会に気づいていたとしても、資源の配分方法に一致を見なかっただろう。そして当然、彼らには自由に使える流動性の資源がコクトパスよりもはるかに少なかった。

二〇一〇年に民主党は議会の支配を失い、多くの保守派知事が当選した。オバマ大統領と民主党は何が打撃になったのかわからなかった。彼らは事後にアイデアや戦略を議論したが、政治的競争においては資金と資金源の産業が鍵になるという、「政治の投資理論」が描く方針に従わなかった。そしてコーク兄弟の政治組織の秘密性は、今や「シチズンズ・ユナイテッド」判決が認めた秘密性によって強化され、政治資金の出所を突き止めることを困難にした。[*17]

これまでの話は非常に裕福な一族の影響力にすぎない。「フォーブス四〇〇」には他にも政治的に活発な人々がいるが、私たちは多くの重要な話題についてわずかな示唆を与えることしかできない。コクトパスの資金源は金融業界の富裕な人々である。彼らが誰であるかは、コーク兄弟の秘密組織を取り巻く秘密性のため不明であるが、金融の規制緩和に関心を持つ金融業界の人々に集中していることは不思議ではない。国でもっとも裕福な人々のリストをわずかに下ると、シェルドン・アデルソンがいる。彼はコーク兄弟と同じような形で政治的に活発である。

およそ同額の資産約二五〇億ドルを有するジョージ・ソロスは、かなり異なる活動に資金援助することで自らの見解を表明している。[†] それは、東欧における民主主義の促進から、「新経済思考研究所」を通じた経済学に対する多様なアプローチの奨励に及ぶ。裕福な人々の大半が程度の差はあれ保守的に見えるが、非常に裕福なアメリカ人にもいくらか多様性がある。しかし、非常に目立つ慈善家がわずかに存在するからといって、一%、特に超富裕層の大半の人々の保守的見解に目を閉ざしてはいけない。「政治の投資理論」は、アメリカの将来にとってこうした見解がいかに重要であるかを教えてくれる。[*18]

第8章 政府の概念——誰のための政府か?

三種類の政府

政治的圧力の説明をいったん離れて、二重経済のさまざまな部分で用いられている政府の概念を考えると役に立つ。これをごく簡単に確認するには三種類の政府を区別するとよい。民主制、寡頭制、専制である。**民主的**な政府は、国民の(ほぼ)全員の統制下にある。リンカーンの不朽の名言、「人民の、人民による、人民のための政治」はそれをよく表す。人口が多すぎてまとまった会合や行動が無理な場合は、共和国の形態を採ることができる。**寡頭的**な政府は、人口の一部のみの統制下にある。寡頭集団は人口の大きな部分でも小さな部分でもかまわず、その規模によって政府の行動に違いが生じる。寡頭集団に入る資格が生まれに基づく場合は貴族政治と呼ばれ、所得と富の場合は金権政治と呼ばれる。**専制的**な政府は、ある個人、家族、または別の非常に小さな集団に支配される。

† 有数の投資家としてのみならず、慈善家・思想家としての顔を持ち、「開かれた社会」の重要性を説く。二〇一九年六月には、超富裕層と中間層の間の格差の拡大を指摘し、「超富裕層への増税」を呼びかけた。

二重経済は金権政治である。というのも、ＦＴＥ部門が経済全体のための政策を決定するからである。たいていのアメリカ人は自国を民主主義国と呼ぶが、これは正確ではない。所得格差の拡大がもたらした政治は寡頭的であり、専制的になる危険すらある。

専制こそ有史以来ほとんどの期間において標準であった。ローマ帝国の皇帝から西欧の王に至るまで、一人の男性（ほぼ常に男性）が他の人々を支配してきた。民主制や寡頭制は、ほんの数例が産業革命以前に知られているのみである。ギリシアの諸都市と共和制ローマは、そうした複雑な形態の政府の活動を記録したことでよく知られる。中世の都市にも共和国が存在した。しかし、一般的傾向として、民主制は長続きせず、何らかの形態の専制が後に続いたのである。

近代の民主主義国が姿を現したのは約二百年前にすぎない。アメリカは初の近代民主主義国であった。通説では、アメリカの植民地が、専制的なイングランド政府から分離して、独立の民主主義国家を形成した。しかし、第5章と第7章で描いた歴史から明らかなように、これは誤解を招く説である。奴隷制は南部植民地にとってきわめて重要で、南部植民地は新たな政府のもとでも断固として奴隷の所有を続けようとした。彼らにとって、黒人はこの政府の樹立への参加にふさわしくなかったのである。彼らは民主主義者を自任したが、それは白人の、白人によるものでしかなかった。奴隷に対する彼らのような態度は北部の一部でも見られたかもしれないが、血みどろの南北戦争とさまざまな憲法修正や法制化を経た現在、人種レトリックはもはや私たちの法の枠組みに占めるべき位置を持たない。ただし、その残滓が依然として社会や経済に見られる。[*1]

関与した人々にとって、合衆国憲法の起草者たちは民主主義者であった。南部の人々は、新政府での代表権と奴隷制度の双方を維持するために、一連の妥協を主張した。最終的な文書は、二十一世紀の今となっては、民主的な北部諸州と寡頭的な南部諸州の間の取引と見る以外にない。

この取引はアメリカが西に拡大するにつれて崩壊し、ついには南北戦争に突入した。北部は戦争に勝ったが、南部の寡頭制組織の打破には成功しなかった。第5章で述べたように、投票を権利ではなく特権と見なす長い伝統が、所得格差の拡大と相まって、現在の政府は民主制よりも寡頭制に近い。私たちはこの一世代で貴族政治（南部の政治支配が奴隷所有家族の子孫の既得権益だった時代）から金権政治に移行した。民主制にいくらか近かったのは、これら異種の寡頭制にはさまれた、第二次世界大戦後に中間層が経済成長を享受した時期であったが、それはあまり長く続かなかった。

奴隷制の遺産

民主主義がアメリカで不安定に見える原因は、奴隷制の遺産にある。投票は、新たな国家で権利ではなく特権であると概念化された。この概念を振り払うまでは、揺るぎない民主主義の維持は困難であろう。変化に時間がかかるのは、政府の連邦的性格のためである。連邦政府は、憲法上の妥協を推し進めるため、投票に関する規制を各州に委ねた。この慣行を支えたのは、黒人を従属的な地位にとどめておきたかった白人であり、この見方は人種レトリックによって支持される。各州が投票の管理運営を委ねる地方（自治体）では、特権概念が依然として表明される。アメリカの投票の根本的性質を変えるには、多くのレベルで政府を再構築する必要がある。

このことは過去二、三十年の主要な動向に確認できる。接戦となった二〇〇〇年の大統領選挙に決着をつけた最高裁は、異例の措置として、票のさらなる数え直しを禁じていた。最高裁は「ブッシュ対ゴア」事件（531US98［2000］）が先例となってはならないと述べた。おそらくは、裁判所の判決にとってそうだったのだろう。この判決が低賃金労働者の生活や最高裁のその後の構成に与えた影響は甚大であった。ジョージ・W・ブッシュ大統領は最高裁に二人の保守派判事を任命した。最高裁は二〇一三年の「シェルビー郡対ホルダー」事件で再び判断を示し、ジョンソン大統領の一九六五年投票権法の核心部分を違憲であるとした。同法のこの部分により、連邦政府は制限的な州の投票ルールを施行前に禁じることができたのである。投票権法は議会で幾度も大差の投票により更新されていたが、最高裁はブッシュが任命した保守派の判事がいたため違った。その結果、各州で新たな投票制限が相次いだ。皮肉なことに、最高裁によると旧南部連合はもはや存在せず、差別されてはならなかったのだが、新たな投票制限の大半が出現したのは南部連合を構成していた州であった。*2

この歴史は非常に重要である。なぜなら、公共政策が国民全員のために策定されるのは民主主義国だけだからである。これはルイス・モデルや「政治の投資理論」の含意であり、常識でもある。誰かに贈り物を期待する際には多くの理由が考えられる。家族の集まり、過去の厚意に対する返礼、気分の高揚など。しかし、過去の政治決定が生み出した状況を変えるための持続的政策を欲するなら、普通選挙と万人向けの統治が必要になる。寡頭制が全国民のための社会保険を積極的に提供することはない。機能する民主制のみがそれを提供する。

誰のための政府か?

全国民のためのそうした政策はどんなものになるだろうか。民主主義国家の役割を要約するとしたら、それは安全の促進であり、リスクの削減と見ることもできる。生きていく過程には、破産から病気やその他に至るまで、多くのリスクが伴う。政府は人々に保険を提供する最適な立場にある。なぜなら、人々に保険への加入を義務づけることができるし、課税と紙幣発行が可能なため完璧な信用格付けを有し、さらにはリスクのある人々を監視することができるからだ。政府は安全と保険の提供を望むべきであり、市民に応える民主的な政府はそう望むものである。

アメリカの政府は三段階で保険を提供してきたと考えることができる。第一段階の十九世紀には企業に安全を提供した。第二段階の二十世紀前半には労働者に保険を提供した。それ以降の現段階ではすべての人に安全を提供する。この進歩の原因は、部分的にはアメリカ人の所得の増加であり、選挙権の拡大がアメリカを次第に民主主義国家に近づけたためでもある。*3

アメリカがリスクの削減に一役買った最初期の方法のひとつは、企業の有限責任を認めたことだった。この過程では、出資者は会社が失敗しても自らの責任を限定することができた。企業の安全を向上させる別の方法は、価格の安定である。アメリカは十九世紀を通じて羨まれるほど価格が安定し、それ以来、政府は戦争、不況、金融危機の価格への影響に積極的に対処しようとしている。

破産は企業のリスクでもあり個人のリスクでもある。それはリスクを社会化する方法であり、企業や個人が直面するリスクを他者と分担させるしくみである。会社や個人が多額の借入を行うと、負債が過大になって返済できなくなるリスクがある。この問題は常に個人を悩ませ、このリスクは危機の際に経済全体に波及する。あらゆる融資に貸し手と借り手が存在するが、誰が悪いかはどうすればわかるだろうか？　破産は貸し手と借り手に過度な融資の費用を分担させて、破産手続きにおける融資の規模を削減させる。*4

労働者のための保険

労働者のための保険は、職場における労働者の負傷リスクに同じ原理を適用する。労働者は負傷すれば明らかに損害を被る。労働者への補償は、負傷した労働者の逸失賃金を補てんすることで、負担を軽減する。破産の場合と同様、事故の費用は会社と労働者が分担する。ここで、すべての会社に労働者への補償を行わせるために政府が必要になる。保険の提供が任意であったとしたら、会社は労働者が補償なしで働くように仕向けるだろう。労災補償は二十世紀初頭に始まり、(現在OSHAとして広く知られる)職業(労働)安全衛生庁の規制によって拡大されてきた。[*5]

社会保障年金は高齢期の人々を保護する。多くの労働者の収入は、自分だけで退職期に備えるには不十分である。社会保障年金のおかげで、労働者は退職してもそれ以前に近い生活水準を維持できる。第6章で説明したように、この制度は、個人が自らの退職期のために行う投資として設定されたわけではなく、世代間の取引であり、現在の労働者が前世代の退職期の生活を賄い、将来の労働者が自分たちの退職期の生活を賄うことを期待する。労災補償と同様に、社会保障年金の運営に最適なのは連邦政府であり、それにより、有資格の全労働者がこの制度に払い込むこと、その資金が給付に利用されること、の双方が労働者に保証される。

製造物責任法は、設計や製造に不備のある商品が引き起こす可能性のある損失を分かち合う方法を商品の購入者に提供するために開発された。法のこの部門は、消費者のための労災補償に相当する。経済の中心がますます技術・金融・電子製品に移るにつれて、製品の製造者と消費者の結びつきはますます不透明になっている。新たな消費者金融保護局は、製造物責任を工業製品から金融商品に拡大する。

メディケアとメディケイドは対象となる個人に医療を提供する。これまでの例のように、病気の費用は社会化されるため、費用を病人が全額負担することはない。これらの施策は保険制度となっており、政府は全資格者が援助を求めることを認める。この援助は税金で賄われ、費用は納税者全員が分担する。高齢者のためのメディケアは連邦政府が運営し、貧困者のためのメディケイドは各州が運営している。先述したように、州の管轄はしばしば不遇な人への給付を拒否する手段になっている。アフリカ系アメリカ人や近年のラテン系移民は、二〇〇八年の金融危機後の資金不足や、医療費負担適正化法に反対する州政治家によって、メディケイドの給付を否定されてきた。

オバマケアをめぐる攻防

二〇〇九年にオバマ大統領が署名して成立させた医療費負担適正化法は、二〇一二年に最高裁に承認されたが、但し書きがあり、メディケイドの拡大を通じて運用される部分については、各州は採用の回避が可能であった。連邦政府が最初の数年間は費用の全額を、その後も費用のほとんどを払うことになっていたが、多くの州は住民へのメディケイドの拡大を拒否することにした。メディケイドの無償拡張を選択しなかった州は南部に集中しており、医療・介護の補償をめぐるそうした決定における人種レトリックをやはり反映している。

一般に「オバマケア」として知られている医療費負担適正化法に対する怒りの一部は、その恩恵が、一部の批判者から人種差別的な目で、（偶然にも大統領である）一人の黒人から黒人全体への贈り物と見なされているからである。この要因は、教育水準の高くない白人にとってきわめて重要であろう。怒りの別の理由は、オバマケアが超富裕層に課税したことである。実際、オバマ政権は二つの方法で課税した。稼得収入が五〇万ドルを超える人々への減税措置を期限切れにしたことと、医療費負担適正化法の規定により貧困層の医療を援助するために富裕層に課税したことである。第7章で述べたように、超富裕層のなかには税負担の増加を快く思わない人がいる。[*6]

病気というのは生後にかかるものだが、誕生時には追加的リスクがある。おそらく誕生時の最大のリスクは、誰が親になるかである。私たちは親を選べない。『正義論』の著者ジョン・ロールズは、子供をランダムに親に割り当てる過程を考えるように提案した。[†]見方を変えると、人がアメリカで直面する最大のリスクは、社会の「望ましくない」部分、つまり低賃金部門に黒や褐色の肌を持って生まれることであるといえる。私たちは不利な誕生のリスクを削減するために民主的な社会を組織することに同意すべきであるとロールズは主張した。そのような社会は正義にかなう社会であり、ロールズは家族の巡り合わせの過程に固有のリスクの影響を最小化するように説いた。この呼びかけは、メンバーのリスクを最小化する民主的社会の役割を考えるための枠組みを提供する。[*7]

専制の足音

民主主義はアメリカ史を通じて盛衰を繰り返し、連邦政府は全国民に安全・安心を提供するため、次第にその努力を拡大してきた。第二次世界大戦後の衡平な成長期のような良き時代には、政府はリスクを軽減するための役割を増大させた。民主主義が民主主義というよりも寡頭制のように見える時代には、どのような次元であれ配慮は制限されていた。

民主主義の対極は専制である。超富裕層の行動が示唆するのは、私たちが専制のイメージを視覚化すべきだということである。まず、「フォーブス四〇〇」の一%を検討する。それは四人である。

「フォーブス四〇〇」で政治にもっとも活発な四人：チャールズ・コーク、デイビィッド・コーク、シェルドン・アデルソン、ドナルド・トランプ（あるいはこれら四人よりさらに小さい集団）に支配される政府を考えよう。それは専制的な政府であり、この政府の政策がどうなるかは、彼らの行動からわかっている。

政策が決定されても、数人の助言者以外に誰も理由を知らない。秘密主義が標語となり、政策を支える推論についての情報は、専制的な指導者に管理される。二〇〇三年のイラク侵攻を思い出そう。後に続いたのは専制的な作戦であった。

専制的な政府は大幅な減税を行うだろう。より正確にいうと、富裕層や大企業への課税を大幅に減らすか、廃止にさえ踏み込む。減税はＦＴＥ部門全体に及ぶだろうが、所得階層をあまり下ることはなかろう。低賃金部門には及ばない。要するに、すべての政府収入が低賃金部門から徴収されるのである。

専制的な政府は予算の均衡を目指すため、政府サービスはかなり削減される。大恐慌期以降に建設されてきた規制国家は、窮乏して立ちいかなくなるか、直ちに廃止されるだろう。無政府主義の意味での自由市場が出現するが、ほとんどの経済学者が使う意味とは異なる。証券取引委員会、ドッド・フランクのウォール街改革および消費者保護法、環境保護庁、その他の統治・金融における専制的決定に対する歯止めは消え去るだろう。企業間の公平な競争条件の維持に専念する政府機関はなくなる。社会保障年金やメディケアは次第に廃止され、メディケイドの財政負担は完全に州レ

† 公正な社会の原理を考える際、人種、性別等の情報が覆い隠される「原初状態」で行われる思考実験の一例。

ベルになるだろう[*8]。

教育の財政負担と管理も完全に州レベルになるだろう。連邦資金はまったく各州に流れず、集権的な指示が各州に届くこともない。各州が連邦資金なしで良好な教育制度を維持するための十分な資金調達は不可能であることを考えると、アメリカの教育は衰退を続けるだろう[*9]。

連邦政府は数少ない機能に切り詰めるだろう。（広義の）国防、連邦刑務所、そして連邦準備制度である。この最低限の枠組み内では、生活は無政府主義的になる。産業化以前の王国よりも、プーチンのロシアのような現代の収奪政治（盗賊政治）に似るだろう。腐敗こそ収奪政治でいかなる活動を行う際にも鍵となる。このシステムでは、企業活動は腐敗し、専制政治家は直接の支援や競合他社の駆逐を通じて友人に報いる。腐敗した経済のしくみが安定的な理由は、腐敗のない企業活動によって対抗するいかなる試みも、賄賂の支払いやその他の内密の行動を伴わないかぎり失敗する可能性が高いからである。この共食いのような競争環境にあって、政府と結びついた腐敗した企業は、何らかの方法で誠実な企業を駆逐できるのである[*10]。

専制は刑務所を必要とする

専制は国民を統制するために刑務所を必要とする。社会統制としての刑務所については第9章で論じるが、反対派が専制的な政府を脅かすとき、刑務所は平和維持の機能も果たせる。アメリカは囚人人口の規模において突出しており、それは一九七〇年から急増した。アメリカの刑務所制度は現在、他の多かれ少なかれ民主的な国の制度とは異なっており、専制的な国の制度に似ている。政治的変化を受け入れさせるために司法制度を修正することはほとんど資本費用を要しないだろう。政民主制と専制の間に寡頭制がある。寡頭制では物質的に恵まれた行為主体が自らの富を守る。彼らは富と財産からのフローである所得の双方を守る。両極端を描くことは寡頭制の説明よりも容易である。寡頭制は多種多様だからである。つまり、寡頭制は民主制と専制の両極端の間で多様な形態を採り得るのである。十九世紀初めの初期アメリカ北部や英国のような寡頭制では、投票権が性別や財産要件に規定されていた。財産要件が低ければ、統治はほぼ民主制であった。対照的に、人口の三分の一が投票から排除されていた（南北戦争前のアメリカの奴隷はそうであった）としたら、寡頭制は専制に近く見える。今日私たちが暮らす二重経済を概ね支配するのはFTE部門で、人口の五分の一である。これは私たち自身が経験から知っている寡頭制の統治である。[*11]

アメリカの政治史はこうした用語を使うと次のように要約できる。憲法の署名から南北戦争まで、国は奴隷制によって二分されていた。北部では民主主義の実験があったが、南部では寡頭制が維持され、奴隷は投票どころか教育を受けることさえできなかった。南北戦争から第一次世界大戦まで、この状態が概ね続いた。アフリカ系アメリカ人は一部の州で投票したが、北部で投票を女性に拡大する実験は中止された。十九世紀末の所得の不平等は、富裕層が利用可能なさまざまな手段を用いて政治を支配することを意味した。

戦後、女性が選挙権を手にし、参政権はいくらか拡大した。しかし、アフリカ系アメリカ人がついに投票できるようになったのは一九六〇年代の公民権運動の時代だった。それを契機に、アメリカは半世紀の間、民主主義に近づいたが、最高裁は二〇一三年に一九六五年投票権法を骨抜きにした。この間、不平等は拡大し、「政治の投資理論」の教えの通り、一般有権者の力は低下し、富裕層と大企業が選挙を左右し始めた。民主主義の力は、一九七一年にアメリカの二重経済が始まってから次第に低下しており、もはや民主主義は新たな寡頭制に、より具体的には金権政治に、道を譲ったといっても過言ではなかろう。[*12]

「ブッシュ対ゴア」事件から見えるもの

この過程が見えるようになったのは一九九〇年代であり、若きFTE部門に支配された議会は、クリントン大統領との争いで政府機関を閉鎖し、のちに彼の弾劾を決議した。さらに劇的だったのは、クリントンの後任を選ぶ二〇〇〇年の選挙の決着方法である。選挙は接戦だったが、憲法が予期する下院で決着がついたわけではなかった。代わりに行きついたのはフロリダ州の票争いである。フロリダの州知事は、共和党候補ジョージ・W・ブッシュの弟だった。裁判官なら担当を外れたはずだが、州知事ジェブ・ブッシュはそうせず、兄の選出にお墨付きを与えるように働きかけた。そして最高裁は「ブッシュ対ゴア」事件（531US98〔2000〕）で票の数え直しを認めず、よってジョージ・W・ブッシュが大統領になるべきであると決定した。最高裁長官は一九七一年にリチャード・ニクソンに最高裁判事に任命（一九七二年に承認）されたウィリアム・レンクイストだった。民主主義の記憶は、最高裁によるこの政治的決定が平穏に受け入れられることを保証したが、行き過ぎた経緯がきっかけとなって、人々が確実に投票でき、票が確実に数えられるような方法に関する研究が生まれた。この研究は公共政策が民主主義を回復することになると仮定したが、公共政策はますます裕福で一握りの富豪階級が影響力を専有するように機能した。[*13]

「ブッシュ対ゴア」事件の問題含みの結論は、どれほどの違いをもたらしただろうか？　その可能性の推測は難しい。わかっているのは実際に起きたことだけで、他の可能性については見当をつけるしかないからである。国内政策の各部は多かれ少なかれ似通っていただろう。クリントンは、大量投獄を追認し奨励した可能性もある一九九四年の犯罪法案を承認していた。しかし、ブッシュはイラクに侵攻すると同時に減税を行い、レーガン並みの連邦財政赤字を生み出した。イラク侵攻とその後のイデオロギー的な対応は、今日欧米を悩ますISIS〔イラク・シリア・イスラム国〕の成立の一因となった。この組織の最近の歴史によると、「ISISの指導層は『アメリカ刑務所製』のタグとともに現れた。(…)イラクとシリアで戦争を行う二五人の最重要の指導者のうち一七人(指導者の三分の二)が、二〇〇四年から二〇一一年の間、アメリカの運営する拘禁施設にいた」。社会統制のための投獄をイラクに輸出したことはひどく裏目に出たのである。*14

共和党による選挙の奪取

二〇〇二年に設立された共和党国家指導者委員会(RSLC)は、議会を奪取する努力においてはるかに成功した。ALECに近い組織であるアメリカ商工会議所と多数の大企業から寄せられる三千万ドル超の予算を持つRSLCは、二〇一〇年にさまざまな州の選挙に焦点を当てた。医療費負担適正化法に向けた戦いや二〇〇八年の金融危機からの回復の遅れにより、民主党は気を落としていた。彼らは、一月に判決が出ていた「シチズンズ・ユナイテッド」事件が瞬く間に政治情勢を変えていたことを理解していなかったのである。

この圧倒的な支出の結果、共和党は二〇一〇年の選挙で三十名弱の州知事とほぼ同数に及ぶ州議会を手中にした。その後RSLCは、共和党に有利な選挙区再編計画(REDMAP)を実施した。ゲリマンダリング†は、アメリカの伝統的慣行であるが、REDMAPは各州の行動を全国的に組織化した初の試みだった。第一段階は、敵側が圧勝できそうないくつかの捨て選挙区に敵方を支持しそうな有権者を押し込む、「詰め込み」戦略である。第二段階は、僅差で勝てるように他の境界を調整して、敵方の集団をバラバラにして多くの選挙区に「割り込み」させる。

REDMAPの結果、二〇一二年に民主党は共和党よりも下院で一四〇万票多く獲得したが、共和党が二三四対二〇一の差で下院の支配権を手にした。REDMAP選挙区の新たに操作された境界のもとで下院を支配するためには、民主党は一般投票で共和党よりも七％多く獲得する必要があった（ただし、全選挙区で票の移行はほぼ同率であると仮定した場合）。この差が生じるのは議会選挙の約三分の一にすぎない。民主党投票者が下院の主導権を変更する力は非常に限られている。一％の富豪たちが、彼らのアクセスを著しく妨げてきたのである。[*15]

中間層の縮小とともにFTE部門がますます公共政策を左右している。一般大衆の選好はもはや政策決定を支配しない。政治に闇資金が自由に使われるため寡頭集団は小さくなっている。寡頭制は民主制国家からますます遠ざかり、専制国家に近づいている。その意味で、極端な例は多様な寡頭制の（実際の動きではなくとも）傾向を描く助けになる。

最高裁人事の政治化

オバマ大統領は二〇一六年三月、連邦控訴裁判所判事であったメリック・ガーランドを最高裁判事に推薦した。その一ヵ月前に急逝していたアントニン・スカリア判事は、裕福で保守的な多数の人と個人的つながりを持ち、しばしばまとまって投票して保守的な判決を下していた五名の保守派判事のリーダーであった。二〇一六年にオバマによる連邦裁判所判事とりわけ最高裁判事の指名を上院が妨害したことは、専制的政府に向かいつつあることを示唆する。憲法は完全に明快である。大統領が判事を指名し、上院は大統領の被指名者に助言と同意を与えるように指示される。上院はオバマが指名した連邦地方裁判所判事の候補者の多くの承認も渋っていた。これは憲法上の義務違反であるが、ガーランドに対する妨害行為で初めて明るみに出たことである。[16]

選挙で選ばれた大統領が、最高裁に欠員が生じて選任プロセスを開始した事例は、過去に百件以上あった。これらの事例すべてにおいて、大統領は代わりとなる判事を指名し、任命することができた。わずか六件において、上院が現職大統領の任命権限を後継者に移譲させようとした。こうした例外は、大統領が選出ではなく任命された場合や、指名が後継大統領の選出後に行われた場合に限られていた。二〇一六年にはこれらの条件のいずれも存在しなかった。上院の行為は歴史上、前例がなく、政府の基盤そのものを脅かす形で最高裁を政治に巻き込む危険がある。[17]

ロン・ジョンソン上院議員は、「絶対に最高裁の逆転を許してはならない」と述べた。上院の多数党院内総務ミッチ・マコーネル上院議員によると、「アメリカ上院で多数派を占める共和党が、（民主党）大統領の任期満了前の会期で、全米ライフル協会や零細企業を代表する全米独立起業家連合が反対する指名者を承認するとはとても思えない」。このような憲法順守の拒絶は、寡頭制社会を専制社会に近づけた二〇一〇年の選挙区再編クーデターの延長である。これが裁判制度の政治化と行政府の制限に成功すれば、憲法が定める政治権力の三つの独立部門への分立を大きく歪曲す

---

† 多数党に有利な恣意的な選挙区割り。一八一二年にマサチューセッツ州知事ゲリーが行った選挙区割りがサラマンダー（伝説上のトカゲ）の形に似ていたことが言葉の由来。

るか、破壊さえするだろう。[18]

コクトパスは二〇一六年の州選挙に四千万ドル以上を費やし、図5の回帰分析が予想したように、候補者は概ね当選した。これで保守派の州知事は権力を握り続け、議会の保守派は依然として力を持った。私たちは専制的政府への道を進みつつある。[19]

「誰であれ金持ちが支配する」。この世に新しいことは何もない。初代ローマ皇帝アウグストゥスは、専制的な力を行使しながら、共和制ローマの形態を維持した。コーク兄弟と彼らの友人たちも同じことができるだろう。[20]

III

二重経済の統治

第9章　大量投獄——人種差別と負のスパイラル

第Ⅰ部は経済学に焦点を当て、第Ⅱ部は政治学に焦点を当てた。第Ⅲ部では、この二つの視点を適用して、二重経済という政治経済のしくみがどのようにアメリカの統治活動に影響を与えるかを説明する。

ルイス・モデルの予測によれば、ＦＴＥ部門は低賃金部門の賃金を低く抑えたいため、低賃金部門の人々を助けるようなことは何もしない。人種レトリックや白人の怒りは、さまざまな人種的少数派による抵抗への不安を煽り、低賃金部門の黒人や褐色人種に対する積極的抑圧につながる。「多数派少数派」という矛盾をはらむ表現は、白人がアメリカにおいて人口的に凌駕されることへの恐れを示している。白人以外は誰もが定義上、少数派である。建国の父祖たちは白人だったからである。ただし、二〇三〇年頃までには少数派が多数派になる。

ＦＴＥ部門が望む統治

こうした考え方は、最富裕層が第一に求める減税という政治方針にまとまる。ＦＴＥ部門は全体として低賃金部門の賃金や福利の改善を望んでいない。その結果、二十世紀の間に築き上げられた福祉国家を衰退あるいは廃止させることにさえなる。もっとも、ニューディール政策や、その延長の一九六〇年代の諸政策の廃止を願っているのは最富裕層だけである。FTE部門全体としては、低費用でこれらの政策を維持したいようである。人種と収監率の関連は社会学者に指摘されてきたが、両者と所得分布の悪化との関連まで言及されることは少ない。

この方針は、政府のさまざまな福祉事業への予算配分の削減という形で進んできた。事業運営は切り詰める必要に迫られ、サービスの質は低下する。そうなると、FTE部門は、事業はうまくいっておらず、民営化すべきだと主張する。その結果が、「民営公立」校、カレッジ、刑務所等の矛盾をはらむ表現である〔公益に資するはずの組織・施設が営利目的で運営されること〕。学者はこうした民営の代替物がどれほどうまくいくかを議論しているが、最富裕層は民営化自体を目的と見なしている。

FTE部門が唯一認める統治活動は軍事である。FTE部門は軍事費の拡大に積極的で、必要不可欠な統治サービスの軍事組織化も支持している。アメリカの警察はすでに準軍事組織となっている。国防総省が余った軍装備を警察に譲渡し、警察は軍がイラクで使用したものと同種の装備をアメリカ内で用いている。

ファーガソンの事件——警官による黒人の射殺

この傾向は、ミズーリ州ファーガソンで起きた悲劇への対応に確認することができる。ある警察官が二〇一四年の夏の終わりに射殺したマイケル・ブラウンは、武器を持たない、大学入学直前の黒人少年だった。この一見恣意的な黒人少年の殺害に地元は激しく憤り、その後、幾晩にわたって大規模な抗議行動が起きた。警察は、ある晩の抗議行動に対して装甲車で現れた。これは、警察がファーガソンの黒人住民と戦闘状態にあることを示す劇的な兆しだった。[*1]

別の兆しとしては、二〇一六年にダラスで平穏な抗議行動を護衛していた警官に発砲した狙撃兵の殺害事件が挙げられる。警察は「爆弾ロボット」に狙撃兵の近くまで爆発物を運ばせてから起爆させた。その際に警察が別目的に用いた遠隔爆発物処理車両は通常、危険な犯罪現場の偵察や爆発物と疑われる装置の遠隔起爆や解体処理に使われるものだった。ロボットに爆発物を運ばせた決定は、一部の法執行官に衝撃を与えた。彼らは、この新しい手法は治安維持行為と戦闘行為の境界を曖昧にすると考えたという。戦闘の目的は敵を殺すことである。治安維持には別のもっと微妙な機能があるはずだ。しかし、警官は実力行使の直接的影響から遠く離れるほど安易に実力行使を選ぶようになり、一部の警官は、似たような状況下では自分も爆発物を用いるだろうと述べた。識者はこの軍事的エスカレーションをファーガソンで使われた装甲車と比較した。[*2]

ファーガソン射殺事件のその後の状況も意味深い。検察官は、射殺を調査する大陪審に証拠を提出したが、警官は不起訴になった。その後、連邦政府はファーガソン警察署を平等保護条項違反の疑いで捜査し、いくつかの違反状況を発見した。もっとも目立ったやり口は、交通違反の法的手続きに出向かなかった等の軽微な出来事を口実に、黒人住民に罰金を科して、署の財源にしていたことである。

市と連邦政府はファーガソン警察署の活動を法に従わせる改革案に合意した。市が合意を反故にすると、司法省は市を提訴した。市はそれまで黒人住民から徴収していた罰金の減収分を埋め合わせて訴訟を回避するため、増税を必要とした。しかし、有権者は市の指導者が司法省との法的和解の実施に不可欠としていた税法案の一部を拒絶した。有権者が承認したのは売上税の増税で、固定資産税の増税は拒絶した。

この結果はいかにルイス・モデルが今日のアメリカに当てはまるかを示す。ファーガソンの黒人はほぼ全員が低賃金部門に属する。ファーガソンの対ワシントン交渉担当者は、黒人の運転者への罰金と引き換えの課税には同意し、男女を問わず逮捕した。有権者が固定資産税の増税を拒んだのは、FTE部門が低賃金部門を助けるための納税を嫌うからである。対照的に、売上税は拒絶しなかった。その大半は低賃金部門が払うものだからである。ファーガソンの合法的警察活動の運命は宙に浮いたままである。[*3]

アメリカの二重司法制度では、FTE部門は税金を納め、ときどき罰金を支払う。他方、低賃金部門はしばしば罰金を科され、罰金を払わないと収監される。この傾向は、大小を問わず他の多くの都市にも見られ、警官が丸腰の黒人の若者を銃撃し、人種差別的な取り締まりを行い、警察が罰金による徴税を行い、連邦政府は結果として起こる違法措置に対処しようとしている。連邦政府が貧しい黒人コミュニティを保護する力には限度がある。結果的に社会資本が破壊されても、軍事化した警察および市の行政の法的・経済的問題として明るみに出ることは少ないが、それはアメリカの二重経済の重要な一部である。

主に黒人の運転者に科されるスピード違反の罰金は、セントルイス周辺の他の自治体でも収入源になっており、一部では訴訟になった。シカゴの黒人住民も、職務質問のため過度に路上で呼び止められている。黒人は、二〇〇八年から二〇一五年までの間にシカゴ警察に撃たれた四〇〇名の四分の三を占める。軍事化と人種差別は、破壊的でしばしば致命的な組み合わせとなる。[*4]

移民も同様に軍事化の対象になってきた。移民問題は国境管理に矮小化され、ラテン系労働者を求める企業と、黒人や褐色人種との競争に反対する白人労働者の緊張関係は解消されない。国境の武装化がこの複雑な問題を解決することはできない。延々と続く討論は武力解決に焦点を当て、結果的にラテン系移民が苦しみ、時には死者が出る。彼らは、ネルソン・フェルナンデスのような羽目に陥る危険がある。彼はアメリカ市民の父であり、二十六年間、合法的な永住者であった。彼は逮捕され、一九九二年には保護観察となり、現在その罪のため国外退去処分に直面している。郡の刑務所に収監され、必要な医療を受けることができない。[*5]

こうした施策を支持しているのは、アフリカ系アメリカ人やラテン系住民から予想される反対を抑え込むためのＦＴＥ部門の努力である。投獄という形の軍事化は、その必要性を福祉国家撲滅という目的に沿ったものにする。「薬物との闘い」は、大量投獄を通じて黒人や褐色人種のコミュニティの破壊を推し進める動きの中心である。アメリカ特有の人種と階級の組み合わせは、政府の構造と機能の両者に影響を及ぼし、アフリカ系アメリカ人や、のちにやって来たラテン系住民を現在の場所にとどめておくための努力は、現在、大多数のアメリカ人に大きな費用を強いている。

ニクソンの「薬物との闘い」

大量投獄が始まったのは一九七三年、ニクソンが「薬物との闘い」を開始してまもなくであった。一九七〇年代の経済の混乱は第2章で説明した。その結果、犯罪は増加したように見える。ただし、そうした報告は犯罪の数え方の改善を示しただけなのかもしれない。都市化が進み、「大移動」が多数のアフリカ系アメリカ人を北部にもたらしていた。そして第二次世界大戦後に生まれたベビーブーム世代が、（罪をもっとも犯しやすい）青年期に達しつつあった。
こうした経済的・社会的混乱への対応を決定づけたのは、ニクソンの新連邦主義とレーガンによる社会政策財源の削減であった。その方法は、犯罪に厳しく対処し、予防より処罰を、教育よりも告発を重視した。この取り組みは、一九七三年のロックフェラー薬物法によりニューヨークで始まった。その後、ナンシー・レーガンの、薬物には「ノーと言おう」という訴えや、投獄を増やすと同時に予防に財源を充てたクリントンの一九九四年薬物法が続いた。この厳格さは、二十世紀末のヘロイン、コカイン、クラック・コカインの蔓延を考えれば正当化されると思われた。それは白人の怒りという形で、経済的困難と社会的混乱に対する白人労働者の怒りをアフリカ系アメリカ人に向かわせた。[*6]
アフリカ系アメリカ人は他の集団よりもはるかに投獄されやすい。新ジム・クロウは、アメリカでアフリカ系アメリカ人を貧しく政治的に周縁的な地位にとどめておくために考えられた複雑な方策群の重要な要素である。ブルース・ウェスタンは大量投獄の原因を注意深く分析して結論づけた。「法と秩序の政治が興隆したきっかけは、公民権運動の成果と、犯罪率増加に対する白人有権者の不安であった」。投獄がもっとも急拡大したのは、無職率がもっとも高い州であった。そして政党には大きな違いがあったが、その行動はたいして違わず、一部の選挙の結果が変わったところで、大量投獄という結果をそれほど変えることにはならなかっただろう。[*7]
大量投獄の費用は黒人コミュニティに限定されない。多数の囚人の手続きを進めて収容するには資源が必要になる。州は刑務所の維持に年間約五〇〇億ドルを支払う。高等教育への支払いは約七五〇億ドルである。収監の費用が半減されると、それでも投獄の費用はほぼすべての他国よりも高いままであるが、各州は州立のカレッジや大学にはるかに多くの資金を費やせる。授業料は年間で約四〇〇億ドルであるが、これを三分の二に減らせるだろう。この変化は第4章で詳述した学生の借金の膨張を大幅に減らすはずである。[*8]

さらに、大量投獄の費用は複数の政府機関が囚人のために出費する必要があるので、通常の計算よりもはるかに高くなる。地域の刑務所で保護観察になっている囚人は、おそらく単純計算の一・五倍の費用がかかる。カンザス州とニューメキシコ州の二つの郡の費用を比較したところ、囚人一人当たりの平均費用には二倍の開きがあった。費用の低い郡は、それまで数年にわたって刑務所の混雑を減らし、納税者のためにかなりの経費を節約していた。この郡は郡外の刑務所のベッドに支払う費用を減らし、あらゆる関連人件費を伴う住居を閉鎖している。コミュニティをあまり危険にさらさないような形で大量投獄の費用を削減する方法は存在するのである。[*9]

マサチューセッツ州の場合

マサチューセッツ州はこの点で特異に見える。多くの大学と活発なＦＴＥ部門を擁するリベラルな州と見なされているが、マサチューセッツは高等教育と同じくらい投獄に出費している。この明白な断絶は、ルイス・モデルで説明される。強力なＦＴＥ部門は自身の活動に携わるとともに、低賃金部門に影響を与える投獄政策を暗に支持している。

マサチューセッツで確認されてきた投獄慣行の一面は、囚人が裁判を待っていることである。被疑者の出廷を確かにするための保釈金は当人が出廷する確率に応じて定められるが、ある被疑者を保釈するかどうかの決定は、このリスクとは無関係の要因に左右される。刑務所で裁判を待つアフリカ系アメリカ人の比率は、郡によって大きく異なり、その過程が差別的であることを示唆する。ケープコッド〔州南東部の半島〕のアフリカ系アメリカ人の保釈金額は白人の四倍にのぼる。こうした慣行は差別の存在を示唆するが、ただし検証されたわけではない。しかし、保釈を利用して人々を出廷させようとすると、わずかな保釈金すら用意できず、刑務所で時間をすごさなくてはならない貧しい人々に大きな負担を強いることになるのは明らかである。彼らを投獄することは、しばしば失職を意味し、友人や家族を苦しめることにもなる。

これが特に該当するのは、女性が投獄される場合である。刑務所で裁判を待つ女性の数は、一九七〇年の十五万人から二〇一四年には七十五万人に増えた。最大の増加は小さな郡で見られ、投獄の総数は都市部を上回るようになった。投獄されている女性は概ね貧しい黒人や褐色人種であり、家族への影響は大きい。司法長官ロレッタ・リンチは次のように述べた。「要するに、女性の投獄は、彼女の子供、コミュニティ、親族関係全体への広範な影響という点で、多くの場合、実際には家族全体を投獄していることになるのです」[*10]。

郡は公判前の監禁を減らせば多くの点で節約できる。食費や洗濯費用が減る。必要な警備員や他の係員の数が減るため人件費が低下する。住居棟を閉鎖できればさらなる節約が可能になる。マサチューセッツ州は、データを集めて公判前の在監者を追跡し、最善の対応方法を探し出すことにより、多額の節約が可能である。これは関心のあるＦＴＥ部門にとって容易なことであろう。より複雑な案は、専門的な非営利機関の援助を得て、在監者の公判前評価を行うことである。一部の州は新たな可能性を利用しているが、多くの州ではＦＴＥ部門が関心を示さない[*11]。

黒人男性の三人に一人が刑務所に行くと予想されることは、第3章で述べた通りである。そこで説明したように、前科者が前科のない他の人々と同じように労働参加することは非常に難しい。黒人の所得に対する影響は大きい。黒人男性の三分の一が実質的に労働力を離れており、その他三分の二の黒人労働者が白人労働者の生産性を五〇％上回らなければ、黒人と白人の所得は同じにならない。これはアフリカ系アメリカ人のコミュニティに多大な費用を強いる。

ラテン系住民の投獄率と比較すると、この政策は他の少数派集団にも影響を与えることがわかる。黒人男性の三分の一が刑務所に行くが、ラテン系男性も六人に一人が刑務所行きを経験する。白人男性の比率は一七分の一であり、ラテン系男性の投獄率は白人男性よりも黒人男性の比率に近い。六人に一人はそれでも高率であり、ラテン系コミュニティは黒人と同じような社会構造上の犠牲を払っている。「薬物との闘い」はラテン系コミュニティを抑圧し、ラテン系住民がアメリカ社会に完全に溶け込むことを困難にしている。[12]

白人と黒人の薬物使用率は同じであるが、黒人は薬物犯罪で告発され有罪になる可能性が白人よりもはるかに高い。白人と黒人のマリファナ使用率は同じであるにもかかわらず、黒人はマリファナの所持で逮捕される確率が三倍高い。マリファナによる逮捕は、二〇一〇年までの十年間に増加し、現在ではすべての薬物による逮捕の半分以上を占める。アメリカの黒人人口を考えると、逮捕される確率が高いにもかかわらず、黒人は刑務所では少数派である。黒人が占める割合は、全国の人口の約一五％、囚人人口全体の四〇％であり、黒人は刑務所行きになる確率が白人の三倍である。第3章で述べたように、低賃金部門の白人の社会資本の水準は黒人同様に低い。彼らが囚人の多数派であり、アメリカの司法制度は新型のジム・クロウとして機能するだけでなく、低賃金の白人を抑圧し続ける。[13]

薬物違反で現在収監中の囚人の四分の三は、薬物で有罪になる前に重大な暴力の前科をまったく持たなかった。彼らの半数が軽微な犯罪歴の範疇に入るが、薬物違反で収監される予想平均年数は十年に近い。強制最低収監期間が刑期を著しく長くする。そして薬物犯罪者のほぼ全員が州の刑務所に収監されているため、例えば薬物犯罪の刑期を半減して膨れ上がった囚人人口を減らすことが困難になっている。超党派で支持されていた強制最低刑期を短縮する法案は、二〇一六年の選挙戦が邪魔をして、上院で廃案となった。[*14]

突出する囚人人口比率と精神障碍

アメリカで現在、囚人が人口に占める割合は、他のいかなる先進国をも大きく上回っている。刑務所に多額の費用がかかる一方、政府の財源は逼迫している。囚人人口は近年わずかに減少したが、これは新たな収監者の削減ではなく、収監期間の長い囚人の釈放によって達成されている。逮捕・有罪率を変えるには、法律と行動の大幅な変更が必要である。投獄の大半は州レベルで起こるため、変更も州レベルで行われなければならない。最終的に成功するとしても、道は長くなるだろう。

アメリカは歴史の初期において、精神障碍を持つ人が不正を働くと、犯罪者として扱った。南北戦争前には多くの人がこの経緯に幻滅するようになり、病人に罪人と同じ劣悪な条件や苛酷な服役を強いてはならないと主張した。ドロシア・ディックスに率られた改革者たちは、各州を説得してこうした精神病患者のために精神病院〔現在の保護・養護施設〕を開設させた。しかし、一九五〇年代までに精神病院は肥大化し、非効率になっていた。改革者たちは、病院を閉鎖して外来治療を優先するよう州に勧めた。政治家たちは精神病院を閉鎖したが、外来診療所を開設して患者が新たに導入された抗精神病薬を服用できるようにするための資金提供は拒絶した。最高裁は一九七五年、他人にとって危険ではない人を意思に反して刑務所に収容するのは違憲であるとした。*15

この決定は、精神障碍の法律問題を他人への危険の問題に変えた。各州が外来の精神保健診療所や他の精神保健診断施設への資金提供を行わないため、裁判官はこの問題について判決を下そうとしても妨げられる。私たちは南北戦争前の状況に舞い戻り、精神障碍者を大量の薬物使用者や他の犯罪者のいる刑務所に安易に放り込んでいるのである。

アイザイアの例

こうした政策のある悲しい結果が、二〇〇九年に発生したある若い白人女性の強姦殺人であった。犯人の黒人男性は長年にわたって司法制度に出入りしていた人物で、結局は終身刑で投獄されることになった。大量投獄の財政的・社会的費用は一目瞭然である。この事例は、痛ましく高価な人的犠牲を明らかにする。強姦と殺人を犯したアイザイア・カレブは、アフリカ系移民の男性とアフリカ系アメリカ人女性の息子で、生まれ育った暴力的な家庭では、争いや不和が暴力につながっていた。アイザイアは聡明で、学業に集中できるときは学校の成績もよかったが、学年が上がるにつれて学業に専念できなくなり、カレッジを退学した。

アイザイアはその後数年間、家族と争いつつ同居していたが、しばしば裁判所に出廷し、時には収監された。若者を釈放した裁判官がこうした決定を下すための時間と情報は限られていた。母と姉は、彼とのやり取りの矢面に立っていたが、彼を近づけないための差し止め命令を裁判所から得たため、おばが主に世話をすることになった。彼女が耐え切れなくなると、彼女も差し止め命令を得た。アイザイアのおばはその直後に火事で死亡したが、これはますます手に負えなくなったこの若者が起こしたのかもしれない。彼は家族の支えを失って路頭に迷った。家族は明らかにお手上げだった。

まもなくアイザイアは、シアトルの貧しい地区に住む婚約中の若い女性を強姦・殺害した。彼は殺人の罪で裁判を受け、仮釈放なしの終身刑となった。何度も司法制度を煩わせ、生涯を刑務所で過ごす彼にかかる総費用は三〇〇万ドルを超える。この額は、適切な対応に相応しい方法が機能していたならば彼の問題への対応に要したはずの金額よりもはるかに高い。精神に障碍のある犯罪者の長い歴史が示唆するのは、アメリカの政治構造において適切な制度を創設・維持することが困難だということである。*16

この話の見方には二通りある。ひとつは、有名なウィリー・ホートンの広告の再来と見る見方である。その広告は一九八八年の大統領選挙で流されて、マイケル・デュカキス〔マサチューセッツ州知事を経て、民主党から大統領選挙に出馬し、ジョージ・ブッシュ（父）に敗れた〕を葬り去った可能性がある。この広告に描かれた出所中の黒人囚人は、一時出所中に白人女性を強姦し、怒れる危険な（とされる）近隣の黒人住民に対して白人アメリカ人が抱く恐怖心を煽った。*17 他方、この話は、アメリカの大量投獄制度が社会の真のニーズを隠蔽しているという警告とも見なせる。危険な人々を排除して危害を防ぎたいが、誰が危険かを見極めるよい方法がないのである。アメリカの一九七五年の法的基準および精神病治療への資金拠出不足を考えると、裁判官は寛大な方向に誤る可能性が高い。彼らの決定は多くの患者のためになるが、こうした劇的かつ悲劇的な事件が起こる可能性を高めるものである。

公選（公設）弁護人〔公費で貧窮者の弁護にあたる弁護士〕は、一九六三年に最高裁が示したように、司法制度による被告人の公正な取り扱いを助けることになっている。しかし、低所得者弁護への支出は、刑事裁判に対する政府の総支出のわずか一％であり、重罪裁判がほぼ五〇％増加しているにもかかわらず、この十年間増えていない。九〇％近くの州が低所得被告人に弁護士費用の一部支払いを要求している。被告人は、薬物違反について無罪放免になっても、州に提供義務のある司法サービスの支払いができないために有罪判決を受ける可能性がある。ルイジアナ州では公選弁護人のための予算がきわめて低額のため、弁護士の順番を待つ名簿には二千人以上が載っており（収監中）、その数は増えている。[*18]

富裕層の豪華な獄舎

所得分布の対極にある、犯罪で訴えられたＦＴＥ部門の裕福な人々は、豪奢な獄舎への収監を裁判官に依頼している。富裕層は巡航客船では低所得の旅行客から区別され、庶民に煩わされないようになっているため、自分たちの刑務所滞在が豪華客船と違うべき理由を理解しない。[*19]

ＦＴＥ部門はこの警告に無頓着である。彼らによる精神保健や司法制度の取り扱いは、第４章と次章で述べるように、教育の取り扱いと同じである。投獄と教育は複雑で、長期的影響をもたらすが、短期的には状況を左右しない。州の資金が不足すると、これらのサービスは削減される。そして、結果として生じる問題には軍事的手段で対応する。そうした一連の出来事への支持は、ウィリー・ホートンのような人騒がせな話が繰り返されることで高まっている。

恐怖を煽る話が説得力を持つとする見方は、本書の多くの場合と同じくニクソンにまで遡れる。

この見方によると、犯罪とは社会秩序の崩壊であり、通常は戦争を連想させる厳格な措置で対応すべきだとされる。犯罪者は、悪いことをした人と見なされるのではなく、悪人とされる。人種レトリックが肌の色の濃い人を罰するのと同じく、罪を犯す心的傾向が存在するという信念は人々を刑務所に追いやり、出所後も引き続いて処罰する。アメリカは一九七一年以降、はるかに多くの人を収監してきたが、他の先進民主主義国は一貫して投獄率を引き下げてきた。[*20]

刑務所の民営化

刑務所改革は民営刑務所の影響力の拡大によりますます困難になっている。ここでは「多数派少数派」という矛盾語法が「民営公共」という矛盾語法と交差している。アメリカ政府は、投獄競争を通じて政府の出費を増やさずに社会問題を解決しようとした。それは、営利大学が低費用で高等教育の問題を解決するために認可されたのと同じである。二つの刑務所企業が、拡大する民営刑務所ビジネスを支配している。どちらの企業も創業は一九八〇年代で、創業者は新連邦主義による州の歳入の低下と薬物との闘いによる刑務所費用の増加が民営化への扉を開くことに気づいていたのかもしれない。民営刑務所企業は、刑務所の刑事犯の人数を急増させたが、国の大量投獄に占める割合は依然として小さい。彼らの利益は、刑務所に送り込む人数の（減少ではなく）増加にある。

民営刑務所の成長は多くの論点を描き出す。これは「民営公共」矛盾語法の明白な一例であり、その問題は先述の通りである。これはさらに、協調的努力よりも軍隊的行為を進んで支持する例である。出所後の生活に向けて囚人を更生させ、将来の仕事のために教育するような活動は、こうした民営刑務所では見られない。日常活動の犯罪化は警察の軍隊化を推し進め、刑務所の概念は私たちの理想よりも戦争捕虜収容所に似てきている。移民用刑務所の暗い軌跡は、全国各地の多様な刑務所で何が起こっているかを垣間見せる。[*21]

民営刑務所企業は、囚人の増加が彼らの利益になることを、さまざまな方法（選挙での献金、個人的関係、ロビー活動）を通じて州議員たちに伝える。「アメリカ矯正会社」は政治献金やロビー活動に二千万ドル以上を費やし、そうした努力を現在も続けている。彼らはアメリカ立法交流評議会（ALEC）も通じてロビー活動をしている。ALECは保守派の非営利組織で、一九七三年にコーク兄弟によって設立・資金提供された（第2章で説明した）。ALECは強制最低刑期や「三振即アウト」法制の模範法案を売り込み、それらは一九九〇年代の大量投獄の拡大を後押しした。民営刑務所企業やALECの影響は、アメリカでの投獄の削減努力を妨げている。民営刑務所産業のロビー活動家は、「三振即アウト」法制定に向けて積極的に運動を展開した。[*22]

ALECは、コーク兄弟や彼らの支持者が政治的結果を左右するためのひとつの経路である。一九七一年のパウエルの秘密メモの直後に開始され、唯一の永続的な全国立法組織であり、潤沢な資金で州議員たちに気前よく振る舞う。ALECの成功は、好ましい代表を選出する以外にも公共政策に影響を与える経路があることを示し、「政治の投資理論」を支持する根拠となっている。

例えば、「民営公共」矛盾語法に影響されるとは通常考えられない司法制度の一部に民間企業が参入してきた。911〔アメリカの緊急通報用電話番号〕に電話すると、通常は外注の応答サービスにつながる。以前の「企業乗っ取り屋」である未公開株式投資会社が、二〇〇八年の金融危機以来、アメリカ人の生活に欠かせない市民・金融サービスのうちますます広範な部分を引き受けている。民営刑務所と同じく、彼らの利益が安全のための公共政策と合致することはない。彼らの目的は、経費削減、値上げ、ロビー活動、勢力拡大のための訴訟である。予想されるように、応答までの時間は長くなり、救急装備はしばしば機能せず、困っている人々が不当に扱われる。囚人が別の場所に移送される必要がある場合、おそらく移送を担当するのは全国最大の営利引渡会社である「アメリカ囚人移送サービス」であろう。彼らは囚人を詰め込み、ほとんど注意を払わないため、ある囚人の死亡に気づかず、七〇マイルを走行した後に発見した。*23

官民連携への賛否両論

ハーバード法科大学院の院長であるマーサ・ミノウは、官民連携の賛否両論を調査した。投獄と教育に民間企業を関与させる論拠のひとつは、政府の施策の質の低さに対する不満である。別の論拠は競争の利益とされるもので、不満のある批判者は別の業者と取引すればよい。しかし、ミノウによると、「もしも情報に基づく選択を可能にするはずの情報が生み出されず、または人々に自由な選択が可能でないならば、約束された利益は生まれそうにない」。囚人は自ら刑務所や移送手段を選ぶことはできず、議員は刑務所の比較や比較方法の検討にあまり時間と労力を費やすことはない。(次章ではミノウの洞察を教育に適用する。)

問題は、刑務所が複数の社会的機能を果たすことである。危険な人物が世の中に出ることを防ぎ、悪事を働いた人を処罰し、さらには犯罪行為に手を染めて道を誤った人を更生させるかもしれない。最近このリストには、少数派集団による潜在能力の十分な発揮を妨げることが加わった。競争が刑務所をより効率的にするという主張は明確に定義されていない。また、緊急電話や囚人移送の扱いに競争的選択は適さない。

こうしたすべての目的の遂行には多くの費用がかかり、改革者は費用削減の方法を提案してきた。もっとも自明なのは投獄される人数の抑制である。しかし民営刑務所の目的は異なる。彼らが望むのは利潤の最大化であり、利潤は囚人が増えることで増加する。民営刑務所は、刑務所制度の社会的な目的の一部においてはより効率的であるかもしれないが、この効率性を実現する代償は大きい。さまざまな目的は一括されて、囚人はむしろ戦争捕虜のように収容施設に放り込まれ、他の社会的目的は追求されず、推定される効率性からの利益は、社会全体ではなく刑務所会社の懐に入る。

これらはＦＴＥ部門の人々にとっては学問的問題である。彼らのほとんどは荒れた学校や刑務所にいる人を知らない。社会サービスにおける民営化の利益や競争の利益については見解が分かれるかもしれないが、彼らは政治家が行う選択を受け入れる。こうした論点を考えるとしても、彼らは低賃金部門の関係者を黒人、移民、または（軍隊でのキャリアが最良の選択であった）退役軍人と分類する。こうした「他者」の数は低賃金部門を満たすほど多くはないものの、貧しい白人が国民的議論で目につくことは珍しい。多くの白人貧困層は伝統的に投票しないため、公共政策にはほとんど影響を与えなかった。彼らは二〇一六年の大統領選の予備選では投票したが、この新しい傾向がいつまで続くかはわからない。[*24]

大量投獄問題の明るい兆し

大量投獄のこの光景にはいくつか明るい兆しがある。全体の光景は荒涼としているが、進取的な地方公務員がこの制度の圧力の一部を緩和しようとしている。マサチューセッツ州グロスター（ボストンの北にある小さな港市）の警察署長は、麻薬中毒者への対応方法を投獄から治療に切り替えた。

彼が言ったように、「注射器と麻薬の残りとともに警察署に立ち寄って支援を求める中毒患者は、絶対に罪に問われない。代わりに、私たちは解毒と回復のためのしくみを丹念に案内して、即座に」治療させる。グロスターの人口は小さいが、新しいアプローチは地域で広く受け入れられている。ひょっとすると、投獄せずに治療するという考え方は、強力な抵抗勢力が存在するものの、普及するかもしれない。[*25]

現在、提案されている改革のほとんどは、大量投獄の削減よりも元囚人の支援を目指している。バージニア州知事は最近、重罪犯の投票権を復活させて、議会で強硬な反対を招いた。アメリカは連邦機関が就職希望者に前科の有無を尋ねることを禁じていた。西マサチューセッツのある郡は、累犯を減らすために、囚人に仕事の準備をさせて、職探しを手助けするプログラムを始めた。前財務長官のロバート・ルービンは、囚人を教育し、（連邦政府と同様に）雇用への障壁を取り除き、出所者を公共の住宅・医療制度に受け入れることを提案した。[*26]

こうした改革案は、法定金融債務の拡大が原因で採用されているとしたら、その効果は限定的でしかないだろう。そうした債務は一九九〇年代に急拡大し、現在、多くの元囚人が、（資源を欠くため）支払うこともできず、（破産しても帳消しにならないため）免除も不可能な、生涯にわたる支払いを強いられている。ある評価によると、「二層の処罰制度が存在し、一方は金銭的手段を持つ人、他方は貧しい人のためのものである」。州裁判所のほとんどの重罪被告人は、失業率が高く、学校の荒れた貧しい地区の出身である。彼らはたとえ出所しても、法定金融債務の支払いを免れることもできない。借金が未払いで、元利の支払いについて裁判所の管轄下にある（常に再投獄の脅威にさらされる）かぎり、完全な社会復帰はできない。法定金融債務の拡大は不平等を拡大し、貧しい人々は日常生活を妨げる不確実な状態に置かれ続ける。残酷な皮肉であるが、犯罪の被害者の損失を補てんするために当初科されていた罰金や債務は、今では債務徴収のための役所仕事を支えることすらほとんどできない。[*27]

社会学者によると、アメリカでかつて貧困層を助けていたセーフティネットを政治家が破壊するにつれて、貧困層を沈黙させるために投獄が利用されているという。彼らの主張はここで提示する主張と軌を一にするが、不十分である。中間層は、図1が示すように急速に消えつつあり、図の最低の線に示される貧困層の生活をわずかに上回るのみという働く人の数がますます増えている。こうした労働者は自立しており、直接的な支援は不要であるが、子供たちにはよりよい暮らしのために教育を受けてほしいと願っている。しかし、女性世帯主の家計（男性が大量投獄により収監されると生じる）のメンバーの四〇％が貧困状態にある。結果的に、彼らは貧困地域の学校に通う。[*28]

政府の政策は、低賃金部門からＦＴＥ部門への移行を困難にしている。移行は不可能ではないが、一九六〇年代の公民権法制定後の十年間と比べて、移行を達成できる人の数は減っている。大量投獄の増加は、学校の質の低下と同時に起こった。二つの政策は、相互補完するように立案されたものではないかもしれないが、統合されたしくみの一部にますますなりつつある。低賃金部門からの脱出が難しくなるにつれて、ＦＴＥ部門が社会統制のためのしくみを支持する理由は強まる。刑務所に入る人の数が増えるにつれて、学校には彼らをつなぎ止めて教育しようとする学校への圧力は低下する。

第10章 公教育——財源不足と学生ローン地獄

大学教育の問題は第4章で論じた。これから焦点を当てるのは、K-12教育〔57ページ訳注参照〕と進行中の公教育の危機である。もっとも貧しい子供のための学校は民主主義国では最大の資金援助を受けるだろうと考えられるかもしれないが、現在のアメリカは逆である。その理由は、FTE部門が低賃金部門の支援を望まないからである。歴史は重要で、私たちは民主主義というより寡頭制国家に住んでいる。

三〇年前、リズベス・ショーは都市教育について楽観的な表題の著作『やればできる』を著した。彼女によると、貧しく機能不全に陥った家庭・地区で育つ生徒の教育方法はわかっていた。彼女の第一の主張は、貧しい地域の学校に対する追加的な資金援助の必要性であり、貧しい子供たちが学校で学べるようにする医療・心理面の支援であった。この本の出版は、所得分配が現在ほど不平等になる前のことで、私たち全員が全員のために協同しているという幻想がまだ存在していた。しかし、彼女の企画は人種レトリックと衝突し、統合を進めてアフリカ系アメリカ人の運命を改善することは白人の力・立場を弱めるだろうという恐れに直面した。彼女の本は今日、良き時代の形見であり、当時も今も必要であるとわかっていた施策を思い起こさせる。[*1]

女性の職業選択

現在の公教育の問題の根源は、人種のみならずジェンダーとも絡んでいる。十九世紀のアメリカの工業化は、ジェンダー別の特化につながり、男女の役割はこの過程の一環としてますます分離した。女性は一九二〇年に選挙権を得たものの、伝統的な役割からは解放されず、引き続き二十世紀の三分の二ほどの間、職業選択には制約があった。女性に許された職は依然として綿製品、縫製、靴などの伝統的な十九世紀型産業であった。教員は女性にとってよい仕事であり続け、他の選択肢よりかなり興味深く、魅力的であった[*2]。

これが変化したのは一九七〇年代、女性の大学進学・卒業率が大幅に増加した頃だった。経口避妊薬により、女性は子供を持つ時期を選べるようになった。「ピル」のおかげで、進学を計画し、家族とキャリアの計画を統合することができた。女性はより高度な教育を受けることを選び、多様な専門的職業に進出し始めた。教員はもはやアメリカ人女性が見つけることのできる唯一の楽しい仕事ではなくなった。そして、大卒女性の賃金が、女性教員の給与と比べて一九八〇年代後半に上昇を始め、後者の二割増しから二〇〇〇年までには四割増しになっていた[*3]。

医師や弁護士といった職業の選択が可能になるにつれて、教員は聡明な若い女性にとってもっとも興味深い、あるいはもっとも給料の高い仕事のひとつという地位を失った。女性教員の収入が追い上げを受けるにつれて、教員組合は声を荒らげるようになった。一九七〇・八〇年代には、教員が教育のある他の女性たちと肩を並べようとして、ストライキを全国で頻発させた。いくらかの成果はあったものの、組合は女性に新たに開かれた職業を選択した人たちの水準にまで教員の賃金を上げることはできなかった[*4]。

今日の公教育は、教員を魅力的な職業にするための財源不足で身動きが取れない。教育を再編成する方法は多いが、より優れた独創的な教員を公教育に引き寄せることができなければ、生徒の学習に大きな効果はないだろう。しかし、第4章で説明した公立大学のように、アメリカの公教育は資金不足に苛まれてきた。学区には財源がないため、教員の賃金を上げることができない。多くの都市部の学区は、多様なレベルの統治政策の結果、校舎の維持費さえ不足している。男女ともに教員の賃金は、二〇〇〇年以降、同様な仕事と比べると相対的に下がり続け、相対賃金の低下は経験豊富な教員ほど激しかった。*5

ミリケン判決

最高裁による一九七四年の重要な決定は、都市部の学校制度をますます貧困に追いやることになった。「ミリケン対ブラッドレー」裁判（418US717）では、ルイス・パウエル最高裁判事がウィリアム・レンクイスト最高裁判事とともに、五対四の評決で多数派に入った。本件を起訴したNAACP（全国有色人地位向上協会）は、「ブラウン対教育委員会」裁判の判決の執行に異議を唱えた。この決定は、（人種）統合学校という明快な考え方を提示したが、それを「大移動」後に実施することは非常に困難であることがわかっていた。

この裁判が起きたデトロイトは、仕事を求める多くの黒人家族を受け入れていた。彼らは、住宅ローンの利用制限や白人住民の反対により、白人居住地域から排除されていた。デトロイトの学区は一九七〇年代までには三分の二が黒人で、NAACPはミシガン州知事ウィリアム・ミリケンらを、学区の区割りで黒人を直接差別しているとして提訴した。最高裁の判断は、学区の線引きが人種差別を意図して引かれたことが証明できない限り、学区は人種別教育廃止を進める義務はないとした。人種別学区を生み出した恣意的な線引きは違法とはされなかったのである。

意図（故意）というのは刑法でなじみの概念で、きわめて多くの目的に使われてきた。しかし、公共政策への適用は問題だらけである。公的な決定は、複雑な政治過程を通じてやり取りする多くの人によって下されることが多い。彼らの議論の記録は通常簡潔で、しばしば無味乾燥である。委員会の行動に意図を見出すことは、個人の行動の場合よりも難しい。最高裁は伝統的な指標を利用し、結果的に、市の政策は原因や結果を調べることなく認められた。

一九七四年の「ミリケン対ブラッドレー」判決後、白人の郊外居住者は、転出することによって新たな色黒の住民から離れられることが明確になった。また、都市部の黒人コミュニティが十分な財政基盤を欠くことも確実となった。最高裁は現行の学区を合併も変更もせず、都市から郊外に転出する白人は、子供たちを都市の黒人の子供たちから引き離すことができた。判決はさらに、都市の学区を貧困状況に追いやり、そうした学区は次第に貧しく、黒人だけに近づいていった。都市の工場の仕事が減り、転出する白人が都市部の学校のための支出を避けるにつれて、都市部の学校の税収基盤は低下した。その結果、人種的に隔離され財源不足の都市部の学校に、「大移動」でやって来た子供たちが通うことになった。分離し、不平等に、といえるだろう。

パウエルは最高裁判事になってわずか二年であったが、ニクソンの南部戦略を国家政策にしていた。最高裁は、市をまたがるスクールバスを制限するルールにより、人種統合の努力を失速させ、都市中心部と郊外の人種隔離の進行を後押ししていた。[*6]

ＦＴＥ部門が移動して自分たちのコミュニティを作り、ますます低賃金部門と接触しなくなるにつれて、所得格差の拡大過程が続いた。白人の転出のこうした進展を明らかにした研究の著者たちは、その効果を次のように要約している。「富の隔離は所得と資産を少数のコミュニティに集中させるのみならず、社会資本と政治権力も集中させる。結果的に、富裕層が自らのコミュニティ内で行う利己的な投資は、中・低所得の家族に恩恵を『波及』させる可能性がほとんどない。加えて、高所得の家族が中・低所得の家族と接する機会がますます減っており、貧困・中間層を支援する社会政策への広範な公共投資の支持につながる社会的共感が部分的に浸食されている[*7]」。

アメリカの特に都市部の学校は、近年、任務の実現に不十分であることが判明している。しかし、より多くの優秀な教員を引きつけることなく学校の質を改善することは非常に難しいだろう。ジョン＝デイビッド・ボウマンのような独創的な教員は多く、教員の給与が他の刺激的な仕事の収入に匹敵するならば、より多くの独創的な教員を引きつけることだろう。現在の改革でそうした試みへの動きを少しでも示すものは皆無である。その結果、失敗が運命づけられている。もっとも荒廃した学校は圧倒的に黒人主体であるが、危機はほとんどの学校に及んでいる。試験が学校評価の方法として一般的になり、学校の役割は、生徒がどれほどよく学んでいるかを教員に伝えることから、教員がどれほどよく教えているかを行政に伝えることに変わりつつある。これはさらに、潜在的に優れた教員が教育分野への就職を検討することを妨げ、優秀だが不満のある教員を他の職業に追いやり、学校の質をたいして改善させていない[*8]。

試験の効果――フロリダ州ブロワード郡の例

そして、試験は往々にして人種の格差を持続させる。これはフロリダ州ブロワード郡の学校の活動に確認できる。他の多くの地域同様、黒人やラテン系の生徒が入ってきたが、有色人種の生徒が才能ある生徒のためのプログラムに入る確率は白人の生徒よりもはるかに低かった。二〇〇五年にこの郡は、二年生向けに短い非言語試験に基づく一般選抜試験を導入した。その結果は驚きだった。才能を認められた黒人・ラテン系の生徒の比率は三倍に増えたのである！

この驚きの結果には二つの原因があった。非言語試験は、標準的なアメリカ英語が話されず、書かれず、発音されない家庭出身の生徒を排除しなかった。加えて、教員が評価に関与しなかった。教員は生徒について予想を抱き、予想外の場では才能ある生徒に目をとめない。この効果は蔓延しており、学校のみならず交響楽団にも見られる。楽団がオーディションの方法を変えて、候補者の性別がわからないように幕の背後で演奏させたところ、はるかに多くの女性が楽団に採用された。

こうした前向きな結果にもかかわらず、ブロワード郡は二〇一〇年に一般選抜試験を中止した。二〇〇八年の金融危機で税収が減ったためである。人種・民族の格差が二〇〇五年以前のように再浮上した。新たな試験が二〇一二年に採用されたが、言語試験で、教員の判断が含まれた。それは二〇一〇年までに見られた効果を再現しなかった。*9

FTE部門は問題のある学校とは無縁で、FTE部門の人々には子供を教育するための別の選択肢がある。彼らはよい学校のある郊外に引っ越し、その支援のために高い税金を支払う。それで満足できなければ、子供を私立学校に通わせる（都市部の公立校に子供を通わせる献身的な教育改革者はわずかである）。FTE部門の最下層では多くの親が学校の質に不満を持っているが、FTE部門が口にするのは、アメリカの教育の現在の構造には手を加えずに個々の学校を改善することである。

北部の学校では「ブラウン対教育委員会」裁判以前の南部並みに人種隔離が進んできた。メディアは黒人生徒が圧倒的に多い学校の観察記録、分析、懸念であふれている。最近の論文によると、「学校で人種隔離を廃止すると、学齢期に人種隔離廃止を経験した黒人の成績がかなり向上した。その影響は、大学進学、四年制大学卒業、大学の質に見られる」。しかし、黒人は都市、白人は郊外という居住パターンのため、そうした利益を拡大させることは難しい。*10

教育制度の分断

アメリカの教育は、人口全体の二部門への分断を反映して二つの別々の制度に分かれている。FTE部門の子供たちは、豊かな郊外の公立校であれ、私立校であれ、まずまずの学校に通う。低賃金部門の子供たちは、貧しい都市部の公立校に通う。黒人男性の三分の一が大量投獄で不在のため、黒人の子供のほとんどが住む貧しい都市部では、学校が財源難に陥っている。現在の学校改革の困難のひとつは、これら二つの教育制度を区別することである。なぜなら、ニーズがかなり異なるからである。別の問題はもちろんFTE部門が低賃金部門の教育支援のための支出を渋ることである。「ブラウン対教育委員会」裁判以前は、人種に基づく二重学校制度があったが、現在は階級に基づく二重学校制度になっている。*11

FTE教育部門は、優秀な教員や他の資源の確保に問題を抱えているが、従来の路線ではうまく機能している。これらの有利な学校でさえ全力を尽くしていないという懸念がある。近年、高校生の数学と読解力の試験での成績の平均が低下する一方、連邦政府によると、過度の試験は良質な教育を妨げる。そしてさまざまな人が、STEM（科学、技術、工学、数学）科目を重視して、学生がよい仕事を見つけられるようにすべきだという。[*12]

低賃金部門の学校は、より深刻な形で生徒を失望させている。校舎は古く、生徒は提供される授業に身が入らず、多くの生徒が高校を中退する。さまざまな州の研究により、黒人の多い公立校の成績の悪さと環境の悪さが確認されている。例えば、フィラデルフィア近隣の高校では多くの九年生が留年を繰り返しており、新しい九年生の多くが年齢超過か、読解力と数学で年次の水準を下回っている。[*13]

チャーター・スクールの役割

刑務所について述べた民営化の推進は学校にも及んでおり、公的資金を利用するものの、地域の教育委員会や組合の規制下にないチャーター・スクール〔一九九〇年代から増えつつある、特別な認可を受けて公費で運営される初等中等学校〕という形態をとっている。チャーター・スクールは、公教育の開放への鍵を握るものとして広く歓迎されているが、万能ではない。かなりの多様性があり、すべての生徒、すべてのスクールがうまくいくわけではないが、全体としてチャーター・スクールは貧しく成績不振の都市部の生徒を助けている。成功したチャーター・スクールは一部の州では拡張を認められるが、すべての州がよいスクールだけの拡張を許可しているわけではない。また、公立校はすべての生徒を受け入れて支援しなくてはならないが、チャーター・スクールは常にそうした高い基準を守るわけではなく、もっとも難しい生徒や特別なニーズのある生徒を排除している。[*14]

チャーター・スクールは、おしなべて試験の成績には影響を与えず、（生徒の将来の）収入には負の影響を与えている。つまり、チャーター・スクールの平均的生徒の試験の成績は、公立校の生徒より良いわけではなく、収入は低くなる。最良のチャーター・スクールは、試験の成績と四年制大学進学率を高めるが、収入には統計的に有意な影響を与えない。他のチャーター・スクールは試験の成績、四年制大学進学率、そして収入を低下させる。「民営公共」矛盾語法は公教育の役に立っていない。[*15]

アメリカの二重教育制度は、低賃金部門の生徒から機会を奪っているのみならず、国全体を損ねている。人口の大半の人が教育や職業訓練の便益を得られないように制限して、アメリカの経済的・社会的便益への全面的参加を阻害し、真に非凡な若者たちが期待を実現させて全員の便益に寄与する可能性を減らしているのである。完全な人種統合の便益は、二〇一六年のオリンピックにおける女子体操の見事な勝利に見ることができる。体操のチームは、アフリカ系アメリカ人が二人、ヨーロッパ系アメリカ人が二人、ラテン系が一人だった。主将はユダヤ人で、エースは黒人だった。[*16]

「民営公共」学校の矛盾

デトロイトの学校の経験は、「民営公共」矛盾語法が行きつく先を示している。ミシガン州は一九九三年に無制限のチャーター・スクールの開校を認めた。二〇一一年には当初の法律にあった上限が撤廃されると同時に、州教育省による監督も廃止された。しかし、デトロイトの学校の予算は低いままで、デンバーやミルウォーキーの生徒一人当たり予算の約三分の二である。多くのチャーター・スクールがミシガン州で開校し、新設校の八割がデトロイトにあったが、デトロイトで大学に行く準備ができている高校最上級生はわずか一割である。デトロイトで最高のチャーター・スクールは、学生の選抜がもっとも厳しく、平均的なチャーター・スクールは平均的な公立校と同程度である。デトロイトは選択肢にあふれているが、質の面では甚だ貧弱である。*17

ニューヨーク、ヒューストン、ボストンのチャーター・スクールと公立校の両方を経済的に分析すると、貧しい都市部の生徒が学校で進歩を遂げることを助ける最善の実践方法がわかる。それらに含まれるのは、従来型技能の注視、試験への反応を利用した教員への頻繁な支援、試験の結果が悪かった生徒への集中的な個別指導などである。研究によると、従来型技能とは読み・書き・計算のことで、これらは依然として二十一世紀の人的資本の土台であり、技能や知識をさらに追求するための鍵である。最善の実践方法の研究結果によると、教員は各生徒がもっとも有益なことに目を向けられるように意見を聞く必要がある。試験は総括というよりも診断とすべきなのである。最後に、多くの支援を必要とする生徒はそれを受けるべきである。教員はクラス全体に対応する必要があり、もっともニーズの高い生徒を的確に支援する個人指導員が必要になる。

こうした効果的措置を見極めた経済学者たちは、より広範な適用を主張した。一部の都市チャーター・スクールに見られ、そうしたスクールが都市部のチャーター・スクールの評価を引き上げている。この特色は、試行される場合には公立校でも機能する。しかし、チャーター・スクールは民営であるが、最善の実践方法を採用する場合でも、通常、自由な拡張はできない。第6章で述べたミノウの民営化批判はここでは教育に当てはまる。規制と慣性が原因で、こうした洞察が低賃金部門の学校に大きな力を発揮できないのである。*18

富裕層が支援した学校——ニューアークの実験

教員の給与、人種隔離、最善の実践方法、民営化をめぐるこうした議論は、教育問題の複雑さを明らかにする。超富裕層の何人か、とりわけビル・ゲイツ、ウォルトン一族、マイケル・デル、エリ・ブロードは、慈善活動を通じて公教育を支援した。彼らが富裕になったのは、他のサービスを提供する新たな方法を発見したおかげであり、公教育の改善の秘訣も同様に発見できると考えた。当時のニューアーク市長コリー・ブッカーはこのアプローチに同意し、別の億万長者マーク・ザッカーバーグを二〇一〇年に説得して、ニューアークの学校がマイクロソフト、ウォルマート、フェイスブックの驚異的な成功を見習えるように、毎年一億ドルを五年間、提供させた。[*19]

ブッカーは外部資金で民間企業の教育コンサルタントを雇い、彼らはニューアーク市への顧問料として最終的に三億ドル近くを稼いだ。FTE部門のこうした高給取りは、ニューアークの低賃金部門の学校の教育問題を解決するために知恵をもたらすはずであった。しかし、彼らがよく知るのはFTE部門の教育制度であり、低賃金部門ではなく、後者については惨めなほど無知であった。もっとも明白な隔たりは、教育を受けていた子供たちを取り巻くコミュニティの考え方にあった。それは子供たちを大学に入れるために学校を支える郊外のコミュニティではなく、既知の制度によって子供たちが教育されることを望む低賃金の人々であった。伝統的な学校は、雇用と地方政治の双方を通じて、コミュニティの重要な一部分であった。コミュニティは既存の学校を味方と考えた。コンサルタントは既存の校長や教員を敵と見なした。しかも、コンサルタントは白人であり、コミュニティは黒人主体であった。

コンサルタントは、ニューアークの学区の権限を劇的に縮小し、ほとんどの公立校を才能ある子供と問題のある子供のためのチャーター・スクールと特設校に切り替える予定だった。子供たちは中央管理データベースで追跡され、校長は民間企業の経営者のように学校を運営することになる。

この類推をさらに進め、彼らは経営者（校長）と労働者（教員）に生産性（試験の点数）を最大化させようとした。民営化に対するミノウの反論を抑え込むため、学校制度全体が、競合する工場群を有する大企業に転換されることになった。ブッカーは迅速な実行を主張した。彼と州知事はまもなく失職するかもしれなかった。寄付母体は迅速な結果を見届ける必要があった。ブッカーによると「既得権勢力が予算十億ドルの我々の選択に必死に抵抗している。雇用がかかっているのだ」[*20]。

迅速さの犠牲になったもののひとつが、学校改革の組織自体であった。主導者が不在で、統一的な改革の努力は多種多様な試みへと解体していった。新たなチャーター・スクールが急成長して、改革者たちの考える良質な教育を提供するはずであった。しかし、この成長は従来型の公立校から資金を奪うとともに、もっともニーズの高い生徒たちを置き去りにした。従来型の学校は死の悪循環に陥りかねず、社会福祉専門家や進路指導員の支援を失う一方、問題のある生徒の比率が急速に高まった。ニューアークの親たちは冷めていた。

コンサルタントにはこの移行のための計画がなかった。いったん移行が終われば、すべての子供が新しいチャーター・スクールや特設校でうまくやれると彼らは主張した。しかし、もっとも傷つきやすい生徒はこの間どうなるのだろうか？　ひょっとするとコンサルタントは、ニューアークがデトロイト、ワシントンDC、フィラデルフィア（全校に占めるチャーター・スクールの割合がそれぞれ五五、四四、一八％）のように安定化すると望んだのかもしれない。しかし、期待された便益は生徒に直ちには現れず、計画はとん挫した。コリー・ブッカーは二〇一三年に市長から上院議員となった。コンサルタントはより魅力的な仕事を求めて去り、ニューアークの子供たちは見捨てられた。

ルサコフはニューアークの大失敗を鮮明に描写し、結論で問題を述べている。「明らかなことは、都市部の公立校がまさに貧困の影響の克服を求められているということである。(…)はるかに多くの支援が必要である」。ショーは三十年早くこの問題を見極めて、追加支援がいかに役立つかを描いていた。しかし、その三十年間、何の教訓も学ばれず、問題が拡大しただけだった。[*21]

ユニオンシティの改革──(1)早期教育の重要性

貧しい都市部の公立校は、最善の実践方法を独自に採用する能力に欠けるようである。しかし、この原則には例外もある。ニューアークからあまり遠くないニュージャージー州北西部のユニオンシティの学校は、ラテン系移民の大量流入により入学者数が急増した一九九〇年頃には崩壊しかけているように見えた。学校を救ったのは、相互に連携のとれた一組の措置であった。ユニオンシティの学校担当の指導者たちは、才能ある既存の教員たちとの協力を決定し、カリキュラムの再編計画を打ち出した。強調されたのは早期教育への集中であった。学校制度に義務教育直前期〔主に五歳児対象〕のプログラムを取り入れ、貧しい家庭や子供たちを教育制度に導いた。これらは全日制の就学前教育で、英語・スペイン語双方による読み聞かせを中心とするカリキュラムは、子供たちに好評を博すものだった。こうした始まり方のおかげもあって、子供の家族は進行中の変化を支持し、本のない貧しい家庭出身の子供は読書に集中する準備ができた。

この早期教育は貧しい子供の教育に対する真摯なアプローチの出発点と見なせる。第一歩は、出生前の妊婦への支援で赤ちゃんが標準体重で生まれるように助けることだろう。さらに、乳幼児に話しかけ一緒に遊ぶと、子供のその後の発達に大きな影響を与える。母親は誰でもそうしたいだろうが、誰もが子供に読み聞かせ、接する時間と体力を持っているわけではない。通常、低賃金部門の子供たちは就学前の時期に遡る不利を抱えており、それは学校が始まると克服されるわけではない。[22]

早期教育の影響を研究してノーベル経済学賞を受賞したジェームズ・ヘックマンはこの点を強調する。「生まれの偶然が現在のアメリカの不平等の主要因である。アメリカ社会は熟練者と非熟練者に分断されつつあり、分断の源泉は幼児期の経験にある。(…)私たちは機会の平等を称賛するが、私たちの住む社会では生まれが運命になりつつある」。ヘックマンは続けて、人生における成功の鍵は認知技能すなわち人的資本だけではないという。それは非認知的特徴つまり社会資本にも依存し、そこには「根気、注意力、やる気、自信、その他の社会的・情緒的性質」が含まれる。社会資本のこうした側面は、子供の幼児期にもっとも獲得される。家族が教えることができない場合、低賃金の家庭の問題を埋め合わせる公共政策が必要になる。[23]

(2) 教育予算の拡大

第二段階は、ユニオンシティの学校指導者たちによると、教育予算の増額である。ユニオンシティでは学校支援のための増税が行われ、ニュージャージー州の最高裁は、学校予算の決定に関するアボット裁判の判決で、さまざまな学区の学校の予算がきわめて不平等であることは違憲であると主張した。裁判所はそれから十年にわたってこの判決の順守を監視し、ユニオンシティの学校の予算増額を確認した。ショーの著書『やればできる』と同じ一九九〇年に始まったユニオンシティの経験は、献身的な教員と十分な予算の支えがあれば、貧困が教育にもたらす問題に公立校が対処できることを示す[24]。

ニュージャージー最高裁のアボット判決が支持した就学前プログラムは、五年次の子供たちにかなり大きな効果を上げることがわかったため、評価者たちはそれを全国モデルにと薦めた。就学前の二年間の影響は一年間のそれの二倍を超え、少数派と白人の生徒の成績の格差の二～四割を埋める。この持続的改善を促進したのは、教員の自己評価、個々の子供の進歩に関するデータの収集、そして熟練教員による指導であった[25]。

第二世代の「多数派少数派」の進歩の芽を伸ばす代わりに、ニュージャージー州知事のクリス・クリスティーはルイス・モデルの力を見せつけ、アボットの学校予算制度を解体して、保守派の政治家候補者の一律課税案に似た、学区への一律予算配分を導入しようとした。一律配分は、州の財源を少数派主体の都市部の学校から豊かな白人郊外地区の学校に移すことになる。ニューヨーク・タイムズ紙の社説が述べたように、「この有害な計画は、富裕層と貧困層、黒人と白人、都市居住者と郊外居住者の対立を煽るだけであり、たとえ民主党がこれを阻止できても、今後何年にもわたって州政治を蝕む[26]」。

(3) 漸進的で着実な進歩

学校改革の第三段階は、ユニオンシティの学校指導者たちが示したような、漸進的で着実な進歩への責任のある関与である。指導者たちは、コミュニティから選ばれ、家族・友人・近隣住民への支援を固く決意していた。彼らはシリコンバレーの投資家でも、連邦議会を目指す腰掛けの政治家でもなく、自らの仕事に専心する教育者であった。彼らの思考は何年ではなく何十年単位であり、イソップ寓話のカメのように、競争に勝ったのである。

白人の転出と都市部の学校の貧困という連鎖は、北部の都市や郊外でもっとも目立つが、すべての黒人が「大移動」で南部を去ったわけではない。多数のアフリカ系アメリカ人が依然として南部諸州に住んでおり、彼らはしばしば、北部の都市の都心部とは対照的な、見放されたような田舎のコミュニティに住んでいる。南部の田舎の学校は、財源不足と地域の卒業生の就職難という双子の問題に直面する。南部の田舎の黒人生徒に学習を続けさせることは、北部の都市の黒人生徒の場合と同様に難しい。教育者たちはこうした複合的問題へのさまざまな対応策を提案してきた。都市部の学校における最善の実践方法の考え方を補完するひとつの方法は、指導の順序の逆転である。読解と算数の技能から始めて生徒の興味を引く問題にその道具を使う代わりに、教育者たちは、生徒が身近に感じる地元の話や問題から始めて、生徒が調べている話題を通じて読解や算数を教えることを提案した。これはユニオンシティで採用されたアプローチと同種である。こうした方法で運営されている学校と従来型の学校の体系的な比較はなされていない。これは貧しい南部の生徒が田舎全体に散在しているからであるが、ユニオンシティの実績は期待できる。[*27]

都市部の教育には手っ取り早い解決策も奇跡的な治療法も存在しない。ユニオンシティの学校の成功は、いかにして持続的な努力が次第に低賃金部門の学校を格上げしていけるかを示す。これらの学校は、経済学者たちが突き止めた最善の実践方法の多くを利用し、三歳児以上のすべての子供の就学前教育、移民受け入れへの配慮、親たちの積極的関与によって補完した。次々とベンチャー資本家を出入りさせるのではなく、コミュニティと学校、そして教員と生徒の間の信頼を急がず着実に醸成することが、学校の成功に不可欠であった。人的資本への投資を成功させるには、社会資本が必要になる。[28]

低賃金部門の家族にはさまざまな圧力がのしかかるため、社会資本への投資がきわめて重要になる。郊外の学校は、社会的・情緒的知性について学校内で考えることができるが、コミュニティで社会資本を構築する必要はない。ユニオンシティのような町や市で前進を遂げるには、学校に加えてコミュニティへの積極的な投資が必要である。このニーズの深刻さは、生徒の家庭の半分がホームレスであるニューヨーク市のいくつかの学校を見ればわかる。[29]

ヘッドスタート

現在のアメリカに存在する二つの学校制度の違いは、「ヘッドスタート」とNCAA〔全米大学体育協会〕バスケットボールの違いに見ることができる。ヘッドスタートを開始したのはリンドン・B・ジョンソン大統領で、彼の「貧困との闘い」の一環として、ユニオンシティの改革者が支持したような就学前の準備を提供した〔低所得層の三〜四歳児対象〕。ヘッドスタートは一九六五年に学区に補助金を提供し始めた。それは歓迎され、現在も続いている。しかし、一九七〇年以後の十五年間で参加者数は倍増したが、予算（インフレ調整後）の増加は五分の一にすぎない。[30]

多くの学者が、ヘッドスタートは参加した生徒の教育と人生を向上させたという。この結果が議論を呼んできた理由は、ヘッドスタートにおける指導が多面的で、知的技能のみならず社会的技能をも支援するためで、一部の論者はこのプログラムが資金の無駄遣いであると非難した。本書の用語を使うならば、批判者が人的資本だけに目を向ける一方、ヘッドスタートの支持者は社会資本にも注目した。ここで論じたように、社会資本の獲得は低賃金部門、とりわけ大量投獄で荒廃したコミュニティにおいては教育上の大きな課題である。

ヘッドスタートの修了者は高校卒業および大学進学の可能性が高く、犯罪率は低いという証拠がある。ヘッドスタートに使われた資源配分の詳細な研究によれば、子供ごとの個別活動への支出を増やすと、問題行動や落第が減る一方で、読解力と語彙が増える。ヘッドスタートはまた子供の死亡率を減少させるため、これらの効果が目に見えるようになっている。[*31]

一部の批判者は、子供が小学校に入るとヘッドスタートの効果が急速に消えると主張してきた。この効果は白人より黒人の子供に強く、効果が減退する原因は、ほとんどの黒人生徒が通う質の低い低賃金部門の学校にある。つまり、ヘッドスタート自体は教育ではなく、長期にわたる教育過程の良好な出発点にすぎない。ヘッドスタートや他の就学前支援の十分な効果を得るためには、子供は（ユニオンシティで達成されたように）その後に通う学校で良質な教育を受け続ける必要がある。[*32]

にもかかわらず、ジョージ・W・ブッシュは二〇〇七年にヘッドスタートの予算を更新したとき、次のように述べた。「幸いこの法案は政権の以前からの優先課題のいくつかに取り組み、例えばヘッドスタート提供者間の競争を促進し、乳幼児期のサービス提供制度の調整を改善し、教育実績水準を強化します。」「競争」とは「民営公共」矛盾語法の暗号であり、チャーター・ヘッドスタート・プログラムを求めるものである。「調整」とはごく幼い子供に対する多次元の注視を控えることの暗号であり、「実績水準」とは社会資本への重要な効果よりも短期の人的資本への効果の試験を意味する。ブッシュ大統領が試みた低賃金部門の教育制度改革は、ニューアークで試されたものに近く、FTE部門の学校には適切かもしれないが、低賃金部門の学校には不適切だった。オバマ大統領はその後この方向を反転させて、生徒のための選択式試験に焦点を当てるよりも、ヘッドスタートの教員を生徒との関係に基づいて評価するようにした。*33

大学バスケットボールと信頼

ヘッドスタートから大学バスケットボールの世界へは遠いものの、社会資本の価値は二〇一六年のNCAAバスケットボール大会における成功物語によく示されている。ライアン・アーチディアコノは、ビラノバ大学ワイルドキャッツの花形シューターで、チームを最終四校〔地区優勝〕に導いた。彼はゲーム終了の直前に、観衆が大声援を送るなか、シュートを待ち望んでいた。しかし、決勝戦が同点のまま、あと五秒せずに終わる瞬間にボールを受け取った彼は、ノーマークの味方選手にボールをパスした。結果、シュートは成功し、ファンは大喝采となった。ニュースの記者によると、「この試合は、（…）最高に素晴らしかった。ワイルドキャッツの勝利はスター選手のおかげではない。（…）選手たちは献身的で、チームワークで優位に立てることを信じていた」。これが社会資本である。何をすべきかを理解し合った人々がそれを実行するという信頼である。チームワークは社会資本の一形態であり、低賃金コミュニティの就学前教育の鍵となる。*34

良質な教育は人的資本と社会資本の双方を向上させるが、低賃金部門にとっては難しい注文である。それは二重経済の政治にそぐわない。大量投獄の脅威が黒人やラテン系コミュニティに影を落とし、軍事化した敵対的警察の存在は社会資本への投資をさらに難しくする。はるかに多くの資源を配分しなければ、都市部の教育に前進は不可能であるが、即座に利用可能な資源はない。逆に、拙劣な教育は黒人と褐色人種のコミュニティの停滞を持続させ、大量投獄の機会を増やしている。そして、大量投獄は社会資本なしで生きる人々を刑務所内にとどめる。学校に回るべき資金が代わりに刑務所に回るのである。

都市の公立校の放置は、富裕層と貧困層の教育格差を生み出した。人口の最富裕層一割と最貧困層一割の読解と数学の能力を比較すると、最近二、三十年の間に劇的に広がった格差は数年分の教育に相当することがわかる。戦後のベビーブーム期に生まれた子供にとって、教育の結果（成績）は黒人の所得よりも平等度が高かった。その後に生まれた子供にとって、富裕層と貧困層の教育格差が拡大したのは、圧倒的に黒人の多い都市部の学校に向けられた財源が少なかったからである。教育格差は現在、所得の人種間格差を凌ぐ。[*35]

一部の政治学者は、人種統合が生徒間の信頼を低下させたと主張し、分離教育の方が統合教育より好ましいとしている。しかし、因果関係が逆である。社会資本（人々の間の信頼）は低賃金部門のコミュニティの方が低い。FTE部門の白人生徒が低賃金部門の黒人生徒と統合されると、信頼の水準が下がる。しかし、これは誰もが他人を信じないからではなく、新たな平均は白人生徒の高い社会資本と黒人生徒の低い社会資本の平均だからである。多様性ではなく不平等こそ不信の原因である。[*36]

そして多様性が健全であるのは学校に限られない。社会学者が市場シミュレーションを通じて発見したところによると、多様な市場参加者は好不況の波の発生頻度と損害を低下させる。誰もが同じように考えると、人々はバブルは生じていないと安易に確信してしまう。マイケル・ルイスは『世紀の空売り』で、変わり者だけが二〇〇八年の金融危機を予見したとしている。[*37]

第11章 アメリカの都市——インフラの荒廃と居住の隔離

「ミリケン対ブラッドレー」判決は、一九七四年以降の数十年にわたって白人人口の郊外への大規模な移動を後押しした他の政府決定と軌を一にしていた。税収を利用して郊外の拡張を促進するため、郊外用に道路、学校、水道、下水道システムが整備された。対照的に、新しい郊外居住者が見捨てた都市部のインフラは次第に老朽化していった。[*1]

都市による適切な学校の運営は、一九八〇年代にレーガン、ブッシュの両大統領によって都市への連邦補助金が削減されるにつれて、財政的に難しくなった。大都市への連邦補助金は、十年間で五二億ドルから三四億ドルへと三五％減った。削減がもっとも厳しかったのは、一般歳入分与（地方交付金）、公務員数、職業訓練、そして各州が支援する政策を自由に選べる定額補助金であった。どうりで、貧しい黒人・白人ともに都市部の子供たちの学校は、資源を失い、ぱっとしなくなった。貧しい都市部の子供が大学へ入っても、豊かな郊外の子供ほどうまくいかないわけである。[*2]

古い校舎と鉛のパイプ

予算削減のひとつの結果として、校舎の建て替えが頓挫した。第3章で述べたミシガン州フリントの鉛汚染により、そうした古い校舎の危険性が問題視された。水道中の鉛は健康を脅かし、子供の知的発達に影響を与え、病気の原因となる。正確な情報に基づかない経済的選択が不幸にも続き、水道中の鉛の増加は百年以上前から始まっていた。市営の水道システムが第一次世界大戦前に拡張・修繕され、鋳鉄製パイプはより長持ちする鉛製のパイプに交換された。これが特に当てはまったのは、鋳鉄製パイプの腐食が速い、水が酸性の都市である。酸性の水は軟水である。硬水はミネラル分を含み、石鹸の泡立ちを抑え、流し台や浴槽に沈殿物を残す。人々は軟水を好むが、軟水中の酸はパイプの腐食を速める。

鉄製パイプが腐食すると、人々は鉄分と亜鉛を摂取するが、それらはほとんどの人に無害である。鉛製パイプが腐食すると、人々は鉛を摂取し、それは有害である。十九世紀の公衆衛生当局は水道中の鉛の悪影響に気づいていたが、水道会社は費用削減の方に関心があった。酸性の軟水都市では、より耐久性の高いパイプが必要で、古くなった鉄製パイプを新しい鉛製パイプに交換した。[*3]

この選択は二十一世紀の学校にとって重要だった。財源不足のため、都市部の学校は古い校舎を使い続けたからである。教育改革者たちは、老朽化した校舎は貧しい都市部の子供たちの学習を妨げると主張した。フリントの鉛危機の後には、多くの都市部の学校が、古い校舎は重苦しいのみならず、実際に危険であることに気づきつつある。都市部の学校の成功率が低い理由の一端は、古い学校のパイプ中の鉛の影響にあるのかもしれない。[*4]

二〇一五年の鉛危機の後も、議会はフリント市のパイプを修繕するための予算を計上しなかった。他の都市部の学校の問題も解決されそうにない。数十年にわたる放置の結果、貧しい都市は、投資不足と整備の遅れという問題の累積に、限られた予算で対応しなくてはならない。ＦＴＥ部門は低賃金部門の学校を支援するための増税を拒否する。

フリントからそう遠くないデトロイトの校舎の老朽化は、問題の放置が続くと都市部の教育の改善をいかに妨げるかをよく示す。議会は一九八六年に、鉛を含む学校の水源の質を高める法律を可決していたが、それは一九九六年に連邦裁判所でほぼ却下された。連邦の規制で唯一効力があったのは、一九九一年の環境保護庁の規則で、十億ヵ所当たり一五ヵ所で定期的な検査と子供のための安全基準限度の設定を要請するものだった。鉛に関しては学校が最大の問題となる。古い、多くは百年前のパイプがあり、子供が大勢いるからである。より古い都市部の学校に通うのは、概して低賃金部門の子供であり、FTE部門には都市部の学校のパイプの交換に彼らの固定資産税を費やすことを要求する誘因はない。[*5]

これは二重居住システムである。低賃金労働者は老朽化した都市に住み、FTEの人は隔絶された郊外に住むようになっている。FTE部門は都市のサービスを支援しないため、都市部の環境は悪化し続ける。FTE部門の人は都市部の問題の大半を経験しない。住む場所が違い、望むときだけ都市を訪れるからである。彼らの多くは、アメリカの都市部の問題は別の低開発国の問題だと考えているだろう。

超富裕層の一部（大富豪）は、都市中心部のガラス張り高層タワーに引っ越しつつある。維持管理の行き届いたこうしたマンションは、都市部の補助金付き住宅を含む資金難のビルとは非常に異なる。大富豪は自家用車か配車サービスで移動し、公共交通手段はめったに使わない。彼らは通常、子供を都市では育てず、育てる場合には私立校にやる。彼らは都市にいるが、都市部の活動には部分的に参加するだけである。[*6]

公営住宅という「保護可能空間」

黒人の生徒に不利な状況は、新たな郊外の一部にまで拡大した。公共政策は補助金付き住宅により黒人家族を郊外へ移住させようとしたが、地元住民からの政治的圧力により、政府は新たな公営住宅を町の貧しい地区に建てることにした。その結果、以前は大都市の中心部に見られた状況の一部が、より小さな郊外に移転されることになった。

一九八〇年に連邦裁判「US対ヨンカーズ」が起こされ、ニューヨーク郊外のこのパターンが争われた。ヨンカーズ市に対して学校と居住における人種隔離の証拠が示され、最終的な判決の執行における対立は、新たな白人郊外居住者が同地区の黒人に抱く怒りをよく示す。貧困の集中は急速な経済成長により一九九〇年代に減少したが、趨勢は二〇〇〇年以降に反転して、より小さな都市や町に貧困が集中するようになっている。[*7]

オスカー・ニューマンは、裁判所の命令でヨンカーズ市の顧問として一九八七年に雇われた都市計画担当者だった。彼は**保護可能空間**(defensible space)という概念を打ち出して、公営住宅の集中がいかに社会資本を破壊するかを説明した。彼によると、高層公営住宅は、誰も気に留めない公共空間を有するため、違法・暴力的な行動を助長する。ヨンカーズの都市計画担当者は、公営住宅を街の一角に集中させて、土地を節約するため高層にしていた。政府はエレベーターや廊下の清掃や照明のための予算を十分に提供しなかった。賃借人はこうした公共空間に対する管轄権を持たず、非公式にまとまるには人数が多すぎた。その結果、住民が維持管理する素晴らしいアパートに到達するためには、みすぼらしく、しばしば危険なエレベーターやホールを通過せざるをえなかった。

ニューマンによると、誰にも管理されない空間は、常にこうして劣化する。人々が維持管理する能力と意志を持つ保護可能空間は、彼らの管理下にある。家族や近隣住民にとって、住居の周辺の空間は家族が所有するか責任を持つ必要がある。アパートの一階の住民は前庭や歩道に責任を持つ。路地の通行速度を抑制する道路上の障害物は、その結果できる袋小路を近隣の人が清潔で安全に保つのを助ける。保護可能空間とは、誰かが維持管理の責任を持つ空間である。維持管理のための予算が足りない大規模な建物には保護不可能な空間が多すぎるのである。[*8]

この洞察には重要な含意がある。一九五〇・六〇年代の都市計画担当者は、保護可能空間という概念を理解せず、公営住宅を高層ビルにしてしまった。そうなったのは、都市では土地が高価で、郊外では都市を逃れて来ていた白人住民が近くに公営の（黒人の多い）住宅を望まなかったからである。公営住宅は都市や郊外の貧しい人々の生存支援を意図していたが、逆にコミュニティの精神の破壊を速めることで彼らを被害者にしたのかもしれない。現代の状況に適応させたルイス・モデルの言葉を使うならば、こうした家族は社会資本を失ったのである。

ニューマンの洞察は、北部の黒人居住地区における社会資本の不足をめぐる論争に光を当てる。ウィリアム・ウィルソンは、北部の貧しい黒人居住地区の失業と貧困が社会資本の不足現象をもたらしたと主張した。チャールズ・マレーは、北部の貧しい白人居住地区でウィルソンの結果を再確認した。彼らの分析は、現在の北部都市が社会資本を欠く原因は、遠い過去の歴史の遺産というより現在の状況であることを明らかにした。[*9]

社会の機能不全の原因は黒人と白人で似ていたかもしれないが、それでも公営住宅では人種間の緊張関係が存在した。裕福な白人は人種の混ざった地区を離れて郊外に移り住んだが、貧しい白人にその選択肢はなかった。彼らは色黒の人たちよりも自分は優れているとみなすことで慰めとした。

結果的に生じる衝突は、貧困と劣悪な住宅計画が引き起こす暴力に人種差別的な要素を加えた。[*10]
保護可能空間というニューマンの理論は、社会の病弊を治すための公共政策がむしろそれらを悪化させることを説明する。都市部に居住する貧しい人々の生活条件を改善するための公営住宅が、そうした居住地区の社会資本の破壊につながっていたのである。公営住宅の保護可能空間の不足は、信頼の破壊と反社会的行動の増加につながった。薬物との闘いは、そうした行動のほとんどを犯罪とし、社会資本の急速な喪失を招いた。警察と住民の間の衝突のエスカレートは、さらに社会資本を傷つけた。[*11]

最近の研究によれば、アフリカ系アメリカ人がそれまで押しつけられていた有害な建物や居住地区から引っ越すと、失っていた社会資本を一部取り戻すという。この効果は概して第二世代で目に見えるようになるため、実証が難しかった。より良い居住地区に引っ越す親の子供は、より良い学校に通い、より安全で環境の良い地域に住み、反社会的活動につながる保護不可能な空間はほとんど持たない。そうした子供は大学進学率が高く、一人親になる確率は低い。奴隷制の名残だけが黒人の家庭を破壊するのではない。貧しいアフリカ系アメリカ人が（祖先が奴隷であったことが理由の一端で）強いられている生活条件こそ彼らの社会資本を蝕んでいるのである。[*12]

一九七〇年以降の都市政策は、都市部の学校を資金不足に陥れ、都市に残る黒人家族に敵対的な環境をもたらし、公民権法以前の黒人（および現在ますます多くのラテン系住民）の状況を再現した。アフリカ系アメリカ人は、奴隷だった頃は教育を完全に奪われ、第一次世界大戦前に与えられたのは見せかけだけの教育だった。良質の教育を受け始めたのは一九六〇・七〇年代であったが、公民権運動への反対は、こうした前進を差し止め、引き戻した。[*13]

途上国化するインフラ

また近年の政策は、仕事を求め、地元を離れようとする都市部住民の移動を妨げてきた。アメリカのインフラの放置状態を確認するには、橋梁や大量輸送交通機関など少数の項目を見るとよい。アメリカ土木技術者協会（ASCE）は、アメリカのインフラの「報告カード」を五年ごと（最新は二〇一三年）に提供する。ASCEの諮問委員会は、八つの基準に基づいて評点をつける。彼らによると、二十一世紀の開始とともに、評点は失格すれすれの平均でDにしかならない。原因は、ほとんどの範疇にわたる維持管理の遅れと投資の不足である。[*14]

ASCEが二〇一三年にアメリカの橋梁につけたC＋は、世界でもっとも富裕な国のひとつとしては低い評点である。全国の橋梁のデッキ（甲板）の総面積の三分の一は構造的に欠陥があり、全幅の信頼を置ける橋梁の整備までには長い道のりがあることを示唆する。アメリカの橋梁は平均で四〇年以上経過しており、設計寿命の五〇年（橋梁が問題なく機能すると予想される年数）に近づいている。ASCEの結論によると、老朽化する橋梁の維持管理と欠陥のある橋梁の交換は、財源不足の州や地方政府にとって困難な課題である。

ASCEはアメリカの大量輸送交通機関にDをつけた。鉄道網はすべての大量輸送交通の三分の一強を担うが、あらゆる大量輸送方式のうちで維持管理のニーズが最大で、未処理分が五九〇億ドルある。非鉄道網では一八〇億ドルである。鉄道網は現在も使われているインフラ資産で最古の部類に入り、特にニューヨーク、シカゴ、ボストンといった都市の重軌条鉄道網は古い。維持管理の未処理分の削減が複雑であるのは、多くの輸送担当局が施設の状況を体系的に点検しないからである。橋梁の場合と同じく、資金不足が困難な課題である。[*15]

問題が特に深刻なのは、ワシントンDCからボストンにかけての「北東回廊」である。州間幹線道路網は一九五〇年代に建設が始まり、その後十年間は鉄道の収入に食い込んだ。トラック用の道路は政府が建設・管理したが、列車用の路盤は鉄道会社が敷設・管理した。アメリカ郵政公社は、一九六六年に配達サービスを列車からトラックと飛行機に切り替えた。議会は一九七一年（あの重要な年）に、経営難の鉄道会社数社をアムトラック〔連邦政府出資の株式会社「全米鉄道旅客公社」〕に統合して、鉄道旅客輸送の維持を図った。アムトラックは民間企業で、利潤を出すことを期待されたが、規制が厳しく、利潤の出ない路線の切り捨ては議会に許されなかった。アムトラックは「北東回廊」で利潤を生み、より人口の少ない地域では巨額の損失を出す。ミノウが述べたように、議会が課したような規制は、鉄道旅客交通が民営化の恩恵に与ることを阻む。

アムトラックと通勤電車の利用者数は一九七一年から倍増したが、インフラは更新されていない。線路、電線、橋梁、トンネルは老朽化し始めている。その結果、遅延や運休が頻発し、乗客は悲惨な目に遭った。乗客は通勤もかなわず、議会が設置した北東回廊インフラ管理諮問委員会の推計によると、回廊が一日通行止めになると、国全体で一億ドルの損害が出る。委員会は北東回廊の交通輸送の資本構成を更新する五ヵ年計画を持つが、惨めなほど財源不足である。[*16]

最近の政治的決定は生産的ではなかった。前章で議論したニュージャージー州知事のクリス・クリスティーは、ハドソン川第三鉄道トンネルの計画を中止した。それは二〇一〇年にニューヨーク市への大量輸送機会を増やすはずだったが、州は予想される超過費用の分担分を払えない（少なくともニュージャージー州の低率のガス税を引き上げなければ賄えない）というのが理由であった。毎日およそ二七万五千人がハドソン川を渡ってニューヨークに通勤する。ラッシュの時間帯にアムトラックや他の電車は満員で、ハドソン川の二本の自動車用トンネルは限界に近い。第三トンネルはさらに七万人の通勤客を毎日マンハッタンに送り込めたはずだ。それがなければ、電車の遅延は新たな常態になるだろうとアムトラック社はいう[*17]。

FTE部門の無関心

新しいトンネルは、通勤電車の信頼性を向上させ、自動車の渋滞を緩和し、経済成長を促進し、近隣の住宅価値を上昇させるはずだった。しかし、直接の利益は主に低賃金部門の人々が受け取るはずで、FTE部門の人々は無関心である。FTE部門は部分的に低賃金部門のサービスに依存しているが、アメリカの政治は間接的効果を考えないようである。FTE部門の多くの人々は、間接的に役に立つかもしれない投資や、ましてや低賃金部門のニーズを考えるよりも、むしろ自分の税率を低く抑えたいのである。

ボストンは二〇〇五年の冬に大量輸送網の問題に目を覚まされた。大雪が輸送網の長期的な断絶につながったのである。マサチューセッツ州知事のチャーリー・ベイカーは問題があることを認めたが、ニュージャージーの知事と同様に、大量輸送のための支出や増税を渋った。結果は、一切の追加支出を伴わずに最善を尽くした近年の教育改革に似ている。後者の結果が残念であった理由は、改革が最大の問題を是正しないからである。同じ未来が大量輸送にも予想されるだろう[*18]。

連邦公共交通局の捜査官は、ボストンの地下鉄網に包括的な維持管理計画がないことを見出した。彼らの要請により、ボストンの地下鉄は、不利な立場にある会社[†]を雇って修繕を行うという連邦の指針に沿っていることを示す四半期ごとの報告を課された。しかし、必要な計画は約七〇億ドルを要するとされる一方、地下鉄は現在、赤字である。ボストンとマサチューセッツの指導者たちが第一に考えているのは、赤字を埋め合わせる方法であり、システム全体を存続させるための資金調達・方法は二の次である。*19

ワシントンDCの地下鉄はボストンの地下鉄の半分の古さで、一九七六年に開通した。しかし、かつては輝かしかった首都の地下鉄網は、現在ひどい状態である。信頼できず、誰もが不平を言い、安全さえ危うくなっている。経常収支は巨額の赤字で、修繕を行わなければ十年で機能不全になると予想されている。首都を管轄する議会はどう対応したのだろうか？　議会は地下鉄を「救済」しないといった。他の都市と同じく、財源を調達できる監督当局が市のインフラを（救済ではなく）維持管理するための財源の利用を拒んでいる。FTE部門は低賃金部門を助けるインフラには支出したくないのである。*20

選挙で争点にならないインフラ

アメリカのインフラの目も当てられない状況は周知の話になっている。フィナンシャル・タイムズ紙の記事は、世界各地でインフラは放置され残念ながら荒廃が続いているという。政治的議論に言及があるものの、ここで紹介したものとあまり違わず、表現が異なるのみである。より新しい雑誌ニューヨーカーのコラムは、システムの過重負担、つまりインフラの老朽化を指摘した。経済学者は、利子率がほぼゼロなのに、なぜ政府は橋梁、道路、学校の修繕をしないのかと不思議がって

---

† 人種的少数派など、社会的・経済的に不利な立場にある個人が五十一％以上の経営権を所有する会社。

いる。[21]

しかし、この争点が選挙民に提示されると、減税の支持者が勝つのである。現在、税収が増えていないので、政府は借入をしなければ再投資を賄えない。しかし、FTE部門は公的債務の削減を望んでいる。二〇一五年末にインフラ法案が可決されたが、高速道路のみでしかも混雑解消向けであった。この種の限定的支出が両政党に認められたのは、FTE部門の人々も渋滞に巻き込まれて時間を無駄にするからである。低賃金部門ではなくFTE部門の人々のために、政府は計画にお墨付きを与える。ただ、議会による予算の割り当ては支出計画のごく一部でしかなく、この限定的な計画がどれほど実施されるかは不明である。二〇一六年の大統領候補は二人とも選挙戦でインフラの修復を約束したが、近年の歴史からすると、約束が守られるかはわからない。[22]

第12章　個人と国家の負債——借金漬けの個人、救済される銀行

第Ⅲ部の議論では、刑務所や学校、橋や公共交通機関など、望むか否かにかかわらず低賃金部門の人々に利用される有形資産に着目してきた。ここで、低賃金部門に影響を与える無形資産と負債を加味する必要がある。本章では、二重経済における債務の扱いを読み解く。個人の債務は、焦げ付いた住宅ローンと教育ローンに集中している。社会の債務は、人々のリスクの軽減を目指す民主的政府の努力から生じる。

二重金融体制

個人の債務は借り手と貸し手の間で契約されている。借り手の多くは個人で、先進国経済における貸し手の多くは金融機関である。けっしてすべてではないが、多くの場合、債務契約は低賃金部門の借り手とＦＴＥ部門の貸し手との間で結ばれる。その場合、債務の扱いは二重経済の二つの部門間の関係に関わってくる。

何か問題が起きて債務の返済が不可能になると、誰かが損失を被ることになる。それは、債務が不良化する原因を作った当事者、債務契約の破綻に責任を負う者であるのが適切だろう。耳新しい

神話によると、債務契約が破綻する場合、非は常に借り手にあるそうだが、これはＦＴＥ部門の金融の部分が経済で重要性を増してきたためかもしれない。借りるべきでなかった借り手がはっきりと責められることもあり、それは暗黙の裡に借り手にコストとして割り振られている可能性もある。二重経済においては、銀行その他の金融機関は、低賃金部門の人が不良化した債務の支払い義務を持つとする理由をすべて詳細に説明する義務を感じない。

アメリカには二重金融体制があり、ＦＴＥ部門は一般に負債よりも資産が多く、低賃金部門は概して債務超過状態にある。ＦＴＥ部門は金融を大きな買い物や急な必要の際の手段とみなす。他方、低賃金部門は金融を重荷かある種の抑圧とみなす。服役につながりかねないからである。低賃金部門の多くの労働者が、緊急時に必要な数百ドルを工面できず、できれば手放したくないものを売るしかないと口にする。

住宅ローンの影響

住宅ローンを考えよう。それは自宅の所有者が家屋やマンションを担保にして確保する借金である。中位の労働者には、図２〔４ページ〕のような現象が一九八〇年代に進んでいたことや、すでに起きていたアメリカ経済の分断の進展が見えていなかった。むしろ、労働者の家族には、以前に身につけた支出習慣を続けることがますます難しくなっていた。図２でいえば、彼らは、成長する国民生産に占める以前のシェアが続いているかのように振る舞っていたのである。

これらの労働者は、収入が停滞するなかで、いかにして支出傾向を強め続けられたのだろうか。最大の資産である自宅に頼ったのである。家屋の価値は一九七〇年代に上昇し、公共政策はすべての人に持ち家を奨励した。価格が上がった自宅の抵当条件を変更して、それまで向上し続けた生活習慣を維持する原資にしたことは、あまりにも自然に見えた。

一九七一年の政策決定と同様に、個々の労働者の行動が経済全体に影響を及ぼすまでには少し時間がかかった。全体的な影響はまた、その後クリントン政権下の経済政策によって労働者の収入が再び一時的に上昇したため、十年ずれ込んだ。新しいミレニアムが始まってようやく、担保収入への需要増が住宅の総供給に追いついた。これは、二〇〇八年の金融危機で見事に崩壊した住宅ブームへとつながった。[*1]

住宅価格の下落と信用市場の崩壊は家計に膨大な債務をもたらし、しばしばそれは自宅の価値を超えた。住宅ローンの債務不履行は通常、各個人の問題とされるが、一九八〇年以降に所得比で倍増した家計債務の累積を後押ししたのは、税控除を通じた政府補助金、ファニー・メイやフレディ・マック〔連邦抵当金庫、連邦住宅金融抵当公社〕による住宅ローンの保証、そして労働収入の停滞だった。住宅ローン債務の累積は個人支出を妨げ、破綻後の消費支出を抑制した。その結果、二〇〇八年の金融危機以来、消費支出が低迷したため、雇用は低調だった。[*2]

救済されたのは銀行

住宅ローンの救済は、標準的な財政政策よりも繁栄を促進すると考えられる。なぜなら、それはもっとも支出を増やしそうな人々を助けるからである。このことを理解するには、支出が変化した場所を見るとよい。人口のうちもっとも貧しい五分位の人々の純資産は、危機で消滅し、以前の価値の四分の一以下までしか回復しなかった。やはり低賃金部門に含まれる第三・五分位の人々の純資産は、下落の後に上昇したが、いまだに以前の価値の四分の三にとどまっている。消費がもっとも落ち込んだのは、住宅価格の下げ幅が最大だった州で、これらの州では消費の回復もはるかに弱かった。*3

議会に提出された報告書を読むと、二〇〇八年の金融危機後の住宅ローン問題の救済計画が混迷した経緯がよくわかる。議会は、二〇〇八年に不良資産救済策（TARP）を認可する法律に住宅ローンの救済を含めた。政府は二〇〇九年初頭に住宅ローン条件緩和策（HAMP）という住宅施策を発表した。住宅ローンの条件緩和に資金が配分され、困窮した住宅ローン保有者はHAMPに救済を求めるように促された。しかし、その資金はごく一部しか利用されず、潜在的な住宅所有者はほとんど救済されなかった。問題は、HAMPに参加した銀行が、応募した住宅所有者の七割以上を拒否したことにあった。シティバンクはHAMPの要請のうち八七%を却下し、JPモルガン＝チェースは八四%、バンク・オブ・アメリカは八〇%を拒否した。住宅ローンを所有していた銀行は、政府の補助金があるときでさえ評価の減額を拒み、政府も彼らにこの義務を強制的に課すことはなかった。*4

これに驚いてはならない。HAMPは、損失状態にある債務者ではなく銀行を助けるように設計されていたからである。当時の財務長官ティモシー・ガイトナーは、「我々は、時間をかけて［銀行が］一千万件の差し押さえを処理できると見積もっている。この施策は滑走路に泡をまく手助けになるだろう」と認めた。飛行機が泡だらけの滑走路からは離陸できないように、住宅所有者はHAMPによっては累積債務から逃れられないのである。*5

銀行や他の金融機関を所有するのはFTE部門の人々である。それらは富豪あるいは富裕層でも特に裕福な一部に所有されている。こうした機関はさらにお金を増やす高度なしくみを持つが、より大きなリスクが彼らを傷つけないという前提があり、彼らの貸借対照表が黒字であるのは理論上だけの可能性がある。彼らの貸借対照表は二〇〇八年の金融危機で変化し、資産の一部がほぼ無価値であることが判明した時には赤字になった。不良債権の問題は、アメリカとヨーロッパ双方の銀行や金融機関に及んでいる。

教育債務の累積

第4章で説明した教育債務の話は似ているものの、こちらの債務は低賃金部門に集中している。公立大学への公的支援は一九八〇年代から減ってきた。不況その他で州が財政難に陥った場合、警察官を解雇するよりも高等教育への支援を減らす方が簡単である。州立大学用の公的資金は一連の削減段階を経て減ってきた。

公立大学がますます私立化してきていることは、「民営公共」矛盾語法が表現している。民営公立大学は存続のために授業料を徴収する必要があり、学生は学費の急増に直面した。その結果は、第4章で述べたように、学生の借金の肥大化である。

住宅と教育ローンは同じ問題の別の側面である。こうした借金の累積を促進したのは公共政策であり、住宅ローンへの補助や大学教育への公的支援の削減である。これらは低賃金部門の消費者に借金の重荷を課し、支出を抑制した。こうした借金を削減し、家計の純資産を増やす政府の政策の方が、伝統的な財政政策よりもアメリカに繁栄を取り戻すうえで効果的だろう。しかし、債務救済の諸問題はHAMPの困難が示唆している。政府はFTE部門の人々が動かしており、FTE部門の人々が所有・運営する組織に圧力をかけて低賃金部門の人々を助ける政策に関与させる意思・能力を欠いていた。

需要低迷の意味

膨大な借金や借金の返済を抱える人々はあまり消費しない。借金の返済は、消費に回していたはずの現金を奪い、借金は家族形成の努力に水を差す。住宅・教育関連の債務は多額に上り、国民所得に影響を与えている可能性がある。経済学者たちはアメリカの低成長の原因を論じており、それが供給不足なのか需要不足なのかを問うている。借金による消費低迷は、需要側の議論を補完する。[*6] 利子率の記録的な低さは二〇〇八年の金融危機以来、続いてきた。営利企業にとっては借入をして新たな工場や設備に投資する最高の時である。彼らが新たな投資を行わずに現金をため込んでいる理由は需要の低迷であり、新たな投資から利益が生まれないことを恐れているのである。需要低迷の原因は、住宅・教育ローンで膨大な借金を抱える人々が債務を返済すると、新しい物品の購入や家具の備え付けのための十分な資金が残らないことにある。経済成長は将来的に減速するかもしれない。技術革新や人口の低成長の問題が原因だ。経済成長が短期的に減速しているのは、低賃金部門の人々の債務救済を拒むFTE部門の方針が少なくとも理由の一端である。[*7]

総需要の増加は労働者に対する需要の増加、さらには低賃金部門の賃金上昇につながる。ケネディ大統領が述べたように、上げ潮はすべての舟を持ち上げる。それは二重経済においては緩慢だが、二重経済においても総需要は大切である。失業率の低さは、需要がしばらく低迷しているときには総需要の好ましい指標にはならない。なぜなら、失業率は積極的に仕事を探している労働者だけを数えるからである。経済が長期的に落ち込むと、労働者はやる気をなくし、実りのない職探しを止めてしまい、失業率に数えられなくなる。生産年齢人口のうち働いている人の割合を測る（労働）参加率の方が優れた全体像を示す。この参加率は二〇〇八年以来、下がっている。[*8]

国の責務――年金・医療拡大への抵抗

本章は個人の債務に焦点を当てた。しかし、この主題を離れる前に、国の債務について少し述べておくべきだろう。ここで私が言及するのは、超富裕層が減らしたいと考える、公表されている国の債務のことではない。それは問題ではなく、その債務の返済には連邦予算のごくわずかを要するのみである。むしろ、思い起こすべき重要なことは、低賃金部門に対する連邦政府の責任ある関与である。これらは、一九三〇年代のニューディール政策とその延長の産物であり、後者は近年、新ニューディール政策と呼ばれている。これらの責務は連邦政府が受け入れたもので、つまり、法制化され、裁判所によって維持されてきた。個人の責務とは異なり、現在こうした施策は問題化していないが、ＦＴＥ部門や特に超富裕層は政府の義務が果たされないように働きかけている。[*9]

二重経済が社会保障年金の論争に及ぼす影響がこの努力を示している。第6章での社会保障年金の議論は、有権者が実情を理解することの難しさを明らかにした。この議論の一部は明瞭かつ示唆に富む。現在、社会保障年金税は一一万八五〇〇ドルまでの賃金に課されている。この課税賃金の上限が撤廃されれば、社会保障年金の財政問題は解消する。上限が導入されたのは一九三〇年代で、ほぼ全賃金をカバーしていた。現在それはアメリカ経済の二部門の分断線上に近い。課税賃金の上限が取り除かれたら、それは主にＦＴＥ部門への増税になろう。高齢になって退職後の収入の維持を社会保障年金に頼るのは、主に低賃金部門の人々である。

この解決法は、容易でおそらく公平なため推奨できるが、政治的に困難である。FTE部門の人々は新たな課税に断固として反対する。FTE部門を支持する政治家は、下すべき決定の本質を曖昧にするため、破綻が迫っているという感覚に訴えかける。社会保障年金を建て直す最善の方法を冷静に議論する代わりに、受給者への給付の削減をめぐる、かなり熱い政治論争になる可能性が高い。以前に説明したように、何もしなければ結果的にそうなるだろう。

医療費負担適正化法の最近の経緯は、二重経済がいかに政府の政策を左右するかを示す別の例となっている。最高裁はこの法律を違憲と宣言するには至らなかったが、連邦政府は各州にメディケイドの拡大を強制することはできないとした。この施策の狙いは低賃金部門の人々の支援である。支援対象者の過半数をアフリカ系アメリカ人が占めるのは、二、三の州のみだが、この施策は彼らのためのものであると非難されている。最高裁判決を受けて、連邦政府が三年間は全費用を、その後は費用の九割を払うにもかかわらず、いくつかの州はメディケイドを拡大しないことにした。既述のように、無料の贈り物としてのメディケイドの拡大を拒否した州の地理を見ると、旧南部連合にミシシッピ川上流の数州を加えたものとなる。そして、医療保険会社大手のエトナは、競合他社の買収により市場での影響力を強化する動きが連邦政府によって阻止されると、医療費負担適正化法への参加を縮小した。[*10]

こうした経済政策は、FTE部門の指導者たちがいかに低賃金部門の人々のニーズを無視しているかを示す。最近の政治行動は、二重経済の浸透と、経済の分断がいかに人種と分かちがたく結びついているかを明らかにしている。一九六五年の投票権法の成立は、前年の公民権法が開始した人種統合を完成させるためであった。すべてのアメリカ人に投票権を与えれば、すべてのアメリカ人のためになる政策につながる可能性があった。それは、アメリカの民主化を後押しするはずであった。

投票権法は両政党の政権および議会の大多数によって再認可され続けたが、最高裁は「シェルビー郡対ホルダー」裁判の判決で、いくつかの（ほとんどが南部の）州が投票権の変更のために必要とした事前要件は、古いデータに基づいており、これらの州に憲法違反の負担を課しているとした。その結果、州によるさまざまな方法での投票制限が急拡大した。これらの行為は違法であると異議を唱えられてきたが、訴訟は当然、最高裁の決定に従わなくてはならない。[11]「シェルビー郡対ホルダー」裁判の最高裁評決は（ミリケン対ブラッドレー裁判と同じ）五対四で、主席判事ジョン・ロバーツが多数派に入っていた。ロバーツは、ニクソンに任命されたレンキスト判事の書記官を務め、レーガン政権に入り、二〇〇五年にブッシュによって最高裁判事に任命された。彼の経歴はニクソンの南部戦略と密接に関係しており、この一貫性は一九六〇年代の公民権革命の達成に対する巻き返しを続ける謀略の一部であると見てきた人々がいる。[12]

二重経済モデルによると、ＦＴＥ部門は低賃金部門とは独立に動く。もしもそれに加えて低賃金部門のかなりの人々が投票できないとしたら、低賃金部門の利益の無視は政治過程に反映されない。現在の趨勢は続き、おそらくは加速するだろう。アメリカは連邦制の性質を持つため、一群の州が投票制限を行うと、百年前と同じく、この一群は国政に対して強力な影響を与えうる。

教育・インフラより軍事支出の拡大

ＦＴＥ部門および超富裕層は、私たちには教育やインフラに費やす資金はなく、むしろ国の債務を削減すべきだ、ということを繰り返し主張する。彼らはレーガンを崇拝するが、彼が生み出した膨大な連邦債務は無視する。二〇〇八年の金融危機以降に生じた連邦債務の激減にもかかわらず、この宣伝の太鼓は鳴りやまない。しかし、先述のように、軍事支出はこの指令から免れている。十八世紀のように、国の機能は王国の護衛に制限されるのである。アメリカは三十年にわたって中東とその周囲で戦争に関与してきた。

アメリカの中東への軍事的関与を刺激したのは、一九七三年に石油価格を高騰させたＯＰＥＣの行動であった。二重経済をもたらした多くの政策の先駆者だったニクソンは、アメリカが安価な石油を確保するための「独立計画」を発表した。ジョージ・Ｗ・ブッシュは軍事的関与を劇的に増大させ、二〇〇三年にイラクに侵攻した。アメリカは三兆ドル以上を中東での戦争に費やしてきたが、終わりは見えていない。莫大な金を使い続けて中東に爆弾を落とすが、標的も最終目的もはっきりしない。それでも、ＦＴＥ部門の最富裕層は、囚人や都市部の学校の支援、インフラの修繕や改善、そして債務救済策に支出する金はないと言い続けている。[*13]

中東での戦争がすぐに終わる見込みはない。現段階の口火を切ったのは、二〇〇三年のジョージ・Ｗ・ブッシュによる意固地なイラク侵攻であった。「ＩＳＩＳはＡＱＩ（イラクのアルカーイダ）の拡張とみなすことができ、ＡＱＩは二〇〇三年のアメリカ主導のイラク侵攻とその後の過程が生み出したものだった。（…）この組織（ＩＳＩＳ）は、二〇〇三年のアメリカ主導のイラク侵攻後に拡大した地域の亀裂につけ込んできたのだ[*14]」。

しかしながら、アメリカの軍事行動は十八世紀のパターンからはかけ離れている。むしろそれらは「民営公共」矛盾語法の壮大な例になっている。アメリカの軍はその機能をますます民間軍事会社に外注しており、それらは一九九〇年以降に急成長してきた。ハリバートンの一部をなすケロッグ・ブラウン・アンド・ルートなどの約六千社が、二万人の民間人を雇って軍事機能を実施している。彼らの主な活動は建設と輸送だが、二〇〇五年までにイラクでほぼ千人の死傷者を出した。ケロッグ・ブラウン・アンド・ルートは一三〇億ドルのイラク関連契約を結んだと目されている。これは巨額であり、仮にアメリカ内の目的に向けられていたとしたら、例えば都市中心部の学校を大きく改善する効果をもたらすに十分だった。*15

この軍事行動を支えているアメリカの武器産業は、新兵器の開発や世界の紛争地域への武器の輸出に対する政府支出を奨励する。武器産業は第6、7章で述べたあらゆる手段を用いて自らの利益を追求する。彼らは軍事行動を促進するシンクタンクを財政的に支援し、議員の選挙活動に寄付をする。先述したように、政治権力に至るこうした経路は多くの人の目に見えておらず、シンクタンクの名前からは資金源がわからない。しかし、彼らの実効性は政治の投資理論をさらに支持する証拠になっている。*16

最近の雇用の増加は、海外の軍事行動ではなく国内での活動に対する支出の効果である可能性を示す。中所得の仕事は、図4にあるように長年ゆっくりと増えていたが、二〇一三年から二〇一五年にかけては高所得・低所得の仕事よりも速く増加した。雇用の増加は「主に教育、建設、交通・輸送、社会サービスで生じた」。中位所得は二〇一五年に五%以上上昇し、増加は黒人、白人、ラテン系、そしてアジア系の家族に見られた。実際、二〇一〇年から二〇一五年にかけて、中位賃金は以前の不況からの回復期よりも急速に上昇した。ＦＴＥ部門が国内の活動を支持していたら、中間層の消滅は長期的趨勢が示唆するほど急激ではなかっただろう。[*17]

Ⅳ

比較と結論

第13章 比較——技術変化と国際化のなかのアメリカ

アメリカは独特なのか?

本書で私は、アメリカの経済がアーサー・ルイス流の二重経済の性質を持つようになったと論じた。経済の順調な部分はＦＴＥ部門と呼ばれ、おそらくは本書の読者が住む世界であり、しばしばアメリカ経済全体と見なされる。しかし、低賃金部門と呼ばれる低調な経済がアメリカ経済の最大の部分を占めるのである。中間層の没落によって、経済にはこれら二つの部分が残り、ＦＴＥ部門によるＦＴＥ部門のための政策が支配している。

本書の焦点はアメリカだが、アメリカは独特なのだろうか? ここでは焦点を広げて、アメリカの二重経済モデルが部分的に他の国にも当てはまるかを確認する。格差の拡大はアメリカに限られないが、他の国では政治が異なり、一部の国でのみ政治が経済の諸力を二重経済に分断した。三つの命題を検討しよう。第一に、世界（国家間）の所得分配は、本書で論じた期間、つまり一九七〇年代から現在にかけて、より平等になっている。第二に、アメリカの低賃金部門の所得の低迷は世界を舞台にしても明らかである。第三に、国内の歴史的文脈で下された政治的決定を理解しなければ、最初の二つの命題の違いを明らかにすることはできない。

国内の格差と国家間の格差

この不一致を理解するため、まず国内の格差を国家間の格差と区別しよう。本書が考察するのはアメリカ国内の格差であり、ここで初めてアメリカを世界に位置づけてみる。国内の格差は多くの国で拡大したが、国家間の格差は世界的に縮小した。したがって、総体として、世界の格差はここ数十年あまり変化しなかったが、格差の発生場所は変化している。

所得分配の最上位層と最下位層の動向を区別すると便利なことは、アメリカについてすでに主張した。国家間の格差が縮小した主な要因は、経済成長が中国とインドの貧しい人々を助けたことにある。他方、国内の格差の主な原因は、最富裕層の所得上昇である。[*1]

最富裕層は金融・技術・電子部門の成長により所得が増加した。彼らは国内で成功すると同時に、国際的な商取引にも従事したからである。グローバル化は金融・産業活動の範囲を拡大し、いかなる個人的活動も領域が広がった。アメリカ企業は世界中に活動を広げるとともに、現地取引先の協力を得て新たなビジネスを設立した。国内の政治的決定は、一部の国で格差の拡大を抑制した。国家間の格差の程度を決めるのは、経済的決定と政治的決定の両方である。[*2]

最貧困層にとっては、アメリカの低賃金部門について言及したグローバル化の力が、労働者をいっそう国際競争にさらすことになった。それに加えて、技術変化によって機械が半熟練労働者の仕事をこなせるようになり、工業国では同様に労働者が分断されている。

ヨーロッパとの比較——技術変化と移民の影響

図6は、図4におけるさまざまな職種の成長の分析を欧州各国に拡大したものである。欧州では、

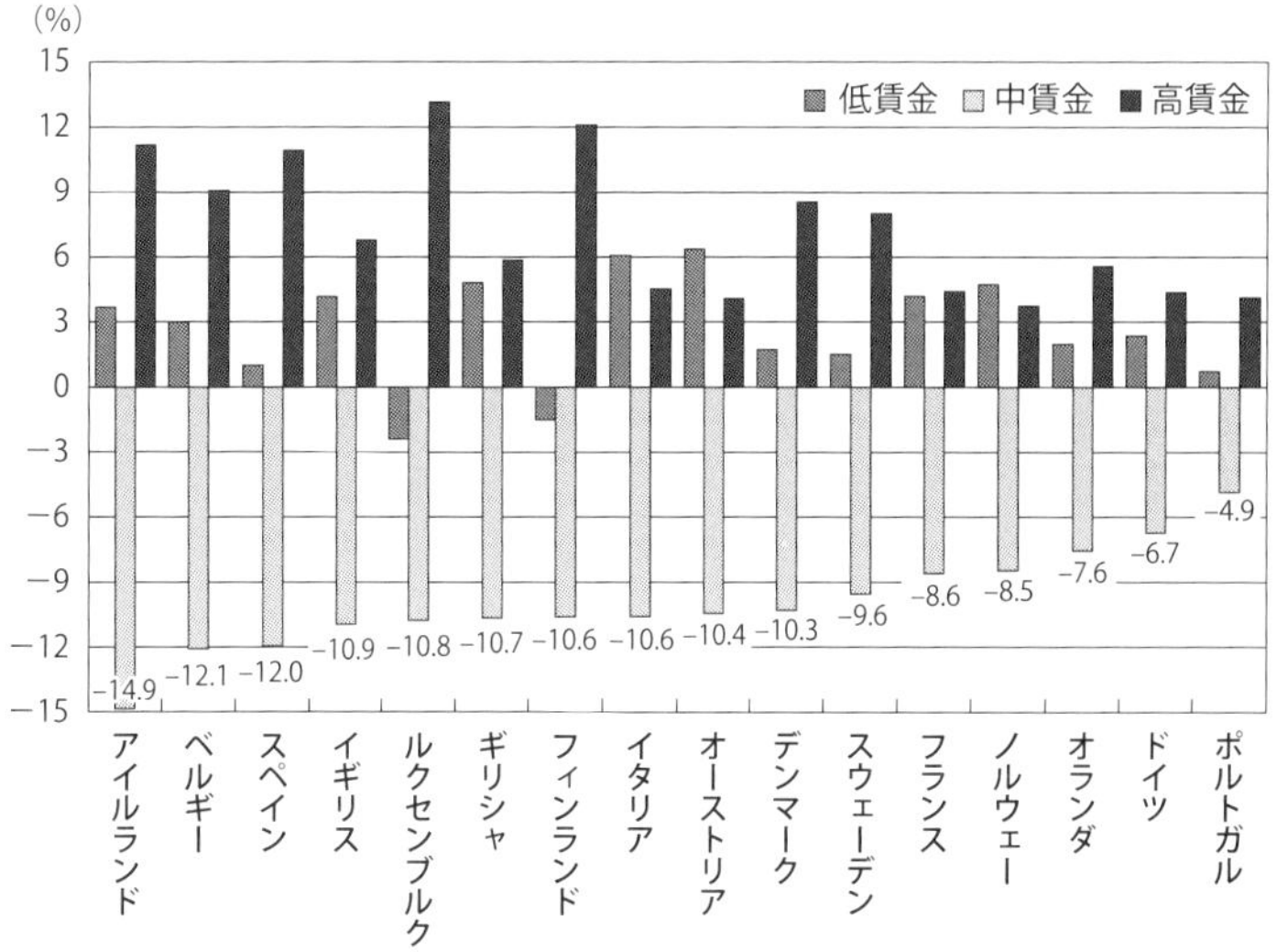

図6　欧州連合16ヵ国（1993年〜2010年）における低・中・高賃金の職業シェアの変化

出典：Goos, Manning, and Salomons 2014

アメリカよりも「くぼみ」効果が強い。仮にアメリカを図6に加えるとしたら、右端に近く、技術が中間レベルの職種に与える影響は小さい方であろう。新技術の影響はアメリカよりも欧州で強く、欧州で高給の職に就く労働者の割合は二〇一〇年に三分の一をわずかに超えた。欧州の数ヵ国では、労働需要の変化が非熟練労働者に与える影響が政治的決定によって緩和されたのだ。所得分配への効果は、経済的・政治的決定の双方に影響を受けた。*3

図4と図6の比較は、アメリカにおける政治的選択の力を明示する。職種の分布の変化はアメリカでは相対的に小さかったが、格差の拡大は相対的に大きかった。本書のこれまでの章は、アメリカ独自の歴史がア

メリカに二重経済をもたらした経緯を示した。欧州ではいかなる国も、アメリカほど長きにわたってアフリカの奴隷（のちには他の方法でアフリカ系アメリカ人）を従属させる努力を続けた歴史を持たない。人口を異なる集団（我らと奴ら）に分断するアメリカの試みがなければ、富者と貧者の経済は二重経済に分裂しなかったかもしれない。二〇一五から一六年にかけてのシリア難民の欧州への大量流入は、回避措置が採られなければ、アメリカの分断と似たものを生み出す可能性がある。個々の国を調査しなければ、経済的・政治的要因が各国内で作用したしくみの解明はできない。

この説明により、アメリカは一人当たり所得で（スイスとノルウェーを除き）世界の頂点に立てるものの、社会進歩の指標では一六位にある理由がわかる。これは一覧表にある一三三ヵ国のなかでは依然として高位だが、基礎的な人間のニーズ、福利の基礎、機会の指標では他の富裕国より目立って低い。FTE部門だけを見るデータがあったら、社会進歩は一人当たり所得の順位に間違いなく近かっただろう。しかし、低賃金部門の得点ははるかに低く、国全体の指標を引き下げている。例えば、アメリカは子供の貧困率の国別一覧表で非常に順位が低く、それは北欧諸国の二倍を超え、スペインやメキシコの比率に近い。[*4]

グローバル世界での格差

別のグラフが世界的に見た米国の理解に役立つ。図7は、二〇〇八年の世界金融危機までの二〇年間を通じた個人所得の伸びを、相対所得の異なる集団ごとに示す。釣鐘型でないことは明らかで、むしろゾウのように見える。このグラフは、多くの国で行われるルクセンブルク所得調査・世界銀行調査・地域の出典に統合された家計調査の結果を示す。地域や通貨の異なる調査の比較は困難を

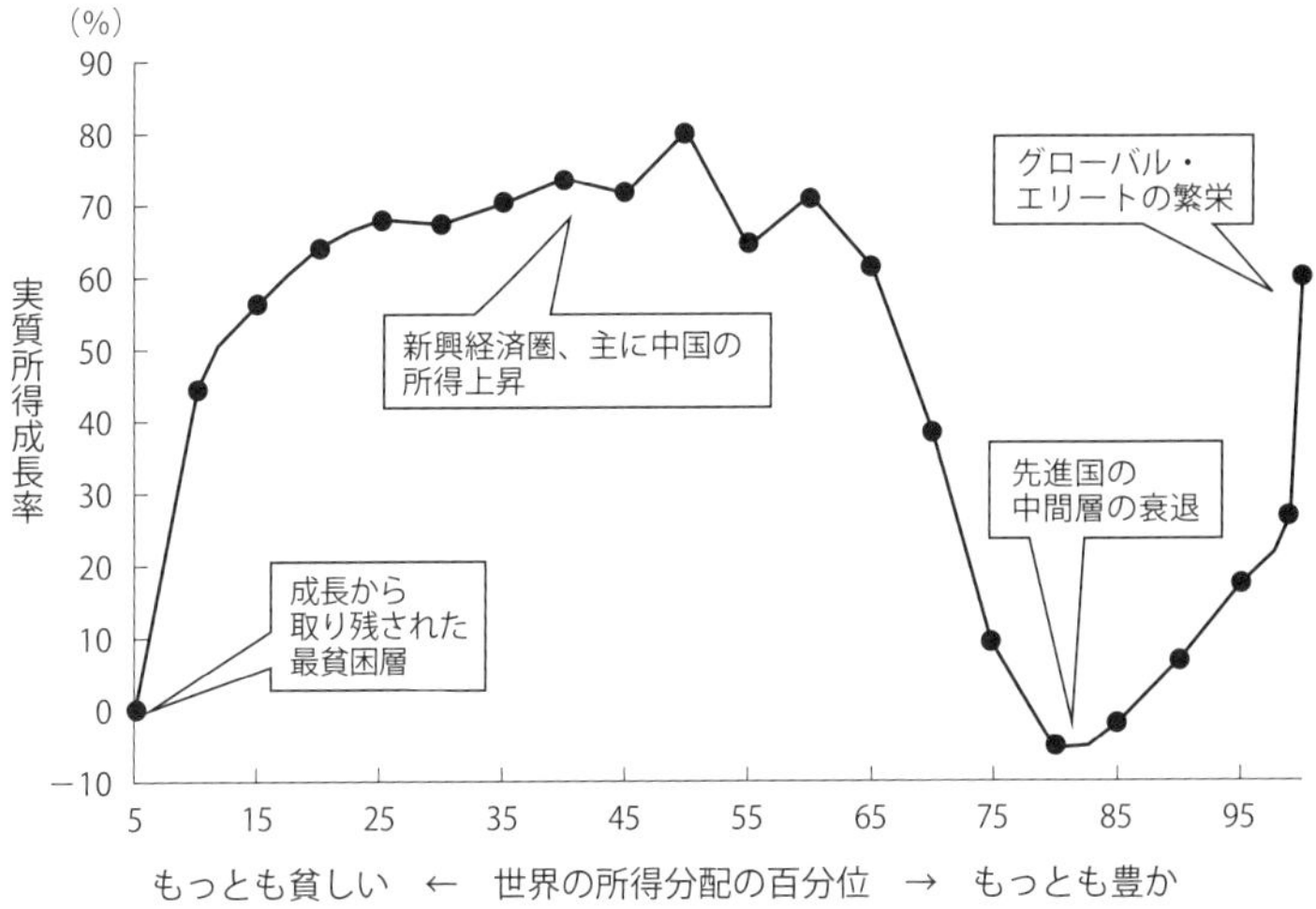

図7　世界の所得成長率（1988年〜2008年）

出典：Milanović 2016（説明は筆者）

伴うが、図に示される大筋は明らかに見える[*5]。

　ゾウの腰から背中の部分は、中国、インド、より小さな国での所得の伸びがいかに各国の個人間の所得格差を縮小しているかを示す。ゾウの後ろ足の部分は、最貧困層（多くがアフリカ在住）がこの伸びから取り残されていることを明かしている。ゾウの鼻の部分は、より裕福な国の推移を示す。図7の右上端の高い点は米国その他の最富裕層の所得の伸びを表し、低い点は米国など裕福な国の労働者の賃金の停滞を示している。

　この対照を確かめるひとつの方法は、米国の低賃金労働者と中国の高給労働者の最近二〇年間の経験の比較である。米国人の収入は低迷したが、中国人の所得は急上昇した。一九八八年に大差のあった二つの集団が、二〇〇八年までにはかなり近づいていたのである。ブランコ・ミラノビッチは、この比較における敗者を「先進国の下位中間層（下層中間階級）」と呼び、次のように議論を要約した。「技術変化とグローバル化はこのように互いを包み込んでいる」[*6]。

アンソニー・アトキンソンは、イングランドと欧州における格差を論じた著書で同じ考えを示していた。「技術変化とグローバル化という双子の力が（…）富裕国と途上国の労働市場を急激に再編しており、賃金分布の格差拡大につながっている」。アトキンソンは続いて第3章で表明された見解に同意している。「技術進歩は自然の力ではなく、社会・経済的決定を反映する。企業、個人、政府の選択は、技術の方向性、したがって所得分配に影響を与えることができる」[*7]。

第14章 結論——公正な社会のための行動計画

本書は、中間層が消えてルイス・モデルが描くような二重経済が残された経緯を述べてきた。FTE部門は概して自らのために政治的決定を下し、低賃金部門のニーズを無視して、税率を低く抑えようとする。ルイスが述べたように、FTE部門の「資本家たち」は営利活動に豊富で安価な労働力を提供するため、低賃金部門の賃金を低く抑えることを望む。

アメリカで下された決定の一部は、大量投獄・居住隔離・選挙権剥奪などによって低賃金部門を沈黙させた。こうした抑圧的政策を正当化したのは人種レトリックであり、第5章で説明したように、人種というものが存在し、人種差別が保証されるという信念であった。低賃金部門には約八〇%のアメリカ人が含まれるが、アフリカ系アメリカ人は人口全体の一五%でしかない。たとえ黒人全員が低賃金部門であったとしても、少数派でしかない。それでも、低賃金部門を押さえつけるための政策は、低賃金部門の人は黒人であるという主張によって合理化され、人種レトリックがそれを補強する。低賃金部門の過半数が白人であることは、政治的議論に影響を与えないようだ。近年、ラテン系移民が低賃金部門の黒人に加わり、白人の比率を過半数ぎりぎりに押し下げている。

難しい階層移動

低賃金部門の人がＦＴＥ部門への上昇を試みる経路は教育しかない。ＦＴＥ部門に入る格好の機会をもたらす技術の獲得のために教育の過程をうまくこなすことは、いくつかの理由で困難になっている。低賃金部門では社会資本が失われて、この移行を実現できるほど人々が長く教育を受け続けることは難しい。また、ＦＴＥ部門の方針が、名高いアメリカの教育制度を大きく損なっており、ＦＴＥ部門への橋渡しが可能な学校に通える低賃金部門の人はごく僅かである。このことは、二十一世紀初頭に人種隔離が進んだ黒人の学校の失敗と概念化されているが、損失が及ぶのは人口の一部にとどまらない。学校の失敗は、黒人同様、低賃金部門の白人やラテン系の人々にも影響を与える。格差の拡大とともに、社会の流動性が低下している。

低賃金の白人は、二〇一六年の政治的混乱〔アメリカ大統領選挙〕までは公共政策にほとんど登場せず、静かな絶望の生活のなかで死に至る人が増えていた。教育水準の低い中年の白人男性の死亡率は、薬物とアルコール依存、自殺、慢性肝臓疾患・肝硬変により上昇した。他の全集団・年齢の死亡率は長期的低下を続けており、低賃金の白人の死亡率上昇との対照は際立っている。教育水準の低い白人、ＦＴＥ部門への移行を実現しなかった人たちの死亡率の増加幅は最大であった。*1

二〇一六年の大統領選は低賃金部門の怒りを明らかにし、助長した。共和党候補〔当時〕のドナルド・トランプは、低賃金部門の白人に苛立ちと絶望を表明するように訴えかけた。この選挙戦以前は、貧しい白人は見えざる巻き添え被害に遭っていたが、彼らの怒りはトランプが演説した会合を席巻した。候補者が、「多数派少数派」矛盾語法をほのめかし、聴衆にアフリカ系アメリカ人やラテン系移民に対する優越感を植え付けると、暴力が刺激されたのかもしれない。民主党の造反候補者バーニー・サンダースは、低賃金部門の別の集団に訴えかけた。ＦＴＥ部門へ移ろうとする人たちである。第4章で述べたように、彼らはほとんどが失敗し、巨額の学生債務に対処せねばならなかった。この眠れる巨人を起こそうとする試みがアメリカにいかなる影響を与えるかはまだ誰にもわからない。[*2]

ＦＴＥ部門による支配

ＦＴＥ部門は自らのための計画を作成し、通常、低賃金部門のニーズは無視する。これを確認できる政策分野は、医療、公教育、大量投獄、インフラ投資、二〇〇八年金融危機以来の債務削減である。一九七〇年代以降、医療と公教育の両分野への人々の支持は低下した。主にアフリカ系アメリカ人が恩恵を受けるからというのが通常の根拠である。一九七〇年以降にアメリカに入国した多くのラテン系住民は、当初は貧しく、学校は同じだった。公教育によって低賃金部門の人々がＦＴＥ部門に移ることがますます少なくなるにつれて、大量投獄は新たなジム・クロウの役割を果たし、黒人と（より新しくは）ラテン系住民によるアメリカ社会への全面参加を妨げた。国のインフラが維持・更新されず、経済再生のために住宅バブル崩壊後に支払い不能となったローンの減免が行われなかったことが示すのは、ＦＴＥ部門が低賃金部門から分離され、直接自らの利益になる物事以外には（たとえ経済全体を利する間接的効果があろうとも）出費を渋るということである。[*3]

図3に示される人口のトップ一％は、不釣り合いなほど大きな影響を経済政策に及ぼす。ＦＴＥ部門の他の人々に輪をかけて、トップ一％は増税に抵抗し、政府は政府支出を削減すべきであると主張する。一％の人々によると、政府債務こそ本書で論じるいかなる問題よりも大きい。

彼らの対応策は、政府施策への支出のさらなる削減である。*4

経済の分断の原因は、部分的には賃金分布の空洞化と結果的な中間層の職の破壊にある。労働経済学の専門家デイビィッド・オーターは、技術進歩は続き、雇用形態は進化すると主張した。彼は低賃金部門を、産業革命期に機械の導入に反対した手工業労働者（ラッダイト）になぞらえ、工業化が結果的には彼らの賃金を上昇させたと指摘した。しかし、「空腹の二〇年代」（ラッダイト運動が盛んだった一八二〇年代）から半世紀を経なければ英国の賃金は上昇を始めず、多くの政治的変化も伴った。アメリカにとっての危険は、二重経済と人種レトリックの組み合わせが、二重経済を永続させる政治的決定につながることである。技術変化とグローバル化の諸力がアメリカ経済を近い将来に再統合することは難しいだろう。*5

現代は多くの点で一九三〇年代に似た危機の時代である。ジョン・デューイは、新たなルイス・モデルで中心的役割を果たす近代教育の哲学者であり、一九三五年に『リベラリズムと社会的行動』として出版された一連の講義は、この議論に決着をつける明確な方途を提供する。デューイによれば、十九世紀に台頭したリベラリズムは、ヨーロッパ文明で幾世紀もかけて蓄積されてきた個人の行動への制約に対抗して、それを破壊するための個人的行動の理論だった。しかし、この観念は工業化の初期には実り多い変化につながったが、そうした変化は後にはまさにリベラルな行動の成果によって時代遅れとなった。第一次産業革命の特徴であった小規模生産は、一世紀前にその座を第二次産業革命の巨大営利企業に奪われた。社会の一般的条件としての希少性は、アメリカでは豊かさに取って代わられた。不安は、経済的進歩に対する刺激から、絶望に至る条件に変わった。現在、安心の促進が民主主義の成功の印になっていることは、第8章で描いた通りである。

この新たな文脈で、デューイは述べた。「リベラルな精神を特徴づけるのは、求める模範の自画像である。それは、すべての人の心・精神における個人的成長のために実質的な自由と機会を可能にするような社会組織である。今、必要なのは、確実な物質的保証が、大切な目的のための前提条件になっているという認識である」。この見解は、ピケティが『21世紀の資本』でより正確に言い換えている。彼によると、二十世紀の社会国家の基礎は、すべての人への教育・医療・年金の提供にあった。こうした引用にある「すべての人」は、人種・ジェンダー・所得を問わずすべての人を意味すると私は考えている。*6

五つの勧告

今日の環境でこうした目的を達成するため、私は五つの行動を提案する。現在の政治状況でこれらを成し遂げることは難しいが、今、開始して、拡大できる行動計画にはなる。たとえ最初の一、二の勧告しか実行できないとしても、他の勧告に向かう出発点としては十分だろう。

1. 公教育の復興・拡大のため、就学前および早期教育、家族の参加、校舎の再建に焦点を当てる。
2. 資源の投入対象を変えて、大量投獄と機能不全の学校による低賃金部門の抑圧から、すべてのアメリカ人の人的資本および社会資本に投資する。
3. 放置され老朽化するインフラを修繕し、低賃金部門を圧迫する住宅・教育債務を減免する。
4. 「民間公共」矛盾語法を拒絶し、真に民主的な政府を目指す。
5. 「多数派少数派」矛盾語法を拒絶し、アメリカの多様性を大切にする。

公教育——特に就学前教育の充実

第一の勧告は、アメリカのすべての子供に良質な就学前教育の機会を与えることから始まる。「ヘッドスタート」プログラムは、早期教育が非常に実り多いものであることを示した。これはアメリカの二重経済に変化を起こすうえできわめて重要である。というのも、先述したように、教育はあらゆる個人の便益となり、聡明な学生が革新を起こす大人に育つにつれて、国全体の便益となるからである。

しかし、早期教育の便益が継続するには、成長する子供たちに教育制度が刺激と教育を与え続けなければならない。早期教育は教育の出発点でしかない。低賃金部門が現在受けている教育をすべて改善する必要がある。二重経済における教育はたんなる子供向けの施策ではないということを認識する必要がある。教育への責任ある関与は抑圧的政策を放棄すればより容易になり、五つの勧告は相乗効果を生む。学校改革だけを行っても、永続的効果は得にくい。都市部の学校は、低賃金と失業がもたらす社会の解体の有害な影響を相殺する必要がある。就学前教育により、本のない家庭の三～四歳児に読み書きを教えなくてはならない。生徒に優しいこの方法は、これまでに判明している学校の最善のやり方と、貧しい家庭・子供のための追加的資源と組み合わせることができる。後者は三〇年前に勧告されていたことである。

公立大学も財源見直しが必要である。州立大学への公的支援が少ない現在の制度は、学生による借入と教育債務の拡大につながっている。早期・幼児・初等・中等教育への支援を増やす必要があるように、州立大学への公的支援を維持して、当初の意図であった、すべての人への大学教育の提供を目指す必要がある。そうなって初めてアメリカの教育制度は統一的な制度にまとまり始める。

大量投獄から社会投資へ

第二の勧告は、全体として貧しい白人・黒人の両者を抑圧するような一連の政策を逆転させることである。良い教育の機会を奪われる男性の多くは、失業と犯罪行為に運命づけられる。彼らは刑務所に入り、子供は一人親の家庭で成長する。少年は不在の父親のような男性に育ち、この循環が繰り返される（女性にもリスクはあるが、男性の方が逮捕される頻度が高い）。このパターンを解消するには、同時にいくつかの局面で働きかける必要がある。地域・州の警察や裁判官による、黒人男性の大量投獄や差別的逮捕・有罪率に終止符を打たねばならない。重罪犯の子供たちの教育を改善し、釈放された重罪犯を労働力に再編する必要もある。さらに、都市政策を再考して、まだ実現していない統合された居住空間を目指さなくてはならない。

最初の二つの勧告は、同じ硬貨の両面である。アメリカの教育が一般化されるためには、大量投獄を放棄せねばならない。そして、大量投獄が貧しい地区で育つことの不可避的な結果でなくなるには、都市部の公教育が郊外の学校の質に追いつかねばならない。こうした変化の組み合わせは、白人・黒人・褐色人種のアメリカ人を同様に利するものである。前述したように、政治の議論はアフリカ系アメリカ人に焦点を当てるものの、貧困は肌の色を問わず子供の成長に影響を与える。そして、多くの白人アメリカ人は貧しいので、こうした改善は、アフリカ系アメリカ人とラテン系移民の合計よりも多くの白人アメリカ人に影響を与える。

インフラの整備

第三の勧告は、アメリカのインフラの更新で始まる。二〇一六年の大統領選では両候補ともこれを実施すると約束した。都市の改善とともに仕事を提供することは、低賃金労働者を助けるはずだと主張したのである。この過程は長期を要し、短期的・長期的便益の双方をもたらす。短期的には、超富裕層が懸念するように、連邦債務を増やすかもしれないが、この増加はアメリカ経済への投資とみなすべきである。うまく行えば、良質な投資が企業の成長を助けるように、経済の成長を助けるはずである。

この勧告は、二〇〇八年の金融危機後に労働力から脱落した多くの労働者に仕事を提供できるだろう。先に説明した問題に苦しむ世帯の所得上昇は、二〇〇八年金融危機からの回復をより多くのアメリカ人に行き渡らせるだろう。短期的便益は、道路・橋梁・公共交通の改善が都市機能を向上させるにつれて、より長期の便益に転じる。良質なインフラ自体は経済成長の主役ではないが、あたかも潤滑油のように、民間経済を助けて経済成長を刺激する。

債務の減免

低賃金部門の累積債務の免除も経済成長を刺激するだろう。この種の債務は一九七〇年と二〇〇八年以降に急増した。それらは低賃金部門を圧迫し、消費の力を削ぐ。この点をめぐる政治はインフラ政治よりもさらに難しい。インフラでは増税すればよいが、債務はほとんどが民間金融機関に対するもので、銀行や他の貸し手が（完済されなければ）債務減免に応じなくてはならない。これはいかなる解決をも難しくすることがわかっている。

第四の勧告は、アメリカが二重経済モデルでルイスによって描かれたような国に転落しつつあることを認識し、それを逆転させることである。民主的な政府こそ所得の上昇や市民の安全にとって最善の道具であることを認識しなくてはならない。私たちは物理的・教育的な資本ストックを驚くほど蔑ろにしてきた。民営化が国をひとつにすることはない。民間企業は公的機関とは異なる目的を持っている。民主的政府の道具を用いなければ、すべての市民が潜在能力を発揮できるようにはならない。今日、政府が怠慢に見えるとしたら、それは政治的・経済的支援が不足しているためである。より大きな財源の割り当てが、政府の政策を強化し、士気を高める。

社会の分断から統合へ

政府が出資する経済支援、特に低賃金部門の支援はさらに難しくなった。それは、二〇一〇年に最高裁が「シチズンズ・ユナイテッド対連邦選挙委員会」判決で、金銭を言論と見なし、超富裕層が政治で支配的な役割を果たすことを認めてからであった。政治の投資理論がこの新たな枠組みで本領を発揮した。第7章で述べたように、コクトパスはまとまりを欠く民主党よりも素早くシチズンズ・ユナイテッド判決を利用して、数名の保守派知事と多数の保守派議員を選んだ。既存の政府プログラムの維持は困難となり、新たな施策への取り組みはなおさらである。

最後の勧告は、一九六〇・七〇年代の「第二再建期」を再生して、アメリカ社会の統合への道を指し示すことである。その意味は、ここで焦点となっている二〇・四〇年間よりもはるかに長い、三百年のアメリカ史の超克である。第一に、「シェルビー郡対ホルダー」裁判で下された、投票権法の効力を削ぐ二〇一三年の判決を議会か最高裁が破棄しなければならない。寡頭形態のアメリカ政府をより民主的なものにすれば、すべての市民の完全な市民権に向けた力強い刺激になるだろう。

このことは、アメリカの複雑な過去を理解するための国民的対話を始める助けとなるはずだ。アメリカは当初、奴隷制に基づいていた。しかし、もはや人々を従属させる奴隷制を容認せず、アメリカに奴隷はいない。それでもなお、私たちはアメリカ人奴隷の子孫を抑圧している。それよりも、アフリカ系アメリカ人、ラテン系住民、そして他の移民たちを地域と学校に統合していかなくてはならない。そうした生徒・学生を教育して、非凡な個人が才能を開花させ、私たち全員に恩恵を与えられるようにすべきである。

これは難しい注文であり、アメリカの政治構造は機能不全に見える。第10章で論じたように、早期教育が二重経済における部門間格差の解消に向けた鍵である。教育は階層移動につながる。教育は早期に始めなければ、貧困や家族崩壊による問題を克服できない。*7

包摂的・民主的な社会へ

たとえ公正な社会の探求に向けて大きな前進を遂げることができなくても、教育はすべての人の便益となり、目指す価値はある。アメリカが多くの経済活動の最前線にあった理由のひとつは、創造的なアイデアを持つ人が多く存在するからである。人間がアメリカでは他の国よりも賢く生まれてくると信じる理由はまったくない。しかし、アメリカですべての人が自らの創造力を生産的に活用するための十分な教育を受けるならば、すべての人が恩恵を受けることになる。創造的で有用なアイデアを生み出す機会に恵まれる人が増えるであろう。もっとも裕福な人でさえ、金融資産のための安全な場所を要する。強いアメリカは価値を保存するための安全な場所を意味する。*8

学校についてより多くを知り、教育への資源配分を増やす際には、学校と協力することができる。道は長いが、よい開始方法である。デューイが一九三五年に気づいたように、リベラリズムは今、ラディカルになるべきであり、多くの制度の現状は徹底的な改革を必要とすることを認識しなくてはならない。すべての子供にほぼ平等な人生の出発点を提供することを目指すべきであり、そのために学校や、親が不在か能力に欠ける場合には早期教育プログラムがある。公正な社会はすべての人に完全な社会参加の機会を与えることを目指し、低賃金の家庭の子供への早期の助言や指導は、アメリカを公正な社会に近づける[*9]。

こうした変革の実現は、W・アーサー・ルイスの世界から包摂的で民主的な新しい社会モデルへの移行を意味し、長期的な過程になるだろう。本書で描いたように、私たちは四十年以上にわたって墓穴を掘り続けてきた。はい上がるには多年を要するだろう。ただし、墓穴にいると気づいたときにまず行うべきことは、穴掘りを止めることである。

エピローグ――トランプ氏の経済的帰結

マルクスは言った。歴史は繰り返す。まずは悲劇として、それから茶番として。『なぜ中間層は没落したのか』は、一九六〇年代の公民権運動に対してニクソン、レーガン両大統領が先導した反動を描き出す。このエピローグでは、バラク・オバマ大統領時代に対するドナルド・J・トランプ大統領の反動を描く。あらゆるアメリカ市民に平等な機会を提供しようとする画期的な努力に対するこの反応が、これほど危険でなかったなら、茶番として済ませられるのだろうが。[*1]

トランプ政権という反動

私が『なぜ中間層は没落したのか』を脱稿したのは二〇一六年の九月であった。それ以降の趨勢は本書で予想していたが、変化がこれほど速いとは予想しなかった。もっとも重要な進展は、中間層が消え続け、FTE部門は引き続き低賃金部門を顧みずに傷つけ、アメリカの民主主義が消滅しかけていることである。二重経済モデルは現状を理解する助けとなる。[*2]

この反動の速さは、トランプ大統領が政治の世界に初めて足を踏み入れたときから予想できたのかもしれない。彼は、オバマ大統領はアメリカ生まれではないため資格（適法性）がない、とする

「来歴論」を主張していた〔51ページ訳注参照〕。トランプがオバマの資格に異議を唱えたのは、オバマが初のアフリカ系アメリカ人大統領だったからである。公民権運動以来の慣例通り、婉曲表現であったが意味は明白だった。アフリカ系アメリカ人にふさわしい地位は、ヨーロッパ系アメリカ人の下であり、上ではない。さらにトランプは、公然と嘘をつくことを厭わず、嘘を指摘された後でも自らの立場に固執することを示した。オバマの出生をめぐる嘘が役に立たなくなって初めて、それが間違いであったことを渋々認めた。そしてトランプは国中の注目を引くためならば何でもすることを示した。彼は何十年もの間、注目を浴びることに病みつきで、地方から全国に影響を広げる方法をテレビの経験から学んでいた。こうした特徴のすべてについて、トランプの在任初年に多量の証拠があった。

トランプは、二〇一七年八月一二日にシャーロッツビルで流血を伴う抗議が行われた直後にもこの教訓を繰り返した。彼はデモの後、クー・クラックス・クラン〔白人至上主義の暴力的秘密結社〕とネオナチを支持して人種差別意識を露呈したが、このときは婉曲表現すら用いなかった。ロバート・E・リー〔南北戦争時の南部連合の英雄的将軍。彼の彫像の撤去が事件のきっかけとなった〕をジョージ・ワシントンやトマス・ジェファーソンと同列に扱い、あたかも彼ら全員が合衆国の建国者であるかのようにうそぶいた。彼は独立戦争と南北戦争を混同した。南北戦争は彼が夢想する白人だけの国を建国する戦いだと考えたのかもしれない。そして間違いなく世間の注目は彼に集まり、シャーロッツビルの抗議活動中に亡くなった市民運動家へザー・ヘイヤーからは離れた。[*3]

最高裁を政治化

第8章は二〇一六年の選挙結果を予見していたといえる。上院がオバマの指名した最高裁判所判事候補の承認を前例のない十ヵ月間にわたって審議拒否したことは、金権政治、もっといえば専制政治へ向かう動きであると私は主張していた。トランプは就任後、ミッチ・マコーネル上院議員（院内総務）が最高裁判所の空席を長い間維持したのちに、議事妨害者を一掃する「核オプション」（最終手段）を発動して、最高裁判所判事にニール・ゴーサッチを承認したことを祝福した。ゴーサッチは、トランプによって最高裁判所判事に選ばれる前に、保守的なフェデラリスト協会に推薦されていた。フェデラリスト協会に資金を提供する財団はチャールズおよびデイビィッド・コークとつながりがある。彼らの無政府主義的な活動は第7章に記した。[*4]

共和党優位の上院によるこうした行動は裁判所を政治化し、共和党の武器にした。アメリカの民主主義の健全性を脅かす二つの重大な決定、「シチズンズ・ユナイテッド」判決（二〇一〇年）と「シェルビー郡」判決（二〇一三年）は、永久にとはいわずとも、当面の間は裁判所で覆されないだろう。「シェルビー郡」判決は、各州が貧しい市民や少数派の市民の投票を難しくすることを容認し、FTE部門による支配を強化・支持した。「シチズンズ・ユナイテッド」判決は、選挙での資金の役割を拡大し、「政治の投資理論」を強化・支持した。資金を言論と同列に扱い、低賃金部門から選挙権を奪うことによって、共和党寄りの最高裁はアメリカの二重経済の安定性を確保した。[*5]

本書へのQ&A

さらに詳述するため、短期の視点から長期へと進み、まずはトランプの選挙と就任後の数ヵ月に焦点を絞って、それから消えゆく中間層の今後数年間の見通しを概観する。しかしまず、『なぜ中間層は没落したのか』について講演したときに挙がったいくつかの質問に答えよう。

1. Q：なぜモデルを使ったのか？　A：モデルは現実を単純化し、より複雑な現実の理解を深めるための洞察を提供する。多くの人がアメリカの社会と政治の二極化に言及してきた。私はこうしたさまざまな観察事実を理解する鍵として所得の不平等の増大を指摘しており、モデルは本書で読者がさまざまな要素を結び合わせる方法を提供する。ノーベル賞受賞者のロバート・M・ソローは、「過度な単純化は、それが経済学者の仕事でなかったなら、悩みの種だったであろう」と述べた。モデルを使ったことで『なぜ中間層は没落したのか』のメッセージが明瞭なものとなり、読者を混乱させていないことを望んでいる。[*6]

2. Q：なぜ二重経済のルイス・モデルを使うことにしたのか？　A：ルイス・モデルは発展途上経済の進展を分析する楽観的なモデルである。私はこのモデルを逆に使って、先進国の経済が第三世界の経済に変化する悲観的な見方を示した。現在のアメリカに住む富裕層は、不気味なほどルイス・モデルの資本家に似てきており、低賃金部門を顧みず、酷使している。さまざまな州で投票権を制限しようとする現在の動きは、アメリカをさらに二重経済に近づける。

3. Q：アメリカの退行は、ルイス・モデルを使った描写にどのような影響を与えるか？　A：この質問に答えるために、ルイス・モデルを三つの命題に要約する。（a）低賃金部門の人々は

ＦＴＥ部門に入ることを熱望する。（b）ＦＴＥ部門の人々は低賃金部門について無知で、敵対的である。そして工業生産の拡大に利用する安価な労働力を得るため、低賃金部門の賃金と生活条件を低く抑える。（c）今日、ＦＴＥ部門の技術進歩によって労働需要が減少したため、ＦＴＥ部門の人々は低賃金部門の賃金を低く、生活条件を厳しく抑え、人種的少数派と女性を抑圧している。最後の命題のみ、私がモデルを適用する際に修正されている。

4．Ｑ：人種差別と性差別は、アメリカのルイス・モデルにどう位置づけられるか？　Ａ：ＦＴＥ部門は、人種差別と性差別を利用して、低賃金部門の抑圧への合意をアメリカの有権者から引き出そうとする。ＦＴＥ部門の主張によると、第Ｉ部で説明したように、黒人と女性が社会政策を利用して、苦境に立つ白人男性労働者から仕事を奪っている。二〇一六年の選挙でこのメッセージを使って連邦政府と多くの州政府を乗っ取ったＦＴＥ部門は、低賃金部門を貧困から守るために二十世紀に構築されてきた政策の解体に向かっている。

5．Ｑ：軍隊を拡張する提案はルイス・モデルにどう関係するか？　Ａ：軍隊は産業構造の残余物であるとルイスは説明する。軍事利用のための工業生産の増加は、低賃金部門の状況は改善せずにＦＴＥ部門の利益となる。現代の軍隊にも人手がいくらか必要であり、アメリカの志願兵制度は、低賃金労働者を説得して入隊させるために、低賃金と貧しい生活条件を求めている。軍隊の拡張は、ルイス・モデルにおける資本主義的生産拡大の現代版である。

大統領選と初期のトランプ政権

二〇一六年の選挙とトランプの任期初年に移ろう。まず述べたいのは、選挙での彼の勝利が地滑り的ではなく接戦の末であり、彼が何度も力説したよりもはるかに僅差だったことである。各州での得票の過半数に基づいて大統領を選出する選挙人団におけるトランプの得票差は、アメリカ史上、五八回の大統領選のうち四六位だった。一般投票での得票差は、データがある四九回の大統領選のうち四七位だった。一八七六年のラザフォード・B・ヘイズと一八二四年のジョン・クインシー・アダムズのみ、一般投票での得票率はトランプよりも低かったが、それでも大統領になった。[*7]

これらのランキングは二〇〇〇年のジョージ・W・ブッシュの大統領選を彷彿させる。彼も選挙のランキングはかなり低く、選挙人団の得票では五二位、一般投票では四五位だった。どちらの選挙でも、結果的に投票者の過半数を得なかった大統領が選ばれた。どちらの選挙後にも、一部の人の投票が無視されたという証拠が出て、民主党は同様に抗議した。民主党は最初の結果を無理に覆そうとはせず、支持していた政策よりも新しい大統領への円滑な移行を優先した。例えば、投票のため人々を並んで待たせることは大きな負担となり、時間給で働く人の所得を減らし、貧しい有権者の投票を阻害する。さらに、いくつかの調査によると、ウィスコンシン州の投票者ＩＤ法は二〇一六年の投票をかなり抑制し、この州でのトランプの勝利を大幅に助けた。[*8]

二〇一六年の民主党は、労働者を支援するオバマの提案を共和党優位の議会が可決せず、時には審議さえ拒否したことを、低賃金部門の白人に対して説明することができなかった。議会は、アメリカの二重経済におけるＦＴＥ部門の役割を果たし、低賃金部門の人々のための政策への出費を拒んだ。理由は、第7章で述べたように、これらの政策が国家債務を増やすからである。しかし、鍵を握る共和党議員たちは突然、債務をまったく恐れないことをトランプ就任前に発表した。劇的な反転により、共和党自由議員連盟の多くが二〇一七年一月五日、レーガンと（ジョージ・W・）ブッシュの減税を上回る富裕層への減税を通じて財政赤字を急増させ、二〇二六年までに公的債務を二九兆ドル以上にまで増やす予算措置を支持する用意があると発言した。提案が出されたのはのちのことであったが、財政タカ派はやはり抗議しなかった。[*9]

富裕層への減税（および低賃金層への少額の減税）は、両大統領の共和党財政政策の一部だった。他の部分は軍事費の増加であり、同時に、減税は経済成長の加速を刺激して連邦予算は均衡すると言った。これは裏付けとなる根拠のない共和党の主張である。一九八〇年代に経済は期待されたほど急速には成長せず、レーガンの赤字の解消には二十年を要した。ブッシュの政策は二〇〇八年の金融危機につながり、連邦政府の債務を増加させた。レーガンは軍備の増強から大規模な戦争に至ることをなんとか避けたが、ブッシュによる二〇〇三年のイラク侵攻は致命的だった。トランプが辿る道筋を知るには時期尚早だが、彼は毎朝の〔機密情報を含む〕国際情勢の状況報告を無視するというブッシュの慣行を踏襲している。[*10]

金権政治

オバマが提案したのは、子供の養育費税額控除の拡大、コミュニティ・カレッジへの投資、給付付き勤労所得税額控除の拡大、個人年金（退職金）積立制度変更して転職後の継続やパートタイム労働者の加入を可能にすること、そして製造業地域向けの税額控除だった。これらの提案はすべて議会に無視された。一見明白な措置、例えば多数の長期失業者に対する連邦緊急給付の継続も阻止された。医療費負担適正化法案が成立した後、一九の州（ほとんどが共和党知事）がオバマのメディケイド拡大計画を拒否した。そしてオバマが提案した二〇一一年アメリカ雇用創出法案も成功しなかった。これは、給与税削減と、何千もの建設雇用を創出するとされた新しいインフラ銀行の組み合わせで、他の経済的給付を伴っていた。超党派で、裕福なアメリカ人や一部の企業への増税で完全に賄われるような設計だったが、議会への到着と同時に頓挫した。[*11]

オバマの提案がすべて拒否された理由が債務の増加ではなかったとしたら、それは何だったのか？　FTE部門は税額の抑制を望み、さらに低賃金労働者の所得の向上を拒んだ。そして人種差別により議会は黒人大統領の提案を拒絶した。ただし、第一の理由は二〇一七年には第三の理由に取り込まれた。税額抑制という理由はまた、既存の税金の本性が理解されれば破綻する。現在の法人所得税は三五％であり、ポール・ライアン議長は一〇％の引き下げを希望しており、トランプ大統領は二〇％の引き下げを望んでいる。しかし、フォーチュン五〇〇の企業が払っていたのは平均で二〇％強だった。これらの大企業のうち一八社は法人所得税をまったく支払わず、五分の一の企業は実効税率が一〇％未満だった。[*12]

さらに一貫しているのは、先に説明したように、アメリカの選挙における資金の役割の拡大である。FTE部門の上位層の人は下位層の人よりも政治的に活発で、政治目的に充てる資金をより多く持っている。二〇一六年の選挙の結果、知事と州議会の両方を含めて三分の二の州が共和党の支配下に置かれた。国の注目は大統領選にあったが、「シチズンズ・ユナイテッド」判決はFTE部門のトップが全国の州と地方政府を支配する道を敷いた。超富裕層が州の政治資金を支配する限り、私たちは金権政治の国に住んでいることになる。[*13]

人種差別の再燃

ヒラリー・クリントンは二〇一六年の一般投票でトランプよりも約三〇〇万票多く得票し、他方、ドナルド・トランプのミシガン州、ペンシルベニア州、ウィスコンシン州での勝利は僅差であった。先に述べた投票への障壁に加えて、農村の白人の票は都市の票よりも重みを持つ。なぜなら、都市の多くのアフリカ系アメリカ人が農村の刑務所に大量投獄されているからである。囚人は刑務所の所在地の住民に数えられるが、投票は認められていない。現在、白人の農村住民は、州議会選挙の集計の際に投票しない奴隷一人を「五分の三」人と数えた憲法上の妥協の恩恵を受けていた南北戦争前の奴隷所有者のようである。[*14]

ほとんどが白人であるFTE部門は、人種レトリックを口実に利用して、白人が三分の二を占める低賃金部門への恩恵を拒否する。これらの白人労働者はトランプの支持者であり、彼らは自らの生活を改善する施策よりも少数派の低賃金労働者に対する優越感を重んじる。これは、南北戦争以来見られた人種差別的行動の最新版であり、「再建」、黒人の「大移動」、「ブラウン対教育委員会」判決、公民権運動、そして初の黒人大統領オバマの選出に対する反動である。こうした動きは、社会福祉政策への反対に使われた「多数派少数派」のような矛盾語法を表す。[*15]

ロシアによる選挙干渉

ロシア政府はトランプ候補を利するようにアメリカの選挙に干渉した。彼らは共和党と民主党の両選挙陣営の通信に不正侵入したが、民主党の内部通信だけを公表している。アメリカの諜報機関は次の結論に達した。「我々は、ロシアのウラジーミル・プーチン大統領が二〇一六年にアメリカの大統領選を標的にした干渉作戦を命じたと確信している。その一貫した目標は、アメリカの民主的プロセスに対する国民の信頼を傷つけ、クリントン国務長官〔当時〕を中傷し、彼女が当選して大統領になる可能性を減じることだった。さらに、プーチン大統領とロシア政府はトランプ次期大統領を明らかに好むようになったと考える」。二〇一六年の選挙に対するロシアの干渉は、西側の民主主義の混乱を目指すロシアの長期計画の一部である。徹底的に調査する価値はあるが、政権と議会は証拠の精査に消極的であった。[*16]

煙が立ち込めているが、火事があったのか、つまりトランプの選挙チームとプーチンのロシアが積極的に協力したのかは決してわからないかもしれない。トランプは調査を遅らせるためFBI長官のジェームズ・コミーを解雇した。彼はこの異例の動きにでたらめな理由を挙げ、後になってようやく、FBI長官が自分とロシアの結びつきを調査していたことが原因だと認めた。これは司法妨害だったのか？　共和党議員はこの質問に答えたくないようだ。

しかし、新たな情報が出続けている。どの諜報機関がロシアの干渉を報告したかについての詳細、コミーを解雇するトランプの手紙の最初の草稿、そしてトランプがプーチンに二〇一六年の選挙への干渉を否定させた後、ロシア、ポーランド、サウジアラビアという独裁国家の政策にアメリカの政策を調和させる意向を示したこと、などである。偽のロシア企業が流したフェイスブック広告、ツイッターのメッセージ、ユーチューブ動画は、民主党全国委員会から盗まれた電子メールに人々の目を向け、ヒラリー・クリントンを攻撃した。これらのメッセージを発信した企業は、それぞれ一億二六〇〇万人、一三万一〇〇〇人、千人以上に届いたと推定した。二〇一六年の選挙は、国内では投票が抑制され、海外ではロシアの干渉を受けており、公正であったとは信じがたい。[*17]

ニクソンとトランプの比較

本書の主な筋書きの起点はリチャード・ニクソンの行動だった。彼の行動をドナルド・トランプの行動と比較すると、この政治的変化を説明できる。アメリカはニクソンの時代には「人治ではなく法治の国」であった。彼の違法行為は辞任につながったからである。トランプ政権で、アメリカは法治ではなく人治の国になった。

法の支配とは、国が個々の政府役人の恣意的な決定によって統治されるのではなく、法律が国を統治すべきであるという法原理である。これは、特に（政府役人を含む）人々の行動に対する制約としての法律の社会的影響力と権威を主に指している。この語句は、ジョン・ロックが法の支配下の自由を定義した十七世紀の英国に遡ることができる。「自由は自然状態と政治社会の双方で法による制約を受ける。（…）人は、（一）法律が禁じていないあらゆる事柄において自らの意思に従い、（二）無節操、不確実、未知、そして恣意的な他人の意思に服さない、権利または自由を有する」[*18]。法の支配は、立法者自身を含めてすべての市民が法に従うことを意味し、第8章で説明したような、支配者が法の上にあり、すべての住民を気遣わない、寡頭制や独裁制とは対照的である。

トランプは家業を放棄したわけではなく、合衆国憲法の「報酬条項」に違反した可能性が高い。外国の高官がトランプのホテルやリゾートに滞在するたびに利益相反が生じる。トランプは自分の子供に会社の経営を委任して、のちに彼らを顧問に任命し、利益相反を拡大して、トランプ・オーガニゼーション〔トランプ一族が経営する株式非公開の複合企業〕流の家族経営をしているようである。トランプはまた、同様の個人的利害を持つか、そのためのロビイストであった多くの人を、内閣や関連部署に任命した[*19]。

FTE部門は全体としてこの「民営公共」という矛盾語法に加担し、議会はこうした取り決めのすべてに同調している。報道が提起した私益と報酬条項の問題を正式に調査する気はほとんどないように見える。第Ⅲ部で描いた、多くの政府機能を民営化する動きはホワイトハウスにまで達している。我々は現在、独裁者が他のあらゆる人を犠牲にして家族や仲間の私腹を肥やす金権政治国家に生きているように見える。

トランプはまた、ニクソンがほぼ五〇年前の一九七〇年代にしたように、連邦政府の姿勢を包摂から排除へと変えた。全国民を有権者として歓迎する代わりに、投票機会の制限に向かっている。きっかけは二〇一三年の最高裁の「シェルビー郡対ホルダー」判決で、州政府と連邦政府の双方がこれを加速した。トランプが提案したメキシコ国境の壁により、人種関係は排除の方向に向かっている。ジェンダー関係も同様で、大統領は医療専門家による中絶議論を禁止し、全米家族計画連盟〔中絶擁護派〕への資金援助を停止している。[20]

人種レトリック

私は第5章で、アメリカの人種差別〔私はよくこれを人種レトリックと呼ぶ〕を経済的に擁護する議論を紹介したが、それは二十世紀半ばに起源を持つ。四半世紀後に、尊敬すべき植民地史家エドマンド・モーガンは、第5章で説明したオスカーおよびメアリー・ハンドリンの研究で主張されたほど奴隷制を労働組織として選択する経済的根拠は明らかでないと論じた。モーガンによると、南部の農園主は、奴隷の使用を正当化するために人種差別を採用したのである。「人種差別はバージニア州で、イングランドの男性が〔…〕口下手な下層階級に対して感じた〔…〕恐怖や軽蔑を取り込んだ。（…）そして、インディアン、ムラート、黒人をまとめて除け者階級に束ねることで、バージニア州民は同様に大小の農園主をまとめて支配者階級に束ねる道を用意した。」モーガンは著書の結びで、この奴隷意識は南北戦争以降も生き続けていると主張して、問いかけた。「平等な人々の国は、もとから貧困層と黒人に対する軽蔑という不備を伴うものだったのか？　アメリカは今でもバージニア植民地の拡大版なのか？」[*21]

二冊の近著が、モーガンの修辞疑問に明瞭な肯定で応答した。一冊は、共和党による南部白人の獲得よりも、南部による共和党の獲得と語る方がよいと主張する。一九六〇年代の公民権運動への反発は不可避ではなく、むしろ共和党内での南部の優位から生じた偶発的現象だった。もう一冊によると、「貧困層と黒人への軽蔑」を助長したのは経済学者ジェームズ・M・ブキャナンだった。彼は十年以上バージニア大学で教鞭を執り、政治経済のバージニア学派を確立し、一九八六年にはノーベル経済学賞を受賞した。ブキャナンによると、政府とは私的利益間の競争の場にすぎず、公共のためになると信じることはできない。彼はコーク兄弟と協力して、公的機関に対する人々の信頼を貶め、本書の焦点である所得と富の不平等の拡大から人々の注意をそらした。[*22]

ブキャナンは、一九七〇年代初頭のチャールズ・コークによる秘密裡の無政府主義的行動に知的根拠を提供した。ブキャナンによると、南北戦争後および大恐慌中の連邦権力の拡大は、「存続可能な連邦主義」を破壊し、「憲法上の無政府状態」を生み出した。財産の所有権が脅かされ、それはアフリカの奴隷とそのアメリカ人子孫の所有権を含んでいた。人種レトリックは彼の出版物では暗示にとどまった。それが露見したのは、十年後にブキャナンがノーベル賞を受賞したときで、彼はこの名誉ある賞を受賞した最初の南部人であり、自分はほとんど南部の大学だけで働いてきたと述べた。彼の受賞はノーベル賞の右への急旋回と見なされた。[*23]

アメリカを再び「偉大な」国に

トランプは、大統領としてのエネルギーの大部分をアフリカ系アメリカ人前任者の遺産の抹消に捧げた。共和党議員は、オバマの二期目に彼が署名式を行う機会を与えることを拒否し、オバマは自らの構想を実現するため、大統領令に頼った。共和党議員の間で意見が分かれ、トランプはオバマよりも立法上の成功を収めることが難しくなり、オバマの法令を破棄する大統領令を出して、あたかも立法上の勝利であるかのように祝った。

トランプが任命した閣僚や他の高官は超富裕層出身である。この集団の計画はオバマの業績の抹消にとどまらない。彼らの目的は、二十世紀に達成された連邦政府のすべての進歩を逆転させることにあるように見える。アメリカをサウジアラビアやロシアといった独裁体制に変える努力をしているようで、トランプは相互承認を得て両国を訪問した。両国の体制は収奪政治とも見なされ、独裁者の友人や家族が独裁者との密接な関係から経済的利益を得ている。それらは、FTE部門のごく一部が低賃金部門とFTE部門の一部をも収奪する二重経済のように機能する。ブキャナンに関する本の著者ナンシー・マクリーンが最近述べたように、「共和党は現在、妥協とは汚い言葉であると固く信じる集団に支配されている。大義は自由だと彼らは言う。しかし、その意味は、私有財産権を政府の手から保護することだ」。そして「民主主義は経済的自由にとって有害だった」。[*24]

トランプ政権は連邦政府の内政における活動を減らしつつ軍事予算を増やし、外交政策を指揮するのは軍人である。他国の指導者と交渉するのではなく、トランプは武力で脅す支配を試みているようだ。軍事支出はうまく調整されているようには見えない。トランプは核戦力の拡大を口にするが、軍艦は船員の疲労や訓練の不調（資金不足の徴候）に起因する事故を起こし続けている。[*25]

政治とカネ――金融界との癒着

内閣にはゴールドマン・サックスのメンバーが五人含まれており、トランプ政権がFTE部門の、FTE部門による、FTE部門のための政治を行うことを示唆している。二〇〇八年の金融崩壊の際にゴールドマン・サックス出身の財務長官ハンク・ポールソンがとった行動は、低賃金部門を犠牲にして金融業界を救い、トランプの大統領選出を助けた不満を引き起こした。ゴールドマン・サックスや他の大手銀行は、二〇一〇年のドッド・フランク法〔オバマ政権が導入した金融規制改革法〕の廃止に向けたロビー活動に懸命で、二〇〇八年の金融崩壊の再現をお膳立てしている。[*26]

ロバート・マーサーとその娘レベッカは、一貫してトランプの選挙戦を支援した超富裕層の一族である。彼らは、ブライトバート・ニュース〔オルタナティブ右翼を代表するアメリカのメディア〕のスティーブン・バノンをトランプに推薦し、トランプは彼を新設の主席戦略官に任命した。トランプは、二〇一七年八月にシャーロッツビルで暴動が起きた際、彼に白人至上主義者を支持し続けるように勧めたバノンを解雇した。バノンは退任に際して自らを「野蛮人バノン」と呼んだ。コーク家とマーサー家の争いが姿を見せ始めている。[*27]

要するに、アメリカ人の生活の不平等は二十一世紀にも増大し続けている。所得の不平等は拡大し、人種レトリックの影響が広まってきた。連邦の官僚組織は、オバマ政権の進歩の取り消しと保守的な社会的課題の推進に向けて方向転換されている。アメリカの民主主義は危機に瀕している。

私は近年の政府活動の効果を分類して、第Ⅲ部の各章を更新し、（もしも本書を書き直すとしたら含めていたはずの）アメリカの二重医療制度を変革する最近の試みを描く。その後、二重司法、教育、居住、金融制度を検討する。[*28]

皆保険への攻撃

共和党は議会の両院を支配していたが、トランプ大統領の任期最初の六ヵ月間はいかなる重要法案も成立させることができなかった。彼らは二〇一七年の春に医療費負担適正化法（オバマケア）の廃止と差し替えを必死に試みた。上下両院で共和党は法案を提出したが、通過しなかった。下院は一本の法案を僅差で可決し、上院は二度目の採決でも一票足りず、通過させられなかった。これらの法案の骨格はすべて同じだった。二千万以上の人から医療を奪い、それを財源に富裕層向けにわずかな減税を行うため、金融商品から二〇万ドル（夫婦の場合は二五万ドル）を超える収入を得る人の投資収益に対する三・八％のＡＣＡ（医療費負担適正化）税を撤廃するものである。しかも、いくつかの法案は、すべての人がスポンサー付き保険契約を購入する義務を廃止するため、無保険状態を続けることへの罰則を撤廃し、できるだけ大規模な保険プランを目指す政府の施策の壊滅を狙うものだった。[*29]

最後から二番目の上院の法案は、メディケイドを受給権（資格）から包括的補助金に変更するものであった。つまり、連邦政府は、提供された医療ではなく補助金の額に従って州に金銭を供与することになる。これは、包括的補助金の削減および廃止により、ニクソンが導入してレーガンが実行した財政連邦主義だった。今日も当時も、それは社会政策を緩慢な死に至らしめる過程である。

その後、トランプは重要な法案がまったく可決されないとして、マコネルを攻撃した。[*30]

最後の医療法案は二〇一七年の九月に審議入りし、可決に必要な上院議員の数が五〇から六〇に増える月末の締め切り直前の速やかな可決が目指された。この法案は以前の法案より極端で、民主党員よりもむしろ頑固な共和党員に訴えかけるように考案されていた。それは医療費適正化法とメディケイドをまとめて包括的補助金の形で州に移管する提案だった。これにより各州は短期的に既存プログラムの消費者保護から手を引くことができ、議会が方針転換して包括的補助金を更新しない限り、十年で連邦の財政支援が終了するのである。前述のように、これはニクソンの新連邦主義がレーガン政権下で辿った運命とは違う。この法案は各州に自前の施策を二年で設計するように要請したが、それは従来の医療制度の構築に要した期間よりはるかに短かった。さらにこの法案は、連邦補助金の廃止により、健康な個人の参加の強制、持病のある人々の保護、貧困者向けの医療助成を否定するものだった。共和党は九月中の法案通過に必要だった迅速な票集めに失敗し、法案は廃案となった。それでも少なくとも来年〔二〇一八年〕はACA関連法の不確実性は高まるだろう。[*31]

オバマケアのゆくえ

廃案となったこの法案が極端だったのは、巨額の共和党献金の結果である。彼らは、法改正に含まれていた減税を上院が可決できなかったことに憤慨していた。すでに強調したように、FTE部門は低賃金部門のための支出を望まない。彼らは、一五億ドルの減税案に加えて、オバマケアの廃止による利益を望んでいる。そして減税がもたらす経済成長の過度に楽観的な予測が外れた場合にも、たまたま自分たちに発生する所得の伸びのほぼすべてを要求するのである。[*32]

共和党はACAをどのように置き換えるかについて一貫した考えを持っていないが、訴訟から、法案の一部だったが最高裁が任意としたメディケイドの拡大の拒否に至るまで、多くの方法で攻撃を続けている。その結果、二〇一八年時点でACAの運命は不確実であり、保険会社は将来の支払いの枯渇に備えるため、保険料を引き上げている。[*33]

トランプはACAから医療を受ける貧しい人への補助金も削減した。彼によると、医療法は破綻し、民主党には代案の交渉以外に選択肢はなかった。民主党議員は、議会予算局に補助金削減の影響を尋ね、医療保険料は翌年二〇％上昇し、連邦財政赤字はその後一〇年で一九四〇億ドル増加することが判明した。費用削減ではなくACAを枯渇させるこの計画は、個人と政府の双方に大きな負担を課す。トランプ政権は宣伝費や加入促進費を削減し、これも保険プールを減らすことによる費用の増加につながるだろう。[*34]

医療をめぐる議会での戦いは、現在のアメリカにおける二重経済モデルの力を明らかにする。すべての市民に配慮する民主主義国とは異なり、FTE部門は他者を配慮せず、通常は雇用主を通じて医療を受ける。第Ⅰ部で説明したように、FTE部門は安価な労働力を利用し志願制軍隊を維持するため、低賃金部門の人々に損害を与えたいと考える。政治を支配するFTE部門の最富裕層は、すべての市民が直面するリスクを軽減するような民主的政府を支持するのではなく、無政府状態の促進を望んでいる。第Ⅱ部で説明したように、人種差別と女性蔑視が、貧しいアフリカ系アメリカ人、ラテン系住民、および女性の医療を減らすために使われている。医療に関する論争は、経済のさまざまな部門に見られる二重経済の影響の描写（第Ⅲ部）によく当てはまる。

黒人の大量投獄

第9章で説明したように、大量投獄が急増したため、アメリカは西欧の民主主義国というよりも東欧や中東の独裁体制に似るところまできている。しかし、この問題は二〇一六年の選挙戦では政治的議論の的にならなかった。近年、アメリカの囚人の数は安定しており、大量投獄は新たな均衡に落ち着いたといえるため、この一見バランスの取れた状態から抜け出すのは難しいだろう。

大量投獄はニクソンの「薬物との闘い」とともに始まった。その経過はニクソンの内政担当補佐官であったジョン・アーリックマンが一九九四年に鮮明に描いている。

「ニクソンの一九六八年の選挙戦とその後のホワイトハウスには、二種類の敵がいました。反戦左翼と黒人です。わかりますか？　戦争反対や黒人であることを違法にはできないと承知していましたが、ヒッピーからマリファナ、黒人からヘロインを国民に連想させて、その二つを厳しく非合法化することで、彼らのコミュニティを混乱させることができました。指導者の逮捕、自宅への手入れ、集会の解散、毎晩の報道で彼らを中傷することができたのです。薬物について嘘をついていた認識はあったかといえば、もちろんありました」。

これがアメリカにおける大量投獄の起源であり、その標的はニクソンの時代から今日に至るまでアフリカ系アメリカ人であった。[*35]

連邦制定法は州法において拡大され、「三振即アウト」法から、少量のマリファナ所持に対する厳しい罰則までにわたった。さらに州法は司法手続きを裁判官から検察官に移した。つまり、法廷から、検察官が容疑者に圧力をかけて司法取引に持ち込む取調室への移行である。厳しい最低量刑が脅威となり、検察官は、仮に容疑者が保釈に失敗して長期服役の可能性があるものの獄中の惨めな生活を望まない場合には、罪状を軽減するという選択肢を持つ。権力の移行を助けたのは財政の方式だった。検察官の費用は地方自治体が払い、刑務所の費用は州が負担する。刑務所行きは検察官の懐を痛めない。「被告が罰せられるべきかを陪審員と裁判官が決定するのではなく、誰が最寄りの刑務所行きにふさわしいかを検察官が決定するのである」。最低量刑の厳罰化は検察官に利用されて、被疑者が減刑（より短い服役）を嘆願するように説得する脅しとして機能した。囚人数の増加の主因は、刑期の長さよりもむしろ有罪判決の増加だった。「刑事司法制度において、検察官ほど強力であるか刑務所の拡大の中心となる人物はいない」[*36]。

両政党が異なる時期に関与した立法措置が大量投獄をもたらした。投獄率を減らすための協力の可能性は高そうに思われるが、二重経済では見通しは明るくない。投獄削減は常に何らかのリスクを伴い、政治家は非常にリスク回避的である。刑務所の費用を減らして他の政策の財源にしたいと考える人々もいるが、この目標の達成や浮いた予算配分のための提案はあまり多くない。

犯罪学者のトッド・クリアは次のように述べた。

「アメリカの収監は、貧しいコミュニティ出身の若く貧しい（圧倒的に少数派の）男性および（それ程ではないが）女性に集中している。こうした若者が、刑務所と拘置所という制度を循環して、コミュニティに戻っていくあり方は、結果的にかなりの二次的被害を残す。家族は混乱し、社会的な絆や他の形態の社会的支援は弱まり、健康は脅かされ、労働市場は縮小する。そして何よりも重要なのは、人的資本や社会資本が枯渇して子供たちが非行に走るリスクにさらされることである。ある点を超えると、高い投獄率の二次的影響は、こうした地域の犯罪を増やす一因となるようである。犯罪は、人々が犯罪に対してこれまで以上に厳しい対応を求める引き金となる。犯罪の顔がますます有色人の顔になっていることは、人種と犯罪が密接に結びついているという人々の漠然とした感覚を助長する。人種と正義の政治は悪性の共存関係にあり、自立的で自己を正当化する方法で、刑罰対象者の新たな供給を保証するような政策基盤を拡大し続けているのである」。[*37]

大量投獄の現在の均衡に達するまでに三十年以上が経過した。より短時間で抜け出すことはできないかもしれない。そして現在の政策は楽観を許さない。ジェフ・セッションズ司法長官〔二〇一八年一一月に辞任〕は均一の最低量刑を支持し、検察官にもっとも厳しい訴追を要求し、軍の余剰装備品の警察への譲渡を再開した。またトランプ大統領は、容疑者の輸送の際に「あまり快適に」しないようにと警察に強く要請し、声高な反論を呼び起こした。[*38]

犯罪の問題と移民の問題

連邦の移民・関税執行局は、すべての連邦刑法執行機関の合計を超える金額を支出し、司法の意見聴取を待つ人々を収容するが、その施設はしばしば民間の営利刑務所企業である。大量投獄が概して市民を収容するのに対して、こうした施設は移民を監禁する。焦点は黒人よりラテン系の人で、「薬物に対する闘い」とは概ね別であるが、生来の犯罪者という心象を強化し、アメリカ内の司法・刑務所改革の問題を複雑にしている。[*39]

トランプ政権はこれら二つの制度の区別を曖昧にしている。なぜなら、移民法違反で訴えられる収容者が急増しており、政権は既存の刑務所内に場所を探さなくてはならないからである。不法入国で訴えられる移民は、政府の行動を待つ収監者として大量投獄の一部になりつつある。ただし、そうした移民は民事手続きの最中にあり、最終的に国外追放となる可能性があるが、裁判を待つ囚人は懲役刑の可能性のある刑事手続きの最中にある。

クリントン、ブッシュ、オバマ政権は、抑留移民の処遇に特定の要件を加えてこれら二つの集団を区別しようとした。そうした基準の文書は四〇〇ページを超え、例えば抑留者が利用できるトイレの数を指定した。トランプ政権はこれらの要件を廃して、(施設が「清潔で修繕が行き届いて」いるかといった)一般的質問の短いリストに置き換え、移民に居住施設を提供するために刑務所を運営する地域の職員を説得した。この変更は、営利目的で刑務所を運営する企業にも魅力がある。抑留移民の半数以上が民間刑務所に収容されており、その割合がはるかに低い刑事収容者とは対照的である。刑法違反と移民法違反の容疑者を区別しない約三〇〇人の収容者を抱えていたオハイオ州のある保安官が言ったように、「刑務所は刑務所だ[40]」。

低賃金部門の大量投獄と非常に対照的なのが、FTE部門のホワイトカラー犯罪者の処遇である。この種の犯罪はアメリカの司法制度からほぼ消え去った。二〇〇八年の世界金融危機ののち、企業の役員が起訴され、裁判を受け、有罪になることが予想された。罰金が支払われ、金融危機調査委員会は検察に数十の案件を提起したが、起訴、裁判、実刑はなかった。ジェシー・エイジンガーが最近説明したように、「ひとつの調査を見送ることは理解できる。すべてを残さず見送りにするとなると、何か別の意味がありそうだ[41]」。

監査法人アーサー・アンダーセンが、エンロン事件において司法妨害で有罪となり、二〇〇二年に解散した頃が転換点だった。多くの弁護士、特にホワイトカラーの刑事弁護という資金潤沢な分野の弁護士は、この事例を目に余る政府の越権行為と見なした。企業の指導者を有罪にすると、従業員、株主、その他の無実の当事者を「巻き添え」にする可能性があった。オバマ大統領はその後、過去との決別ではなく継続を選択した。二〇〇八年以前の金融犯罪を起訴せずに、再発防止のための前向きな法制化を選択したのである。その結果であるドッド・フランク法は、現在オバマの後任者のもとで攻撃されている。さらにFTE部門は起訴を妨害し、政権と司法における保守派の任命で有罪判決は減っている。私的な決定が公判に取って代わった。エイジンガーは、「国民は不正な取引を目にした」と結論づけている。*42

公教育の問題

第10章で扱った公教育の問題に目を向けてみよう。そこで述べた公教育と大量投獄の相互作用は、衰えることなく続いている。司法制度は低賃金部門のコミュニティから多くの男性を奪い去り、残される女性が切り盛りする単親家庭は貧しく、貧困地区にしか住めない。そうした地域の公立校は、貧困と大量投獄が生徒のやる気に及ぼす悪影響を埋め合わせるため、郊外の学校よりも多くの資源を必要とする。しかしFTE部門はこれらの学校に配分する資源を減らしている。こうした影響がもっとも著しいのは貧しい黒人地区である。それはアフリカ系アメリカ人が大量投獄の主要な標的だからであるが、ラテン系住民への影響も、貧しい白人地区の住民と比べると、黒人に匹敵するほどである。アフリカ系アメリカ人の子供の父親が刑務所にいる確率は、白人の子供の場合の六倍である。彼らは学校を中退し、学習障害を起こし、学校で非行を働く可能性がより高い。[*43]
中間層が消え続けるにつれて、この対照はより顕著になってきた。私たちの社会はますます貧富に分断され、住宅ローンの利払いに対する税控除は現在、住宅を所有するＦＴＥ部門だけに適用される。アメリカの住宅政策は裕福な住宅所有者に大きな利益をもたらす。（今や消えつつある）中間層の住宅所有者にとって利益は小さく、そして圧倒的に貧しいほとんどの賃借人には利益がまったくない。デズモンドは、「これほど徹底的にアメリカの不平等の拡大に成功する他の社会政策を考えることは難しい」と主張している。[*44]
ベッツィ・デボスアメリカ教育長官はエリック・プリンスの姉で、プリンスはブッシュ政権に雇われてイラク戦争を支援した民間軍事会社ブラックウォーターを設立・指揮していた。デボスとプリンスはともに政府機能の民営化に積極的で、私のいう「民営公共」矛盾語法を実践している。イラクのファルージャ侵攻中に殺されて、より激しい戦闘の契機となったのはブラックウォーターの請負業者だった。プリンスはイラクでのさまざまな問題を自分とは関係ないものとするためにブラックウォーターの社名を変え、二〇一〇年には売却した。トランプ政権は、アフガニスタンでの戦争を引き継いで軍人を（ようまく仕事をこなすとされる）請負業者に交代させるというプリンスの申し出を賢明にも断った。[*45]
デボスはミシガン州の学校の民営化に携わり、現在それを全米に広げようとしている。彼女とアムウェイ社の財産の相続人である夫はミシガン州でもっとも強力な共和党員である。彼らは、問題を抱えるデトロイトの学校を監視し、開校・閉校の基準を設定するための超党派の法案の支持を引っ込めた。廃案となった後、デボス家は共和党に約一億五千万ドルを寄付した。超党派の法案の後に通過した共和党法案は、デトロイトの最悪の学校を閉鎖せず、学校の選択と実績を監督するために提案されていた委員会を含まないものだった。ミシガン州の学校の約八割がチャーター・スクールで、デトロイトは国でもっとも規制が緩い教育市場のひとつである。ミシガン州の学校制度は全米でも最弱のひとつで、悪化している。読解や数学のテストでは平均近くから最悪の州のひとつに転落したが、チャーター・スクールを支援する銀行やヘッジファンドは、その増設から利益を得ている。[*46]

デボスは確認済みの情報に依拠していると発言しているが、明らかに教育における無制限の競争というイデオロギーの信奉者である。彼女はトランプ政権の多くの人と同じく、市場や個人起業家を称えるフリードリッヒ・ハイエクとアイン・ランドの教えに従っている。しかし、これらの著者は経済のさまざまな構成要素の間の違いを考慮しない。政府活動の理由のひとつは、競争原理がうまく機能しない所でニーズを満たすことである。ノーベル経済学賞受賞者のケネス・アローは、古典となった論文を何年も前に書いて、医療においては競争がうまく機能しないことを示している。それは、医療における不確実性が大きすぎて、消費者が合理的な選択をするための十分な情報を得られないからである。教育の結果も同様に不確実なため、アローの推論は教育にも当てはまる。[*47]

デボスは一票差で教育長官として承認された。マイク・ペンス副大統領が閣僚指名で初の同数票に対して議長決裁票を投じた。チャーター・スクールや、私立・宗教・営利目的の学校で使えるバウチャー（引換券）に対するデボスの支持は、公立校への反感と同様に有名だった。ジェフ・セッションズ上院議員の司法長官としての承認は、彼が上院で同数票に持ち込めるように、デボスに対する投票の後に行われ、ペンスが決裁票を投じた。[*48]

教育予算の削減

トランプの最初の教育予算は、議会がデボスの承認をめぐって分裂したため、議会の最悪の見方を裏づけた。予算は、体験学習プログラム、ローン減免、心の健康ケアを含め、連邦の教育的取り組みから百億ドル以上を削減した。代わりに、予算増額の対象はチャーター・スクール、教育バウチャー、選択に好意的な方針を進める公立校の活動の拡大である。皮肉なことに、学校選択の促進を目指すトランプによる連邦予算の使用は、オバマが「トップへの競争基金」の政策促進のために連邦予算を使った方法に似ている。トランプとデボスは連邦による統制を冷笑するのだが。デボスは次のように述べた。「教育に対する連邦政府の不可解な取り組みの制約を打ち破る時が来ました。ワシントン〔連邦政府〕は五十年以上、舵取りをしていますが、ほとんど努力の成果が示されていません」[*49]。

予算は地域の学校の資金調達の詳細にまで及び、もっとも貧しい生徒を支援するための多くのプログラムを終了させる。終了するのは、アラスカとハワイの生徒向けプログラム、芸術教育、米国歴史公民アカデミー〔アメリカ史・公民の教員に研修を提供〕、学生と家族に学術・社会・医療サービスを提供する包括的コミュニティ・スクール、図書館を拠点とする読み書きプログラム、軍事基地からの収入を失う地区向けの「インパクト・エイド」などである。予算は、根拠に基づく政策に従来通り依拠し続けると主張しているが、第10章で要約したようなチャーター・スクールに対する賛否両論は無視している[*50]。

デボスはチャーター・スクールの支持に加えてバウチャーの利用を擁護する。チャーター・スクールは公立校の財源を減らさないという虚構を維持する（ただし議会はこの主張に与しないことも多い）が、宗教学校のバウチャーは、公立校に渡るはずの税収を減らす個人向け税制優遇措置となる。多くの州で、納税者は慈善団体への寄付に対する連邦税の控除に加えて、宗教教育機関への寄付に対する州税の税額控除も可能である。控除額の合計が元の献金額を超える可能性もある。選択を促すものの、税制優遇措置をこのように利用することは、他の人々の選択を妨げ、裕福な寄付者に補助金を提供することになる。*51

学生ローン

学生の債務を凌ぐのは今や住宅ローン債務のみであるが、アメリカ教育省があまりデータを公表しないため、学生の債務についてはほとんど知られていない。オバマ政権は問題のいくつかを明確にして、おそらくは是正するため、学生が債務を積み上げる過程を改革する努力をしていた。HealthCare.gov〔オバマケア用のオンライン保険購入サイト〕のような方法で教育ローン用の政府窓口を作成する業者一社を選定する寸前だった。トランプが就任したとき、教育省は三つの最終候補にまで絞り込んでいた。

デボスは、教育債務の累積を整理するためのオバマの努力への反撃を主導した。彼女はまず、学生ローン用の連邦窓口を作成する過程の重要な部分を無効にして、連邦窓口の遅延または廃止を狙っている。彼女はまた、学生ローンの運営会社の説明責任を弱めた。政府が廃止したオンラインIRS〔内国歳入庁。日本の国税庁に相当〕データ検索ツールは、債務者が税務データをローン会社に送り、学生債務用のさまざまな政府の施策の地ならしをするものだった。廃止の理由は、それが不正な納税申告に使われていたことだった。さらに彼女は、債務不履行の際にローン会社が債務者に科す罰則の制限を撤廃した[*52]。

教育省は詐欺的な営利目的の大学に騙された学生のローン債務の管理もしている。トランプ政権は、学生を食い物にする営利目的の大学を取り締まるためにオバマ政権が提案していた規則を正式に見直した。ある規則は、詐欺的な大学の学生債務を帳消しにするものだった。別の規則は、卒業生が学生債務の返済に十分な収入を得ていない場合には大学にローンを減額させるものだった。デボスによれば、「詐欺、特に学校による詐欺行為はまったく容認できません。残念ながら、昨年の規則作成の試みでは、是正の機会を逃しました。その結果発生した混乱は、学生や学校にとって不公平で、納税者に多大な費用を負担させることになります」。さらに、二〇一七年一〇月に始まる予定の連邦融資減免策を、十年間公益目的のために働く卒業生に適用するかどうかについて、教育省は疑問を投げかけた[*53]。

奴隷制の再来？

この議論が示すように、FTE部門は低賃金部門の若者による教育費の自己負担をますます望んでおり、これは一九七〇年代以降の趨勢である。それ以前の親は、通学期間中の子を直接または学校用の固定資産税を通じて間接的に支えていた。政府があらゆるレベルで学校への支出を減らすなか、低賃金の家庭は援助を増やすことが難しくなった。その結果、現在では学生自身が自分の教育費を工面しなければならない。これは大学教育でもっとも顕著だが、初等中等教育にも見られる。

ここで思い出すのは、奴隷制を正当化する一世代前の議論である。ロバート・フォーゲルとスタンリー・エンガマンは、古典となった著書で、南北戦争前の南部で奴隷は搾取されていなかったと主張した。奴隷が受け取った低賃金は、搾取の結果ではなく、奴隷の養育費が返済されていたからである。言い換えると、奴隷所有者は、奴隷が働ける年齢に達するまでの食費と訓練費を奴隷に請求したのだという。私の当時の主張を繰り返すが、自分の養育費の支払いはアメリカ流ではない。親は通常、子が成長する間は支援し、教育費の少なくとも一部を支払う。しかし、このような親の援助は、低賃金部門の多くの若者が大学に通い始めると頓挫する。彼らは、往時の奴隷のように、将来の収入から大学教育の費用を支払うと期待されている。二重経済では、自分の教育費の支払いをと大量投獄の拡大は、奴隷制の再来を彷彿させる。[*54]

この歴史的な類似はアメリカの二重経済がいかにアメリカの奴隷制に根ざしているかを明らかにする。人種差別は植民地時代の歴史に欠かせなかったが、それは南北戦争、ジム・クロウ、そして大量投獄を通じてアメリカの政策を導き続けてきた。保守派は（シャーロッツビル暴動のような異例のデモを除いて）この関連を明示しないが、私たちの言語にこの関連を浸透させようとする。彼らはますます公立校を政府の学校と呼ぶようになり、課税に反対するレーガンや、すべての市民に平等な権利を与える連邦政府の試みに反対する人種隔離支援者たちが使う言葉を繰り返している。教育長官デボスは、刑事司法において〔前〕司法長官セッションズが進めるのと同じ仕方で、教育においてＦＴＥ部門の課題を推し進めている。[*55]

老朽化が続くインフラ

第11章で述べたように、アメリカの都市部のインフラ状況は劣悪なままである。アメリカ土木技術者協会は、アメリカのインフラに、二〇一三年の報告書と同じ評点Ｄプラスをつけた。橋梁も評点Cプラスを維持したが、公共交通体系は二〇一三年のDからDマイナスに転落した。土木技術者たちの新しい報告書は、四年前の報告書に酷似している。多少の変化はあったが、老朽化した財源不足のインフラという全体像に変わりはない[*56]。

ニューヨークの交通体系のサービス不足から、資金拠出を拒否した政府への非難まで、苦情が増えている。地下鉄網の老朽化により、ニューヨークの混雑した列車は遅れ、しばしば運休する。脱線で人々が負傷し、古い転轍機のせいで多くの問題が発生している。ニューヨークは都市鉄道輸送体系のなかで最大であるが、システムを稼働し続けるための財源を奪われてきた。トランプは選挙戦で大規模なインフラ計画を打ち出したが、就任後、これらの計画は停滞している[*57]。

PEによるコミュニティの破壊

学生ローンについてはすでに議論したので、第12章を敷衍してアメリカの二重経済の諸制度がどれほど耐久性を持つかを強調する。新規未公開株式投資会社（PE）は、現行法の庇護下で他の種類の債務がどのように成長したかを示している。第2章では、低賃金部門の賃金、雇用、労働条件引き下げにおけるPEの役割を説明した。PEは過去数十年間で成長し、裕福な個人や機関から大量の資本を調達して高収益を約束する危険な投資を行っている。彼らは企業を買収し、高収益を上げるため、高いレバレッジすなわち巨額の借金を利用する。固定金利を支払うこうした借金は、裕福な投資家が投資する資本に高い収益をもたらす。というのも、利益がすべて投資家のものになるからである。

そして、会社が破綻すれば、債務は不履行となり、投資家は無傷のまま逃げ去る。社会（大部分は低賃金部門）がつけを払うことになる。ＰＥはヘッジファンドやベンチャー・キャピタルとは異なり、巨額の借入金に依存してリスクを移転する。アイリーン・アップルバウムとローズマリー・バットは次のように結論づける。「ＰＥは手ぬるい規制と株式よりも借入金を優遇する税制の恩恵を受けてきたが、同時に、法外な利益を追い求めて彼らが取るリスクは、アメリカ経済全体で何百万もの労働者を雇用する何千もの企業の業績に影響を与える。彼らの行動の影響は、彼らが所有する企業のポートフォリオを超えて、供給業者、債権者、消費者、そしてコミュニティに及ぶ」[58]。

こうした影響をＦＴＥ部門は「ポートフォリオ社会」の側面とみなす。ポートフォリオ社会の個人は、ほぼすべてを投資と考える。前述の都市の発展は社会資本への投資と見なされる。公教育の改善は人的資本への投資である。この見方は金融市場を私たちの生活の中心に位置づける。ＰＥや他の投資家は、普通の人々がパンを買うように企業を買収し、彼らの投資活動は経済効率を改善するといわれる。しかしＰＥによる借入金の広範な利用は、新たな知識の結果ではなく、むしろ借入金を優遇する法律や規制の変更の結果である。経済全体の効率性は、借入金の特殊な法的扱いによって歪められる。そして、ＰＥが小さな街で優勢な企業を攻撃すると、大量投獄が都市部を破壊するように、地域コミュニティを破壊する効果がある[59]。

二〇一二年の大統領選挙で共和党候補となったミット・ロムニーは、ＰＥ企業ベイン・キャピタルの社長だった。ポートフォリオ社会がＦＴＥ部門を支配したことで、連邦政府を率いるこの新種の理想的な男の指名につながった。彼は選挙に負けたが、共和党は二〇一六年に不動産投資家ドナルド・トランプに切り替えた。不動産とは、不動産投資に特化したＰＥの一形態であり、他のＰＥ企業と同じ法律・税務上の優遇および不動産に特化した税法に依存している。トランプはロムニーが失敗したところで勝利をおさめ、今、私たちは社会における借入金の優遇の結果を目にしている。

トランプは金融業界から巨額の借入を行い、不動産活動の資金を調達して高い収益を得る一方、PEとして損失を防いでいる。このことは彼（と他の同業者）にいくつかの税制優遇措置を与えた。高価な物件の購入資金は、ほとんどが借入だった。彼は自己資金をほとんど投資せず、ローンの利払いは控除可能だった。他の不動産投資家と同様に、彼は有限責任パートナーシップを通じて財産を管理したため、損失が生じても個人所得を課税から守ることができた。一九九〇年代初頭にトランプのアトランティック・シティのカジノが破綻したとき、カジノに投資された資金の大部分が借入であったにもかかわらず、ビジネスの損失の全額を自分の所得から控除した。不動産開発業者は、損失を二〇年間繰り越して、将来の所得の利払いを避けることができる。

トランプの事業は破産法第十一条で何度か破産申請を行った。事業を清算する第七条の破産とは異なり、第十一条の破産は、破綻しつつある事業主と債権者の間で交渉が続く間、債務を一時棚上げする。トランプは猛々しい交渉者で、債権者に支払い条件の緩和と、資産保全のための追加融資の提供を強いた。彼は大きくなりすぎて潰せなかったのである。*60

当時はそう見えなかったが、仮にFTE部門の最初の化身が選出されていたら、中間層と民主主義の消失はもっと緩慢だったのかもしれない。ロムニーは、レーガン同様、大統領選に出る前は知事であった。現在、私たちが戴くPE大統領は、国の運営は不動産の売買と同じだと考えている。ロムニーは、アメリカの民主主義の伝統を遵奉して、複雑な国家運営の舵取りをよりうまく行えたかもしれない。

帝国の終わり

私は第Ⅱ部の最終段落でローマ帝国の始まりについて述べた。ここでは帝国の終わりについて述べる。もちろん、西ローマ帝国の崩壊にはあまりにも多くの理由が挙げられるが、このひとつは、アメリカに差し迫るように見える未来の鋭い分析となる。通常、複雑な社会の発展と維持から得られる収益は減っていく。アメリカのような複雑な経済が（世界貿易の開放と電子通信の急速な変化に伴って）発展するにつれて、社会を維持する費用は増加するが、時間が経つにつれて増加の速度は落ちる。収益逓減が効き始めると限界収益は負になる。ＦＴＥ部門への影響は、私たちの時代なら、How to Spend Itと題するフィナンシャル・タイムズ紙の土曜増刊号〔服飾・宝飾品、旅行、食品等に関する別冊月刊誌〕に反映されているのかもしれない。

現在のＦＴＥ部門は、納税から限界収益をまったく得ていないと考えており、ＦＴＥ部門の人々は納税を喜ばない。これは、米国と英国で前世期の間ずっと裕福なビジネスマンが語ってきたことである。そして、トランプ政権のように、ビジネスマンたちが政府を支配し続けるなら、政府歳入の減少は複雑な社会の崩壊につながり、経済的進歩は減速し、ほとんどの人々が消費する財やサービスがはるかに少ない権威的政府となるだろう。[*61]

民主主義が弱まるにつれて、低賃金部門にとってのリスクは増加している。私たちは本書の結論に挙げた勧告の実施を始める前に、まず墓穴を掘ることを止めなければならない。

私はこのエピローグの冒頭でアメリカの民主主義が消えつつあると述べた。エピローグが印刷に回るとともに、それは消失の危機に瀕している。ＦＴＥ部門とその頂点にいる無政府主義者たちは、九月に予定されていた一兆五千億ドルの減税を二〇一七年一二月初旬に非民主的かつ性急に可決した。上院の共和党議員は自分たちが手を加えた法案を通過させることに必死だったため、手書きの土壇場の変更に満ちた五〇〇ページ近い草案を読む時間に欠くほどだった。公聴会も独立の機関による評価もなかったが、ロビイストの意見はふんだんに採り入れられていた。提案された税法案は、医療費負担適正化法の強制義務を廃止して、千三百万人から健康保険を奪い、残る被保険者の保険料を引き上げる。学生ローンの税控除は終了し、FTE部門に移ろうとする低賃金部門の若者を罰する。この税法案の判読可能なページには、メディケアの削減、大学院生への増税、非課税の教会による政治参加の許可、「生まれていない」の定義がある。これが法案通りに通過しないとしても、二重経済のもっとも破壊的な姿を反映している。これでFTE部門は将来の利子・配当収入をすべて手にすると確信でき、富裕層はより豊かになり、残りの私たちは収奪政治のもとで嘆き暮らすことになる。現在の趨勢が続くと私たちの未来がどうなるかを知りたければ、アルゼンチンの過去について読むといい。

ピーター・テミン

二〇一七年一二月

補論　不平等のモデル——ピケティ、ソロー、クズネッツ

ピケティの不平等論——利子率と成長率の大小関係

世界の不平等を論じる大著にトマ・ピケティの傑作『21世紀の資本』がある。ピケティの研究は主に各国の税務データに基づき、サンプルは歴史を遡る良質な記録のある先進国に限られていた。図7でいうと、彼の焦点はグローバル・エリートの成長だった。また、政治の影響を示すためフランスとアメリカの経験を対比した。一九八〇年以降にアメリカで起こったような不平等の拡大は、フランスではまったく起きていない！　この反例が示すのは、技術変化とグローバル化の影響は政治行動によって変えられるということである。*1

これは不平等をアメリカの政治論争の中心に引っ張り出した著書の要約としてはあまりに短い。ただ、本書を読む一部の経済専門家にとっては、経済的な幸運と政治的な幸運の緊張関係に対するピケティの見方や、彼の分析と本書のアプローチの関係の説明に役立つかもしれない。彼は主な結論を「経済の成長率と利子率の上下関係」と要約した。経済の成長率が利子率よりも高いとき、不平等は縮小する。利子率が成長率を超えると、不平等は拡大する。フランスの政策はこの経済の圧力に対抗し、アメリカの政策はそれを助長した。

この結論の背後には、富裕層は所得の大半を貯蓄に回すという論理がある。ケインズがずっと以前に述べたように、所得が増えると消費は増加するが、増加のペースは（所得よりも）遅い。利子率が成長率を超えるとき、貯蓄が富裕層の資本を増やすペースは所得の成長を上回る。そして当然のことながら、潤沢な資本ストックは、第八章で述べたような生活のリスクから裕福な人々を守り、景気の良し悪しにかかわらず豊かな生活を可能にする。ピケティは不平等に関して他の論者たちよりも踏み込んで、経済の不平等にとって資本の所有権の分布が中核にあることを強調した。それは彼の著書の題名に現れている。

ピケティの洞察と歴史データ

ピケティの洞察を援用すると、今日のアメリカにおける政策選択が明らかになる。前述したように、最富裕層は増税を望まない。この反対を克服できるとしたら、所得への課税を資本への課税から区別する必要がある。アメリカの最高所得への増税は、民主主義国に望まれる一部の社会政策の財源を補完する。しかし、それは富裕層の資本ストックには影響を与えず、彼らの政治的取り組みは続行可能である。資本課税だけが所得分配の持続的変化をもたらせる。ピケティが非常に低率の資本課税を支持したのは、こうした考察の結果であり、課税逃れを難しくするためでもある。

現在の高齢者は、第二次世界大戦後から所得の不平等が始まった一九七〇・八〇年代までの時期を覚えているだろう。急速な経済成長と、部分的には戦後復興の時代であり、中間層が成長した。当時を生きた人々はそれが普通であると考えたが、ピケティは過去二世紀（さらにはそれ以上）の歴史を通じて、あの時代はかなり例外的であったと主張した。利子率と成長率の競争に必然的な勝者はいないが、通常は利子率が勝つ。

私はルイスのモデルとピケティのデータを所得の不平等を分析する枠組みとして本書で用いた。ピケティは「経済学の基本法則」に訴えて自著におけるデータを構成した。ここでは、ピケティが用いた不平等のモデルと本書のモデルを比較して、私の議論を明らかにする。

ソローの成長モデルとルイスの二重経済モデル

ピケティの基本法則は、W・アーサー・ルイスのモデル発表と同じ頃にロバート・M・ソローが作った経済成長モデルに由来する。ソローの成長モデルは、ルイスの二重経済モデルよりもさらに有名で、ソローは（ルイスと同じく）モデルの開発に対してノーベル賞を受賞した。ピケティと私がともに不平等研究に貢献するための枠組みを半世紀ほど遡って手にしたことは奇妙な偶然である。[*2]

ピケティの第一の法則は、利子率を通じて富と所得を結びつける。第二の法則は、国民所得に対する富の比率の時間的推移を示す。それは利子率とともに上昇し、経済の成長率とともに低下する。これはソロー・モデルにおける均衡の言い換えであるが、（分子と分母を）逆転させて、所得の成長率ではなく産出に対する資本の比率に焦点を当てている。

第三の関係は、法則とまでは言えず、第二の法則を強化するために貯蓄の利率に注目する。所得に対する富の比率が上昇するのは、第一の法則で定義された利子率が経済の成長率よりも大きいときである。[*3]

私はルイス・モデルを枠組みとして利用し、アメリカの階級と人種を説明した。アメリカでいかに不平等が進行したかを理解するには二部門モデルが鍵になる、というルイスの洞察を強調した。特に、ルイス・モデルのうち、上位部門が下位部門の所得を低く抑えようとすることを示す部分を重視した。これは、多くの経済学者の記憶にあるよりも暗いルイス・モデルの側面だが、モデルのしくみに欠かせない部分である。

これら二つのモデルは半世紀以上前に定式化された。ルイスとソローがモデルを作ったのは第二次世界大戦の終了後まもなくであり、各国の進歩は確実であると見られていた。ピケティと私が本を書いたのは、先進国で高所得の成長が政治構造の安定性を脅かしつつある最中である。これらの国々では、ルイスやソローが活躍した頃、大いなる期待を込めて投資が行われていた。

いかに世界が変化したかを理解するには、ピケティがソロー・モデルをどのように使うかを注意深く見てみるとよい。ソローは主に成長に関心を寄せた。一九五〇年代の最大の経済問題は経済成長だったのである。ソローは労働に対する資本の割合が経済成長率の決定にきわめて重要な役割を果たすことを見出した。ピケティはこれを逆転させて、所得に対する資本の割合に焦点を当てた(二つの分母の違いに注意)。ソローとピケティの資本の形式的な取り扱いは似ていたが、含意はかけ離れていた。ソローは集計的な経済成長率を究明していたのに対して、ピケティは経済的な特権層の推移を記録していたのである。

ルイス・モデルをなぜアメリカに用いたのか

本書は、発展途上国のルイス・モデルを用いて、もっとも成功した産業国家であるアメリカ合衆国の状況を描いた。これは逆説的に見える。なぜなら、ルイス・モデルは先進国ではなく途上国向けだからである。しかし、すでに述べたように、アメリカは産業の空洞化を経験して、経済は産業国よりも途上国に近い。アメリカの道路や橋梁は、西欧よりも途上国のように見える。これはルイスやソローが意味した進歩ではない。

別の違いは経済成長の扱いにある。ピケティは経済成長に寄与する貯蓄の決定的役割を強調した。富（ピケティの定義では資本と等価）の成長は、人々が所得の一部を貯蓄に回さなければ起こらない。ルイスは、資本家部門は留保利益（内部留保）で成長すると主張した。資本家部門の人々は留保利益を再投資すると仮定したのである。つまり、どちらのモデルも貯蓄に頼るが、投資の決定要因がかなり異なる。ルイスとソローが採用していたケインズ流の枠組みでは、資本とは生産手段であり、工場や機械が代表例であった。

三人目のノーベル経済学賞受賞者サイモン・クズネッツも、一九五〇年代に経済成長に注目していた。利用可能だったデータを用いて彼が定式化したものは、のちにクズネッツ曲線と呼ばれるようになり、所得の不平等は経済成長の過程でまず拡大し、のちに縮小すると主張した。彼は、身近に観察された所得の不平等の縮小と、裕福な国ほど平等化を進める政策を選ぶはずだという政治経済的な見解に反応していたのである。

ピケティの主張によると、クズネッツが生きたのは、第二次世界大戦後の経済的にきわめて異例な時期だった。ピケティによれば、この時期に限って、所得の成長率が利子率を上回り、平等が促進されたのである。その後にアメリカ経済はより通常のパターンに戻り、利子率が成長率より高くなっている。私は別の根拠から、「経済成長の黄金時代」は異例で、それ以前の戦争と不況の三〇年からの回復が長引いていたのだと主張した。いずれにしても、一九七〇年以降のアメリカにおける所得の不平等の急拡大は、クズネッツの楽観的見方を打ち砕いた。[*4]

資本の定義の違い

ピケティと私では、資本の定義の仕方が非常に異なっていた。ピケティは、資本と富を同じものとし、公・私双方の金融資産の価値を資本の定義に含めた。彼の関心は数世紀にわたる所得の不平等のデータの収集で、富のデータは市場で売買される資産に限られた。そして、さまざまな形態の資本を市場価格で合計して、国全体の資本ストックを得た。

ピケティは経済成長における金融の役割を支持する研究文献を利用した。経済学者は金融仲介の拡大に関するデータを集め、一方で金融は経済成長の結果として拡大するが、他方で金融の発展が経済成長を引き起こした確かな証拠があることを示した。ピケティはこの研究を直接論じず、持ち家の帰属家賃などのより具体的な論点に注目した。[*5]

この過程は国民所得分析の重要な問題を提起する。すべての経済学者が、経済成長にとって金融活動が重要であることに同意するが、現代金融の生産性を測るよい方法がないのである。これは、二〇〇八年の金融危機前の住宅ブームにおける金融資産の増加はすべて生産的だったということだろうか？　この問題は重要だが、複雑すぎるため、ここでさらに究明することは控える。[*6]

経済成長や発展における資本の役割を研究する文献は、ルイスとソローがモデルを発表した後、異なる方向に進んだ。ソローは、自らのモデルの発表に伴った実証研究のなかに驚くべき事実を発見した。ルイスが定義したような資本の成長は、ソロー・モデルの動学にとっては重要だが、二十世紀アメリカの経済成長のわずかな部分を説明するのみだったのである。[*7]

経済学者は当初この発見の重要性を否定し、説明できない成長の部分は残差にすぎないとした。しかし同時に、労働経済学者は新種の資本を導入した。人的資本である。この種の資本は人間に体現されていた。それは正規の教育と非公式の訓練で増加するものだった。ジェイコブ・ミンサーは一九五〇年代末の論文の表題に「人的資本」を使い、ゲイリー・ベッカーは一九六〇年代にこの表題で著書を出版した。[*8]

教育が一九五〇年代に新しいものだったわけではなく、多くの論者が長年にわたって経済における教育の有用性に気づいていた。新たな要素は、その効果の定式化とモデルへの導入にあった。これで成長に対する教育の貢献を他の資本の貢献と比較できるようになり、経済成長のより詳細で完全な分析と、ソローのモデルで資本の蓄積によっては説明されない経済成長の大部分の説明が提供されたのである。[*9]

第三種の資本〔社会資本〕が一般的になったのは数十年後であった。それを世に広めたロバート・パットナムは、当初、南北イタリアの違いについて、その後はアメリカについて執筆した。彼が強調したのは社会資本の役割で、それは、ある社会で暮らし、働く人々の人間関係のネットワークと定義され、社会をうまく機能させるものである。人的資本と同じく、これは以前の研究で広く言及されていた概念を定式化したものである。[*10]

ルイス・モデルの現代版へ

二十世紀の合衆国の進歩は物的資本だけでは説明できないというソローの発見から一世代が過ぎて、経済学者たちは以下のことを見出した。三種類すべての〔物的・人的・社会〕資本を用いると、各国の労働者一人当たりの産出高の違いをソローよりもはるかに完全に説明できたのである。彼らはソローの問題設定を二通りに変更した。用いる資本の種類を拡張し、比較対象を一国の異時点間ではなく同時期の多国間にした。この概念は経済学に相当な刺激を与えて、パーサ・ダスグプタが執筆した経済学への入門書は、先進国と途上国の社会資本の違いにすっかり費やされたほどだった。この見方に基づく経済学は次の決定的な問題に答える道具であった。「どんな状況下であれば、合意に達した当事者たちは互いを信頼して約束を守るだろうか?」社会資本は物的資本と同じくらい重要になっているのである。[*11]

ピケティが収集した膨大な量の資本に関するデータは「市場価値の観点で評価できる。例えば、株式を発行する企業の場合、その価値は株価に依存する」[*12]。人的資本と社会資本は公開の市場で取り引きされないため、測定は不可能で、二の次とされた。[*13]

私はこれら二種類の新たな資本をルイス・モデルの現代版に組み込んだ。ひとつの二重経済の二部門を比較するのは、異なる国々を比較するようなものだが、三種類すべての資本によって光を当てた。人的資本と社会資本は、アメリカの二重経済の二部門間で違いが際立っており、経済と政治に深刻な影響を与えている。アプローチは異なるがピケティはここで示した分析に賛同するように見える。膨大なデータ編集に先立って、彼は書いた。「一九八〇年以降に不平等が復活した主な要因は、特に税と金融面での過去数十年間の政治的変化であった」[*14]。

『なぜ中間層は没落したのか』解説

本書の著者ピーター・テミンＭＩＴグレイ（Gray）名誉教授は、一九六〇年代半ばから一九九〇年代にかけて、アメリカ経済史学会を牽引した著名な経済史家である。若かりし頃の彼の学問は、*Iron and Steel in Nineteenth Century America: An Economic Inquiry*（1964）が示すように、十九世紀のアメリカの鉄鋼業の発展と経済成長のメカニズムを、経済理論の枠組みを設定した上で統計資料を用いて仮説検定を行うという、いわゆる「新しい経済史（New Economic History）」の手本となるようなスタイルのものであった。その後の研究も、旧来の米国史の大家達が主張し通説となっていた「ジャクソン失政論」を論破した *The Jacksonian Economy*（1969）をはじめ、*Causal Factors in American Economic Growth in the Nineteenth Century*（1975）、*Reckoning with Slavery*（1976）など、いずれも通説に挑戦しつつ新しい知見を示し、学界でも高い評価を受けた著作であった。

テミン教授の研究が、アメリカ経済史を超えた分野の研究者たち、特に金融政策論やケインズ理論の専門家達からも注目を集めるようになったのは、ロンドンスクール・オブ・エコノミックスでのライオネル・ロビンズ記念講演をまとめた *Lessons from the Great Depression*（1989〔邦訳『大恐慌の教訓』猪木武徳・山本貴之・鳩澤歩訳、東洋経済新報社〕）で示された明快な経済学の論理にあったことが大きい。旧著 *Did Monetary Forces Cause the Great Depression?*（1976）で彼が取り上げた金融政策と財政政策の有効性をめぐる論議をベースに、その中心的論点を大不況の「発生・伝播・回復」の過程の中で再述し、「一九三〇年から悪化した「大恐慌」は、連邦準備制度理事会（FRB）による誤った金融政策によるのではなく、実物経済における自生的有効需要（投資、特に住宅投資）の不足にあった」とするケインジアン的な解釈を展開したのであった。特にテミン教授が、心理的要素である期待（expectations）と、経済学にとっては通常与件とされる体制（regime）という政治的概念とを取り込んだことは、彼の経済史家としての視野を広げることになったのではなかろうか。

経済史研究から得た、「歴史の女神は明晰ではあるが同時に曖昧である」という感覚を生かすことによって、テミン教授は一九九〇年代に入ると、きわめて現代的かつ複雑な社会問題に取り組み、経済史以外の読者にも届くような形でその研究を次々と世に問うようになる。問題関心をアメリカ経済だけでなく、ヨーロッパの現代経済史にも広げ、米国社会が直面する問題を経済学と政治学双方の知見から論ずるようになったのである。

本書で彼が俎上にのせたのは、まさに現下の米国社会はいかなる経済的困難に直面しているのか、なぜデモクラシーは理想通りにその苦境を解決できないのかという問いである。本書は、熱烈なデモクラットであるテミン教授が、経済学と政治学の分析道具を動員し、アメリカのデモクラシーに突き付けられた難題を解き明かそうとした「警世の書」と言うことが出来よう。タイトルにも示されているように、アメリカでは中間階級が没落し、社会的分断が深まり、貧困層の声が政治の場に届かなくなってきている。それはいかなるメカニズムに起因するのか。本書はこうした難問を解き明かしながら、アメリカの政治と経済の現状を厳しく批判した著作と言えよう。

読者に経済学の基礎知識を必要とする箇所もあるが、大部の論考ではなく、叙述も平明なので、内容の要約的な解説は不要と思われる。したがって「解説」を読んでから読み進めるのではなく、そのまま本文にまず直接向き合うのが正道ではあろう。ちなみに、筆者は原著を昨夏に読み、今春解説を書く段階で邦訳に目を通す機会を得た。信頼できる整った日本語で訳出されており、当然とはいえ、英語で読んだ時よりも正確に理解することができたように思う。

この解説では、テミン教授が本書を著すにあたって用いた経済学と政治学の概念と主要理論の輪郭を示し、筆者の読後感を簡単にコメントするにとどめる。そしてなぜ本書が読むに値する優れた著作であるのかについて、鄙見を書き加えることにしたい。

テミン教授は中間階級（middle class）という概念を、所得階層の面から、中位家計所得の三分の二から二倍の収入を得ている層と定義し、その中間階級の割合を一九七〇年から二〇一四年までについて **Pew Research Center** の所得分布のデータや **Autor and Dorn**（*AER*［2013］）の論文を用いてその縮小（没落？）を統計的に示すことから議論を始めている。ただし、これらの数字はT・ピケティが『21世紀の資本』で指摘した「富裕層のさらなる富裕化」を論証するものではなく、あくまで「中間階級」の縮小を示すものである。厳密にいえば、増大するスーパーリッチ層が、政治をコントロールするという後段の議論に直接結び付くものではない。

次いで、米国の中間階級が縮小し、富裕層と貧困層へ両極分解してしまった状況の説明に二つの理論を援用する。その第一のカギとなるのは、アーサー・ルイスが開発途上国の経済を記述するためのモデルとして提示した二重経済論（W. Arthur Lewis［1954］）である。ルイス・モデルを用いたのは、米国の経済社会の中に途上国と同じような経済構造をテミンが見い出したからにほかならない。

ルイス・モデルにおける「資本制生産部門」と「生存水準部門」の二部門分割に倣って、米国経済の雇用と生産を金融（F）・先端技術（T）・エレクトロニクス（E）の「FTE部門」と「低賃金部門」の二部門に分ける。そして金融とIT技術関係の産業に関わる人々（全体の約二割）の所得がこの四、五〇年で肥大し、低熟練労働者からなる「低賃金部門」（約八割）に多くの労働者が滞留するという経済の二重構造化が顕著になったと指摘する。

では選挙において多数を占めるはずの、白人の低賃金労働者たちの票が、なぜ彼らを貧困から脱出させる政策の実現に結びつかないのか。この謎をテミン教授は、FTE部門が経済的な力でデモクラシーの政治過程を強力にコントロールしているためだとし、「政治の投資理論（Investment Theory of Politics：ITP）」を用いて次のように説明する。

政治が一部メディアを使って、多数を構成する白人労働者の血税が貧しい黒人労働者向けの福祉政策へと浪費されていると喧伝するため、本来であれば低所得者層を利するはずの法律改正案も流産してしまう州があるのだ。このことは国民皆保険の医療制度が米国では成立しないことにもあらわれている。さらに最低賃金の引上げが進まないのも、低賃金労働者は本来であれば最低賃金の上昇を求めるはずなのに、長い間、最低賃金の上昇が見られなかったのも、同様のメカニズムが働いているからだと見る。

このメカニズムを可能にしている力は何か。それは富裕層が多額の資金を投入し、メディアを使って多数派である白人の低賃金労働者たちに、「君たちの税金は黒人労働者のために浪費されている」とアピールし、人種的偏見を助長させるような政治教育を行っているためだという。政治家が、通常の企業経営と同じように、投資として多額の資金を投入して政治から多くの「収益」を得ていると指摘するのだ。この政治教育によって投資収益を目論む行動は、多数者の支配というデモクラシーの原則をゆがめる。ＦＴＥ部門のトップ層が使うこの政治テクニックを、人種は生物学的に存在しないという認識から、Racecraft（人種差別意識を利用した巧妙な手口）だとテミン教授は論じている。

こうした「政治の投資理論」を支持する論拠として、彼は二〇一二年の連邦議会議員選挙の統計データや地方選挙の事例を引用する。民主党の下院議員に投じられた票の比率は、選挙に支出された金額と強い相関関係が認められるのは明らかだと言うのだ。

このように、小さな政府を求め、社会保障費や教育への公的支出を削減せよと富裕層が主張するのは、結局、「ニュー・ディールを撤回せよ！」を意味しているとテミン教授は見る。圧倒的多数の白人の低賃金労働者が、自分たちの利益を考慮しない政治家を選んでしまうという現実は、米国がデモクラシー国家ではなく、少数の富裕層の支配、すなわち寡頭制（Oligarchy）の国家だということになる。寡頭制は富などを持つ少数の権力者の利益に奉仕する。それは利益の多数者への平等な配分を原則とするデモクラシーとは全く背馳する政治システムだとテミン教授は結論付けている。

本書の中心的な議論をこのように要約した上で、蛇足になることを恐れずに感想めいたコメントを最後にいくつか付け加えておきたい。読者諸兄姉の参考になれば幸いである。

読後感を一言でいえば、不足はあるものの、本書は読むに値する問題提起的な重要な論考だということになる。社会科学が、自然科学を模して、厳密性に拘泥し、数量的表現に終始しているケースが目立つ現実を考えると、われわれ社会研究に携わる者に本書は自省を促すという点で刺激になる。読み終えると、些末なことを厳密に議論するよりも、大事な問題を少し大まかに議論することも、時にははるかに望ましい姿勢だと教えられる。この解説の冒頭に示したテミン教授の研究経歴を鑑みると、彼の問題関心のシフトと幅の広さに驚くと同時に、取り組む問題ごとに、その記述の方法と表現道具を変えていく臨機応変さに感心する。

本書の面白さは、米国で生活していないと気付かないような、アメリカ国民の生活と政治についての生々しい具体的な情報（薬物問題、投獄者の多さ、社会資本の劣化、学生ローン地獄などなど）が盛り込まれていることにもある。こうした情報を根拠にして、どれほど一般化した議論ができるのかは、厳密な資料批判や統計数字の吟味を必要とするであろう。いずれにせよ、「事実そのものを問題にする」ことはもちろん必要ではあるが、「それを事実だとみなす人がいるという事実」は無視できないということだ。控え目に言えば、「把握された現状」を事実そのものだとする知的研究者がいるという事実を無視できないほどに、アメリカ社会の知的分断が進んだということであろう。

中産階級の縮小は健全なデモクラシーを危うくする。「ほどほどに持つ人々」の健全な判断力による安定的な社会、というデモクラシーのプラス要素が傷つけられる。過剰な富を持っても、貧困に喘いでも、的確な判断力は弱まるからだ。他方、経済的豊かさには、デモクラシーを形骸化するという側面もある。中産階級の経済的豊かさが政治への無関心を生むからだ。いずれにしても、中間層の縮小は政治を不安定にして過激な思想を生み出しかねない。十分な教養と公共精神を持った中間階級の存在はデモクラシーにとって不可欠なのだ。そのように考えると、本書が提示する問題は、ひとり米国にとどまらず、近年、相対的貧困率の上昇を記録している日本も直面するはなはだ深刻な問題と言わざるを得ない。

二〇二〇年三月二三日

猪木武徳

訳者あとがき

本書はPeter Temin, *The Vanishing Middle Class: Prejudice and Power in a Dual Economy* (MIT Press, 2017. Paperback edition, 2018) の全訳である。著者ピーター・テミンはマサチューセッツ工科大学名誉教授で、アメリカ経済史の大家として知られている。本書には、ペーパーバック版（二〇一八年）所収の「エピローグ」とテミン教授が寄せてくれた「日本語版への序文」が併せて訳出されている。

テミン教授が本文の最終稿を書き上げたのは二〇一六年九月、つまりアメリカ大統領選挙の本選直前だった。大方の予想を覆してドナルド・トランプ氏が当選してからのアメリカの政治経済の動向と、それに対するテミン教授の見解は、「エピローグ」と「日本語版への序文」にまとめられている。

本書の概要と意義については、テミン教授の経済史研究の歩みと併せて、猪木武徳教授による明快な「解説」を参照していただきたい。アメリカにおける中間層の衰退や社会の分断が論じられるようになって久しいが、最近ではトランプ大統領の過激な（分断を助長するような）言動に注目が集まりがちである。訳者としては、本書がアメリカの歴史と現在をより深く冷静に理解するための機会となれば幸いである。

本書の翻訳出版に際しては、多くの方にご協力いただいた。まず、出版の検討段階で、神林龍、高見典和、吉原直毅、渡辺靖の諸先生から、本書の学術的な意義について貴重なご意見を賜った。翻訳作業を進める過程では、テミン教授ご本人にたびたび電子メールで質問し、迅速かつ丁寧なご返答をいただいた。教授の英語は概して簡潔・明快であるが、原著の叙述は主にアメリカ人読者を想定している。アメリカの歴史・制度・文化等について疑問が生じた際に、ご本人に直接確認できたことは心強かった。感謝の意を表したい。

校正刷りの段階では、貴堂嘉之先生からアメリカ史に関する専門用語・表現について、また中村亨先生からは経済モデルの見方について、ご教示いただいた。さらに、木名瀬由美さん、篠塚雅也さんは、訳稿全体にわたってきわめて有益かつ詳細なコメントを寄せてくれた。訳語の選択については、池田暁子さん、細江葉子さんにも相談に乗っていただいた。ただし、翻訳の最終的な責任が訳者にあることは言うまでもない。最後に、慶應義塾大学出版会の永田透氏には、企画の立ち上げ段階から校了にいたるまで、的確な助言と温かな支援を賜った。記して感謝したい。

二〇二〇年四月八日

栗林寛幸

人名索引

ア行

カ行

サ行

タ行

ナ行

ハ行

マ行

ラ行

事項索引

タ行

ナ行

ハ行

マ行

ヤ行

ラ行

ワ行

参考文献

Abascal, Maria, and Delia Baldassarri. 2015. "Love Thy Neighbor? Ethnoracial Diversity and Trust Reexamined." *American Journal of Sociology* 121 (3) (November): 122–182.

Acemoglu, Daron, David Autor, David Dorn, Gordon H. Hanson, and Brandon Price. 2016. "Import Competition and the Great US Employment Sag of the 2000s." *Journal of Labor Economics* 34 (S1) (Part 2, January): S141–S198.

Acharya, Avichit, Matthew Blackwell, and Maya Sen. 2014."The Political Legacy of American Slavery." Harvard Kennedy School Working Paper 14-057. http://papers.ssrn.com/sol3/papers.cfm?abstract_id=2538616. Accessed September 20, 2016.

Achen, Christopher H., and Larry M. Bartells. 2016. *Democracy for Realists: Why Elections Do Not Produce Responsible Government*. Princeton: Princeton University Press.

Agan, Amanda Y., and Sonja B. Starr. 2016. "Ban the Box, Criminal Records, and Statistical Discrimination: A Field Experiment." University of Michigan Law and Economic Research Paper 16-012. http://papers.ssrn.com/sol3/papers.cfm?abstract_id=2795795. Accessed September 20, 2016.

Agee, James, and Walker Evans. 1941. *Let Us Now Praise Famous Men*. Boston: Houghton Mifflin.

Alesina, Alberto, Edward Glaeser, and Bruce Sacerdote. 2001."Why Doesn't the United States Have a European-Style Welfare State?" *Brookings Papers on Economic Activity* (Fall): 187–278. Also available as NBER Working Paper No. 8524.

Alexander, Brian. 2017. *Glass House: The 1% and the Shattering of the All-American Town*. New York: St. Martins.

Alexander, Michelle. 2010. *The New Jim Crow: Mass Incarceration in the Age of Colorblindness*. New York: New Press.

Alichi, Ali, Kory Kantenga, and Juan Solé. 2016. "Income Polarization in the United States." IMF Working Paper, WP/16/121, June.

Allegretto, Sylvia, and Lawrence Mishel. 2016. "The Teacher Pay Gap Is Wider than Ever." *Economic Policy Institute*, August 9. http://www.epi.org/publication/the-teacher-pay-gap-is-wider-than-ever-teachers-pay-continues-to-fall-further-behind-pay-of-comparable-workers. Accessed September 20, 2016.

American Society of Civil Engineers. 2013. 2013 *Report Card for American Infrastructure*. http://www.infrastructurereportcard.org. Accessed September 20, 2016.

American Society of Civil Engineers. 2017. 2017 *Infrastructure Report Card*. Reston, VA: ASCE Foundation.

Anderson, Carol. 2016. White Rage: *The Unspoken Truth of Our Racial Divide*. New York: Bloomsbury.

Angrist, Joshua D., Parag A. Pathak, and Christopher R. Walters. 2013."Explaining Charter School Effectiveness." *American Economic Journal: Applied Economics* 5 (4) (October): 1–27.

Appelbaum, Binyamin. 2017. "Median U.S. Household Income Up for 2nd Straight Year." *New York Times*, September 12.

Appelbaum, Eileen. 2017. "Public Works Funding Falls as Infrastructure Continues to Deteriorate." *New York Times*, August 8.

Appelbaum, Eileen, and Rosemary Batt. 2014. *Private Equity at Work: When Wall Street Manages Main Street*. New York: Russell Sage Foundation.

Apuzzo, Matt. 2016. "Department of Justice Sues Ferguson, Which Reversed Course on Agreement." *New York Times*, February 10.

Apuzzo, Matt. 2017. "In Blackwater Case, Court Rejects a Murder Conviction and Voids 3 Sentences." *New York Times*, August 4.

Arrow, Kenneth J. 1963. "Uncertainty and the Welfare Economics of Medical Care." *American Economic Review* 53 (5): 141–149.

Arsenault, Mark. 2016. "Globe Parts Ways with Home Delivery Company." *Boston Globe*, March 9.

Ashton, Paul, and Amanda Petteruti. 2011. "Gaming the System: How the Political Strategies of Private Prison Companies Promote Ineffective Incarceration Policies." Justice Policy Institute, Washington, DC, June.

Associated Press. 2015. "Obama Signs 5-Year Infrastructure Spending Bill." *New York Times*, December 4.

Associated Press. 2017. "Ryan Aiming for Low- to Mid-20s Percentage Corporate Tax Rate." *New York Times*, September 7.

Atkinson, Anthony B. 2015. *Inequality: What Can Be Done*? Cambridge, MA: Harvard University Press.〔『21世紀の不平等』山形浩生・森本正史訳、東洋経済新報社、2015年〕

Authers, John. 2015. "Infrastructure: Bridging the Gap." *Financial Times*, November 9.

Autor, David H. 2015. "Why Are There Still So Many Jobs? The History and Future of Workplace Automation." *Journal of Economic Perspectives* 29 (3) (Summer): 3–30.

Autor, David H., and David Dorn. 2013. "The Growth of Low-Skill Service Jobs and the Polarization of the US Labor Market." *American Economic Review* 103 (5) (August) : 1553–1597.

Autor, David H., David Dorn, and Gordon H. Hanson. 2013. "The China Syndrome: Local Labor Market Effects of Import Competition in the United States." *American Economic Review* 103 (6): 2121–2168.

Autor, David H., Frank Levy, and Richard J. Murnane. 2003. "The Skill Content of Recent Technological Change: An Empirical Exploration." *Quarterly Journal of Economics* 118

(November): 1279–1333.

Azar, Jose, Martin C. Schmalz, and Isabel Tecu. 2015. "Anti-competitive Effects of Common Ownership." University of Michigan working paper, March 3. http://www.bc.edu/content/dam/files/schools/csom_sites/fi nance/Schmalz-031115.pdf. Accessed September 20, 2016.

Bacevich, Andrew J. 2016. *America's War for the Great Middle East: A Military History*. New York: Random House.

Bagli, Charles V. 2016. "How Donald Trump Built an Empire on $885 Million in Tax Breaks." *New York Times*, September 17.

Baily, Martha J., and Susan M. Dynarski. 2011. "Inequality in Postsecondary Education." In *Whither Opportunity? Rising Inequality, Schools, and Children's Life Chances*, ed. Greg J. Duncan and Richard J. Murnane, 117–132. New York: Russell Sage Foundation.

Baker, Peter. 2017. "A Divider, Not a Uniter, Trump Widens the Breach." *New York Times*, September 24.

Baker, Peter, and Maggie Haberman. 2017. "The Election Is Over, but Trump Can't Seem to Get Past It." *New York Times*, May 13.

Baker, Peter, Glenn Thrush, and Maggie Haberman. 2017. "Jared Kushner and Ivanka Trump: Pillars of Family-Driven West Wing." *New York Times*, April 15.

Barbaro, Michael. 2016. "Donald Trump Clung to 'Birther' Lie for Years, and Still Isn't Apologetic." *New York Times*, September 16.

Barnett, W. Steven, Kwanghee Jung, Min-Jong Youn, and Ellen C. Freder. 2013. "Abbott Preschool Program Longitudinal Effects Study: Fifth Grade Follow-Up." National Institute for Early Education Research, Rutgers, New York, March 20. http://nieer.org/sites/nieer/files/APPLES%205th%20Grade.pdf. Accessed September 20, 2016.

Barofsky, Neil. 2012. *Bailout: An Inside Account of How Washington Abandoned Main Street While Rescuing Wall Street*. New York: Free Press.

Barro, Josh. 2015. "Thanks, Obama: Highest Earners' Tax Rates Rose Sharply in 2013." *New York Times*, December 30.

Barstow, David, James Glanz, Richard A. Oppel Jr., and Kate Zernike. 2004. "Security Companies: Shadow Soldiers in Iraq." *New York Times*, April 19.

Bartels, Larry M. 2008. *Unequal Democracy: The Political Economy of the New Gilded Age*. New York: Russell Sage Foundation.

Bartlett, Bruce. 2013. "Exploring Mitt Romney's Taxes and Tax Plan." *New York Times*, August 21.

Baum, Dan. 2016. "Legalize It All: How to Win the War on Drugs." *Harper's Magazine*, April. https://harpers.org/archive/2016/04/legalize-it-all/. Accessed November 16, 2017.

Bazelon, Emily, and Eric Posner. 2017. "The Government Gorsuch Wants to Undo." *New York Times*, April 1.

Beard, Mary. 2015. *SPQR: A History of Ancient Rome*. New York: W. W. Norton.

Beasley, Maya A. 2011. *Opting Out: Losing the Potential of America's Young Black Elite*. Chicago: University of Chicago Press.

Becker, Gary. S. 1964. *Human Capital: A Theoretical and Empirical Analysis with Special Reference to Education*. New York: Columbia University Press.〔『人的資本——教育を中心とした理論的・経験的分析』佐野陽子訳、東洋経済新報社、1976年〕

Belkin, Lisa. 1999. *Show Me a Hero*. Boston: Little, Brown.

Bennett, Jim, "Alabama Photo Voter ID Guide." 2014. Office of the Secretary of State, State of Alabama, March.

Berliner, Joseph S. 1999. *The Economics of the Good Society: The Variety of Individual Arrangements*. Malden, MA: Blackwell.

Berman, Ari. 2015. Give Us the Ballot: *The Modern Struggle for Voting Rights in America*. New York: Farrar, Straus and Giroux.

Berman, Ari. 2017. "Wisconsin's ID Law Suppressed 200,000 Voted in 2016 (Trump by 22,748)." The Nation, May 9. https://www.thenation.com/article/wisconsins-voter-id-law-suppressed-200000-votes-trump-won-by-23000/. Accessed November 16, 2017.

Bernard, Tara Siegel. 2015. "Judges Rebuke Limits on Wiping Out Student Loan Debt." *New York Times*, July 17.

Bernstein, Nina. 2009. "Immigrant Detainee Dies, and a Life Is Buried, Too." *New York Times*, April 2.

Bernstein, Nina. 2016. "Health Care at New Jersey Immigrant Jail Is Substandard, Watchdog Groups Say." *New York Times*, May 11.

Bettinger, Eric P. 2005. "The Effect of Charter Schools on Charter Students and Public Schools." *Economics of Education Review* 24 (April): 133–147.

Bewley, Truman. 1999. *Why Wages Don't Fall During a Recession*. Cambridge, MA: Harvard University Press, 1999.

Bickerton, Chris, and Alex Gourevitch. 2011. "Productivity, Inequality, Poverty." *The Current Moment*, August 18. https://thecurrentmoment.wordpress.com/2011/08/18/productivity-inequality-poverty/. Accessed September 22, 2016.

Bifulco, Robert, and Helen F. Ladd. 2006."The Impact of Charter Schools on Student Achievement: Evidence from North Carolina." *Education Finance and Policy* 1 (Winter): 30–90.

Binelli, Mark. 2017. "Michigan Gambled on Charter Schools. Its Children Lost." *New York Times*, September 5.

Blinder, Alan, and Richard Fausset. 2016."Federal Judge Upholds North Carolina Voter Rules." *New York Times*, April 25.

Board of Governors of the Federal Reserve System. 2015. "Report on the Economic Well-Being of U.S. Households in 2014." May. http://www.federalreserve.gov/econresdata/2014-report-economic-well-being-us-households-201505.pdf. Accessed September 22, 2016.

Bohlen, Celestine. 2017. "American Democracy Is Drowning in Money." *New York Times*, September 20.

Bonczar, Thomas P. 2003. "Prevalence of Imprisonment in the U.S. Population, 1974–2001." U.S. Department of Justice, Bureau of Justice Statistics, Special Report. Washington, DC, August.

Bosman, Julie, Monica Davey, and Mitch Smith. 2016. "As Water Problems Grew, Officials Belittled Complaints from Flint." *New York Times*, January 20.

Bosman, Julie. 2016 a. "Crumbling, Destitute Schools Threaten Detroit's Recovery." *New York Times*, January 20.

Bosman, Julie. 2016 b. "Few Answers on When Flint Will Have Clean Water Again." *New York Times*, January 27.

Bosman, Julie. 2016 c. "Flint's Former Manager Resigns as Head of Detroit Schools." *New York Times*, February 2.

Bosman, Julie. 2016 d. "Many Flint Residents Are Desperate to Leave, but See No Escape." *New York Times*, February 4.

Bosworth, Barry, and Gary Burtless. 2016. "Later Retirement, Inequality in Old Age, and the Growing Gap in Longevity between Rich and Poor." *Economic Studies at Brookings*, January.

Bourguignon, Francois. 2015. *The Globalization of Inequality*. Princeton: Princeton University Press.

Boushey, Heather. 2017. "How the Radical Right Played the Long Game and Won." *New York Times*, August 15.

Boustan, Leah Platt. 2010. "Was Postwar Suburbanization 'White Flight'? Evidence from the Black Migration." *Quarterly Journal of Economics* 125 (February): 417–443.

Boyer, Paul, and Stephen Nissenbaum. 1974. *Salem Possessed: The Social Origins of Witchcraft*. Cambridge, MA: Harvard University Press.〔『呪われたセイレム——魔女呪術の社会的起源』山本雅訳、溪水社、2008年〕

Bradley Kar, Robin, and Jason Mazzone. 2016. "The Garland Affair: What History and the Constitution Really Say about President Obama's Powers to Appoint a Replacement for Justice Scalia." *New York University Law Review* 91 (May): 53–114.

Brittain, Amy, and Dari Horwitz. 2016. "Justice Scalia Spent His Last Hours with Members of This Secretive Society of Elite Hunters." *Washington Post*, February 24.

Brodkin, Karen. 1998. *How Jews Became White Folks and What That Says about Race in America*. New Brunswick, NJ: Rutgers University Press.

Brown, Emma, Valerie Strauss, and Danielle Douglas-Gabriel. 2017. "Trump's First Full Education Budget: Deep Cuts to Public School Programs in Pursuit of School Choice." *Washington Post*, May 17.

Buchanan, James M. 1973. "America's Third Century in Perspective. " *Atlantic Economic*

Journal 1 (November): 3–12.

Buchanan, James M. 1975. *The Limits of Liberty: Between Anarchy and Leviathan*. Chicago: University of Chicago Press.〔『自由の限界——人間と制度の経済学』加藤寛監訳、秀潤社、1977年〕

Buettner, Russ, and Charles V. Bagli. 2016. "How Donald Trump Bankrupted His Atlantic City Casinos, But Still Earned Millions." *New York Times*, June 11.

Bui, Quoctrung, and Claire Cain Miller. 2016. "Why Tech Degrees Are Not Putting More Blacks and Hispanics into Tech Jobs." *New York Times*, February 25.

Bunton, Derwyn. 2016. "When the Public Defender Says, 'I Can't Help.'" *New York Times*, February 19.

Bureau of Labor Statistics. 2015. "Occupational Employment Statistics."http://www.bls.gov/oes/current/oes_nat.htm#19-0000. Accessed September 22, 2016.

Burnham, Walter Dean. 2010. *Voting in American Elections: The Shaping of the American Political Universe since 1788*. Bethesda, MD: Academic Press.

Burnham, Walter Dean. 2015. "Voter Turnout and the Path to Plutocracy." In *Polarized Politics; The Impact of Divisiveness in the US Political System*, ed. William Crotty, 27–69. Boulder, CO: Lynne Rienner.

Burnham, Walter Dean, and Thomas Ferguson. 2014. "Americans Are Sick to Death of Both Parties: Why Our Politics Is in Worse Shape Than We Thought." *Alternet*, December 18. http://www.alternet.org/americans-are-sick-death-both-parties-why-our-politics-worse-shape-we-thought. Accessed September 22, 2016.

Bush, George W. 2007. "President Bush Signs 'Improving Head Start for Schooling Readiness Act of 2007' into Law." The White House, Washington, DC, December. https://georgewbush-whitehouse.archives.gov/news/releases/2007/12/20071212-3.html. Accessed September 22, 2016.

Caraley, Demetrios. 1992. "Washington Abandons the Cities." *Political Science Quarterly* 107: 1–30.

Card, David, Alexandre Mas, and Jesse Rothstein. 2008. "Tipping and the Dynamics of Segregation." *Quarterly Journal of Economics* 123 (February) :177–218.

Card, David, and Laura Giuliano. 2014. "Does Gifted Education Work? For Which Students?" NBER Working Paper No. 20453, September.

Carey, Kevin. 2014. "When Higher Education Does n't Deliver on Its Promise." *New York Times*, October 4.

Carey, Kevin. 2015. "Student Debt in America: Lend with a Smile, Collect with a Fist." *New York Times*, November 27.

Carl, Jeremy. 2016. "The Lawless Anti-White Identity Politics of the Democratic Party is on Full Display in Philly." *National Review*, August.www.nationalreview.com/node/438380/print. Accessed September 22, 2016.

Carlson, Andrew. 2014. "State Higher Education Finance." State Higher Education Executive Officers Association. http://www.sheeo.org/sites/default/files/project-files/SHEF_FY2014_EMBARGOED.pdf. Accessed September 22, 2016.

Case, Anne, and Angus Deaton. 2015. "Rising Morbidity and Mortality in Midlife among White Non-Hispanic Americans in the 21st Century." *Proceedings of the National Academy of Sciences of the United States of America* 112 (49) (December 8): 15078–15083.

Cason, Mike. 2015. "State to Close 5 parks, Cut Back Services and License Offices." *Alabama Media Group*, September. http://www.al.com/news/index.ssf/2015/09/state_announces_to_close_becau.html#incart_river_home. Accessed September 22, 2016.

Charles Colton Task Force on Federal Corrections. 2015. "Who Gets Time for Federal Drug Offenses? Data Trends and Opportunities for Reform." Urban Institute, Washington, DC, November.

Cherlin, Andrew J. 2014. *Labor's Love Lost: The Rise and Fall of the Working-Class Family in America*. New York: Russell Sage Foundation.

Chetty, Raj, Nathaniel Hendren, and Lawrence Katz. 2016. "The Effects of Exposure to Better Neighborhoods on Children: New Evidence from the Moving to Opportunity Experiment." *American Economic Review* 106 (4): 855–902.

Chozick, Amy. 2015. "Middle Class Is Disappearing, at Least from Vocabulary of Possible 2016 Contenders." *New York Times*, May 11.

Chyn, Eric. 2016. "The Long-Run Effect of Public Housing Demolition on Labor Market Outcomes of Children." Economics Department, University of Michigan, Ann Arbor, MI, March 27.

Clarke, Richard A. 2004. *Against All Enemies: Inside America's War on Terror*. New York: Free Press.

Clear, Todd R. 2007. *Imprisoning Communities: How Mass Incarceration Makes Disadvantaged Neighborhoods Worse*. New York: Oxford University Press.

Clotfelter, Charles T. 2004. *After Brown: The Rise and Retreat of School Segregation*. Princeton: Princeton University Press.

CNN. 2013. "Poll: 'Obamacare' vs. 'Affordable Care Act.'" CCN Political Unit, September 27. http://politicalticker.blogs.cnn.com/2013/09/27/poll-obamacare-vs-affordable-care-act/. Accessed September 22, 2016.

Coates, Ta-Nehisi. 2015. *Between the World and Me*. New York: Spiegel and Grau. 〔『世界と僕のあいだに』池田年穂訳、慶應義塾大学出版会、2017年〕

Cohen, Patricia. 2015 a. "Gasoline-Tax Increase Finds Little Support." *New York Times*, January 2.

Cohen, Patricia. 2015 b. "For-Profit Colleges Accused of Fraud Still Receive U.S. Funds." *New York Times*, October 12.

Cohen, Patricia. 2016 a. "A Rising Call to Promote STEM Education and Cut Liberal Arts

Funding." *New York Times*, February 21.

Cohen, Patricia. 2016 b. "States Vie to Shield the Wealth of the 1 Percent." *New York Times*, August 8.

Confessore, Nicholas. 2015. "A Wealthy Governor and His Friends Are Remaking Illinois." *New York Times*, November 29.

Confessore, Nicholas. 2016. "For Whites Sensing Decline, Trump Unleashes Words of Resistance." *New York Times*, July 13.

Congressional Budget Office. 2014. "The Distribution of Household Income and Federal Taxes, 2011." Washington, DC, November 12. https://www.cbo.gov/publication/ 49440. Accessed November 16, 2017.

Congressional Budget Office. 2017 a. Cost Estimate, H.R. 1628, American Health Care Act of 2017, As passed by the House of Representatives on May 4,2017. Washington, DC, May 24. https://apps.npr.org/documents/document.html?id=3731724-CBO-Report-On-AHCA-As-Passed-By-The-House. Accessed November 16, 2017.

Congressional Budget Office. 2017 b. Cost Estimate, H.R. 1628, Better Care Reconciliation Act of 2017, An Amendment in the Nature of a Substitute. Washington, DC, June 26. https://www.cbo.gov/publication/52849. Accessed November 16, 2017.

Congressional Budget Office. 2017 c. Cost Estimate, H.R. 1628, Obamacare Repeal Reconciliation Act of 2017, An Amendment in the Nature of a Substitute.Washington, DC, July 19. https://www.cbo.gov/publication/52939. Accessed November 16, 2017.

Congressional Budget Office. 2017 d. The Effects of Terminating Payments for Cost-Sharing Reductions. August 15. https://www.cbo.gov/publication/53009. Accessed November 16, 2017.

Consortium for Longitudinal Studies. 1983. *As the Twig Is Bent... Lasting Effects of Preschool Programs*. Hillsdale, NJ: Lawrence Erlbaum Associates. Consumer Financial Protection Bureau. 2015. "Student Loan Servicing."September. http://files.consumerfi nance.gov/f/201509_cfpb_student-loan-servicing-report.pdf. Accessed September 22, 2016.

Corasaniti, Nick, and Ashley Parker. 2016. "G.O.P. Donors Shift Focus from Top of Ticket to Senate Races." *New York Times*, May 20.

Corkery, Michael. 2016. "Regulators Fear $1 Billion Cleanup Bill." *New York Times*, June 6.

Covert, Bryce. 2015. "Shutting Down Planned Parenthood Would Catapult Women into Poverty." *Nation*, December 23. http://www.thenation.com/article/shutting-down-planned-parenthood-would-catapult-women-into-poverty/. Accessed September 22, 2016.

Cowley, Stacy. 2017. "Consumer Agency Condemns Abuses in Loan Forgiveness Program." *New York Times*, June 22.

Cowley, Stacy, and Patricia Cohen. 2017. "U.S. Halts New Rules Aimed at Abuses by For-Profit Colleges." *New York Times*, June 14.

Cowley, Stacy, and Jessica Silver-Greenberg. 2017. "DeVos Halts Obama-Era Plan to Revamp Student Loan Management." *New York Times*, April 14.
Cozick, Amy. 2015. "Middle Class Is Disappearing, at Least from Vocabulary of Possible 2016 Contenders." *New York Times*, May 11.
Crutchfield and Weeks. 2015. "The Effects of Mass Incarceration on Communities of Color." *Issues in Science and Technology* 32 (1) (Fall): 46–51.
Currie, Janet, and Matthew Neidell. 2007. "Getting Inside the 'Black Box' of Head Start Quality: What Matters and What Does n't." *Economics of Education Review* 26 (1) (February): 83–99.
Currie, Janet, and Duncan Thomas. 2000. "School Quality and the Longer Term Effects of Head Start." *Journal of Human Resources* 35 (4) (Autumn): 755–774.
Cynamon, Barry Z., and Steven M. Fazzari. 2016. "Inequality, the Great Recession, and Slow Recovery." *Cambridge Journal of Economics* 40 (2) (): 373–399.
Daley, David. 2016. *Rat F**ked: The True Story Behind the Secret Plan to Steal America's Democracy*. New York: Norton.
Dasgupta, Partha. 2007. *Economics: A Very Short Introduction*. Oxford: Oxford University Press.〔『経済学』植田和弘・山口臨太郎・中村裕子訳、岩波書店、2008年〕
Davey, Monica, and Mitch Smith. 2016 a. "Emails Reveal Early Suspicions of a Flint Link to Legionnaires' Disease." *New York Times*, February 4.
Davey, Monica, and Mitch Smith. 2016 b. "Chicago Police Dept. Plagued by Systematic Racism, Task Force Finds." *New York Times*, April 13.
Davey, Monica. 2016 a. "With Fewer Members, a Diminished Political Role for Wisconsin Unions." *New York Times*, February 27.
Davey, Monica. 2016 b "Ferguson Voters Give Split Result in Funding Police Overhaul." *New York Times*, April 6.
David, Paul A., and Peter Temin. 1974. "Slavery: The Progressive Institution?" *Journal of Economic History* 34 (3) (September): 739–783.
Davis, Gerald F. 2009. *Managed by the Markets: How Finance Re-shaped America*. New York: Oxford University Press.
Davis, Julie Hirschfeld. 2015. "Obama's Twitter Debut, @POTUS, Attracts Hate-Filled Posts." *New York Times*, May 21.
Davis, Julie Hirschfeld, David E. Sanger, and Glenn Thrush. 2017. "Trump Questions Putin on Election Meddling at Eagerly Awaited Encounter." *New York Times*, July 7.
Dawisha, Karen. 2014. *Putin's Kleptocracy: Who Owns Russia?* New York: Simon and Shuster.
DeLong, J. Bradford, and Lawrence H. Summers. 2012. "Fiscal Policy in a Depressed Economy." *Brookings Papers on Economic Activity* 44 (1) (Spring): 233–297.
Delpit, Lisa. 2012. *Multiplication Is for White People: Raising Expectations for Other*

People's Children. New York: The New Press.
DeSilver, Drew. 2014. "For Most Workers, Real Wages Have Barely Budged for Decades." Pew Research Center, October 9. http://www.pewresearch.org/fact-tank/2014/10/09/for-most-workers-real-wages-have-barely-budged-for-decades/. Accessed September 22, 2016.
Desmond, Matthew. 2017. "How Homeownership Became the Engine of American Inequality." *New York Times*, May 9.
Dew, Brian, and Dean Baker. 2017. "The Collapse of Obamacare: Big Problem in Republican States." *CEPR Blog*, July 3. http://cepr.net/blogs/cepr-blog/the-collapse-of-obamacare-big-problem-in-republican-states. Accessed November 16, 2017.
Dewey, John. 1935. *Liberalism and Social Action*. New York: Putnam.
Diamond, Peter A., and Peter R. Orszag. 2005. *Saving Social Security: A Balanced Approach*. Washington, DC: Brookings Institution Press.
Dickerson, Caitli. 2017. "Trump Plan Would Curtail Protections for Detained Immigrants." *New York Times*, April 13.
Dimon, Jamie. 2016. "Why We're Giving Our Employees a Raise." *New York Times*, July 12.
DiTomaso, Nancy. 2013. *The American Non-Dilemma: Racial Inequality without Racism*. New York: Russell Sage Foundation.
Dobbie, Will, and Roland D. Fryer, Jr. 2013. "Getting beneath the Veil of Effective Schools: Evidence from New York City." *American Economic Journal: Applied Economics* 54 (October): 28–60.
Doogan, Kevin. *New Capitalism? The Transformation of Work*. Cambridge: Polity Press, 2009.
Dreier, Peter, and Aditi Sen. 2015. "Hedge Funds: The Ultimate Absentee Landlords." *American Prospect* 25 (5) (Fall): 40–45. http://prospect.org/article/hedge-funds-ultimate-absentee-landlords-fall-preview. Accessed September 22, 2016.
Drutman, Lee. 2013. "The Political 1% of the 1% in 2012." *Sunlight Foundation* blog, June 24, http://sunlightfoundation.com/blog/2013/06/24/1pct_of_the_1pct/. Accessed September 22, 2016.
Drutman, Lee. 2015. *The Business of America Is Lobbying*. New York: Oxford University Press.
Dubner, Stephen J. 2005. "Toward a Unifi ed Theory of Black America." *New York Times*, March 20.
Dungea, Nicole. 2015. "Review Faults T on Maintenance, Disabled Riders." *Boston Globe*, December 31.
Dwyer, Jim. 2016. "What Happened to Jane Mayer When She Wrote about the Koch Brothers." *New York Times*, January 26.
Dylan, Bob. *Only a Pawn in Their Game*. Los Angeles: Warner Brothers, 1963.
Dynarski, Susan. 2015 a. "New Data Gives Clearer Picture of Student Debt." *New York*

Times, September 10.
Dynarski, Susan. 2015 b. "Urban Charter Schools Often Succeed. Suburban Ones Often Don' t." *New York Times*, November 20.
Dynarski, Susan. 2016 a. "Why Talented Black and Hispanic Students Can Go Undiscovered." *New York Times*, April 8.
Dynarski, Susan. 2016 b. "America Can Fix Its Student Debt Loan Crisis, Ask Australia." New York Times, July 10.
Dynarski, Susan. 2017. "The Wrong Way to Fix Student Debt." *New York Times*, May 6.
Dyson, Michael Eric. 2017. "Charlottesville and the Bigotarchy." *New York Times*, August 12.
Eavis, Peter. 2015. "A Missed Opportunity of Ultra-Cheap Money." *New York Times*, December 17.
Eavis, Peter. 2016. "Debate over Prison Population Turns to the States." *New York Times*, April 12.
Eckholm, Erik. 2016. "Anti-Abortion Group Presses Ahead despite Recent Supreme Court Ruling." *New York Times*, July 9.
Edin, Kathryn J. 1997. *Making Ends Meet: How Single Mothers Survive Welfare and Low-Wage Work*. New York: Russell Sage Foundation.
Edin, Kathryn J., and H. Luke Shaefer. 2015. *$2.00 a Day: Living on Almost Nothing in America*. Boston: Houghton Mifflin Harcourt.
Editorial Board. 2015. "Gov. Christie's Toxic School Plan." *New York Times*, June 25.
Edsall, Thomas B. 2016. "How the Other Fifth Lives." *New York Times*, April 27.
Edsall, Thomas B., with Mary D. Edsall. 1991. *Chain Reaction: The Impact of Race, Rights and Taxes on American Politics*. New York: Norton.
Edwards, Ezekiel, Will Bunting, and Lynda Garcia. 2013. *The War on Marijuana in Black and White*. New York: American Civil Liberties Union.
Edwards, John. 2004. "Speech to the Democratic National Convention." July 28. http://www.washingtonpost.com/wp-dyn/articles/A22230-2004Jul28.html. Accessed September 22, 2016.
Eichengreen, Barry. *Exorbitant Privilege: The Rise and Fall of the Dollar and the Future of the International Monetary System*. New York: Oxford University Press, 2011.〔『とてつもない特権：君臨する基軸通貨ドルの不安』小浜裕久監訳、勁草書房、2012年〕
Eisinger, Jesse. 2017. *The Chickenshit Club: Why the Justice Department Fails to Prosecute Executives*. New York: Simon & Schuster.
Eligon, John. 2016. "A Question of Environmental Racism in Flint." *New York Times*, January 21.
Ewald, Alec C. 2009. *The Way We Vote: The Local Dimension of American Suffrage*. Nashville: Vanderbilt University Press.
Fairlie, Robert W., and William A. Sundstrom. 1999. "The Emergence, Persistence and

Recent Widening of the Racial Unemployment Gap." *Industrial and Labor Relations Review* 52 (2) (January): 252–270.
Fandos, Nicholas. 2016 a. "Garland Should Not Be Considered after Election, McConnell Says." *New York Times*, March 20.
Fandos, Nicholas. 2016 b. "House Members Refuse Washington Subway System's Pleas for More Funds." *New York Times*, April 13.
Fandos, Nicholas. 2017. "Hopes Dim for Congressional Russia Inquiries as Parties Clash." *New York Times*, October 22.
Farley, Reynolds, Sheldon Danziger, and Harry J. Holzer. 2000. *Detroit Divided*. New York: Russell Sage Foundation.
Feinstein, Charles H. 1998. "Pessimism Perpetuated: Real Wages and the Standard of Living during and after the Industrial Revolution." *Journal of Economic History* 58 (September): 625–659.
Ferguson, Ronald F. 2007. *Towards Excellence with Equity: An Emerging Vision for Closing the Achievement Gap*. Cambridge, MA: Harvard Education Press.
Ferguson, Thomas. 1995. *Golden Rule: The Investment Theory of Party Competition and the Logic of Money-Driven Political Systems*. Chicago: University of Chicago Press.
Ferguson, Thomas, Paul Jorgensen, and Jie Chen. 2013. "Party Competition and Industrial Structure in the 2012 Elections: Who's Really Driving the Taxi to the Dark Side? " *International Journal of Political Economy* 42 (2) (Summer): 3–41.
Ferguson, Thomas, Paul Jorgensen, and Jie Chen. 2016. "How Money Drives US Congressional Elections." Institute of New Economic Thinking Working Paper No. 48 (August 1). https://www.ineteconomics.org/ideas-papers/research-papers/how-money-drives-us-congressional-elections?p=ideas-papers/research-papers/how-money-drives-us-congressional-elections. Accessed September 20, 2016.
Ferguson, Thomas, Paul Jorgensen, and Jie Chen. 2017. *Fifty Shades of Green: High Finance, Political Money, and the U.S. Congress*. New York: Roosevelt Institute, May.
Ferguson, Thomas, and Joel Rogers. 1986. *Right Turn: The Decline of the Democrats and the Future of American Politics*. New York: Hill and Wang.
Fessenden, Ford, Emma G. Fitzsimmons, K. K. Rebecca Lai, and Adam Pearce. 2017. "New York Subways Are Not Just Delayed. Some Trains Don't Run at All." *New York Times*, August 7.
Fields, Karen E., and Barbara J. Fields. 2012. *Racecraft: The Soul of Inequality in American Life*. New York: Verso.
Fitzsimmons, Emma G. 2017. "Key to Improving Subway Service in New York? Modern Signals." *New York Times*, May 1.
Fitzsimmons, Emma G., and David W. Chen. 2015. "Aging Infrastructure Plagues Nation's Busiest Rail Corridor." *New York Times*, July 26.

Flegenheimer, Matt. 2017 a. "Senate Republicans Deploy 'Nuclear Option' to Clear Path for Gorsuch." *New York Times*, April 6.

Flegenheimer, Matt. 2017 b. "Deepening Rift, Trump Won't Say If Mitch McConnell Should Step Down." *New York Times*, August 10.

Flegenheimer, Matt, Jonathan Martin, and Jennifer Steinhauer. 2017. "Behind Legislative Collapse: An Angry Vow Fizzles for Lack of a Viable Plan." New York Times, July 28.

Fogel, Robert W. 1987. "Some Notes on the Scientifi c Methods of Simon Kuznets." NBER Working Paper No. 2461, December.

Fogel, Robert W., and Stanley L. Engerman. 1974. *Time on the Cross*. Boston: Little, Brown.

Foner, Eric. 1988. *Reconstruction: America's Unfinished Revolution*, 1863–77. New York: Harper and Row.

Foroohar, Rana. 2016. *Makers and Takers: The Rise of Finance and The Fall of American Business*. New York: Crown Business.

Forsberg, Mary E. 2010. "A Hudson Tunnel That Goes One Way." *New York Times*, October 27.

Fortner, Michael Javen. 2015. "The Real Roots of the '70s Drug Laws." *New York Times*, September 28.

Fountain, Henry, and Michael S. Schmidt. 2016. "'Bomb Robot' Takes Down Dallas Gunman, But Raises Enforcement Questions." *New York Times*, July 8.

Fourcade, Marion, Etienne Ollion, and Yann Algan. 2015. "The Superiority of Economists." *Journal of Economic Perspectives* 29（1）（Winter）: 89–113.

Frank, Robert. 2016. "One Top Taxpayer Moved, and New Jersey Shuddered." *New York Times*, April 30.

Freeland, Chrystia. 2012. *Plutocrats: The Rise of the New Global Super Rich and the Fall of Everyone Else*. New York: Penguin.〔『グローバル・スーパーリッチ：超格差の時代』中島由華訳、早川書房、2013年〕

Freeman, Richard A. "Are Your Wages Set in Beijing? " *Journal of Economic Perspectives* 9（3）（Winter 1995）: 15–32.

Fryer, Roland D., Jr. "Injecting Charter School Best Practices into Traditional Public Schools: Evidence from Field Experiments." *Quarterly Journal of Economics* 129（3）（2014）: 65–93.

Galenson, David W. 1981. *White Servitude in Colonial America: An Economic Analysis*. New York: Cambridge University Press.

Garces, Eliana, Duncan Thomas, and Janet Currie. 2002. "Longer-Term Effects of Head Start." *American Economic Review* 92（4）（September）: 999–1012.

Gardner, Matthew, Robert S. McIntyre, and Richard Phillips. 2017. "The 35 Percent Corporate Tax Myth: Corporate Tax Avoidance by Fortune 500 Companies, 2008–2015." Washington, DC: Institute on Taxation and Economic Policy, March.

Gelles, David. "For the Highest Paid C.E.Os, the Party Goes On." *New York Times*, May 16, 2015.
Gelman, Andrew. 2008. *Red State, Blue State, Rich State, Poor State: Why Americans Vote the Way They Do*. Princeton: Princeton University Press.
Gerges, Fawaz A. 2016. ISIS: A History. Princeton: Princeton University Press. Gerstle, Gary. 1995. "Race and the Myth of the Liberal Consensus." *Journal of American History* 80 (2) (September): 579–586.
Gilens, Martin, and Benjamin I. Page. 2014. "Testing Theories of American Politics: Elites, Interest Groups, and Average Citizens." *Perspectives on Politics* 12 (3) (September): 564–581.
Glaze, Lauren E., and Danielle Kaeble. 2014. "Correctional Populations in the United States, 2013." US Department of Justice, Bureau of Justice Statistics, Bulletin. Washington, DC, December.
Goffman, Alice. 2014. *On the Run: Fugitive Life in an American City*. Chicago: University of Chicago Press.
Gold, Martea, and Anu Narayanswamy. 2016. "The New Gilded Age: Close to Half of All Super-PAC Money Comes from 50 Donors." Washington Post, April 15.
Goldin, Claudia. 1990. *Understanding the Gender Gap: An Economic History of American Women*. New York: Oxford University Press.
Goldin, Claudia. 2006. "The Quiet Revolution That Transformed Women's Employment, Education, and Family." *American Economic Review* 96 (2) (May): 1–12.
Goldin, Claudia, and Lawrence F. Katz. 2002. "The Power of the Pill: Oral Contraceptives and Women's Career and Marriage Decisions." *Journal of Political Economy* 110 (August): 730–770.
Goldin, Claudia, and Lawrence F. Katz. 2008. *The Race between Education and Technology*. Cambridge, MA: Harvard University Press.
Goldin, Claudia, and Cecilia Rouse. 2000."Orchestrating Impartiality: The Impact of 'Blind' Auditions on Female Musicians." *American Economic Review* 90 (4) (September): 715–741.
Goldman, Adam. 2017. "Trump Reverses Restrictions on Military Hardware for Police." *New York Times*, August 28.
Goldsmith, R. W. 1969. *Financial Structure and Development*. New Haven: Yale University Press.
Goldstein, Dana. 2014. *The Teacher Wars: A History of America's Most Embattled Profession*. New York: Doubleday.
Goldstein, Matthew. 2015. "As Banks Retreat, Private Equity Rushes to Buy Troubled Home Mortgages." *New York Times*, September 28.
Goleman, Daniel. 1995. *Emotional Intelligence: Why It Can Matter More Than IQ*. New

York: Bantam Books.〔『EQ——こころの知能指数』土屋京子訳、講談社、1996年〕
Goleman, Daniel. 2006. *Emotional Intelligence: The New Science of Human Relationships*. New York: Bantam Books.
Gonnerman, Jennifer. 2016. "Home Free: How a New York State Prisoner Became a Failhouse Lawyer, and Changed the System." *New Yorker*, June 20, 40–49.
Goodnough, Abby. 2016. "Legionnaires' Outbreak in Flint Was Met with Silence." *New York Times*, February 22.
Goodnough, Abby, Monica Davey, and Mitch Smith. 2016. "When the Water Turned Brown." *New York Times*, January 23.
Goodnough, Abby, and Robert Pear. 2017. "Trump Administration Sharply Cuts Spending on Health Law Enrollment." *New York Times*, August 31.
Goolsbee, Austan D., and Alan B. Krueger. 2015. "A Retrospective Look at Rescuing and Restructuring General Motors and Chrysler." *Journal of Economic Perspectives* 29 (2) (Spring): 3–24.
Goos, Maarten, Alan Manning, and Anna Salomons. 2014. "Explaining Job Polarization: Routine-Biased Technical Change and Offshoring." *American Economic Review* 104 (8) (August): 2509–2526.
Gordon, Robert J. 2015. "Secular Stagnation: A Supply-Side View." *American Economic Review* 105 (5) (May): 54–59.
Gornick, Janet C., and Branko Milanovic. 2015. "Income Inequality in the United States in Cross-National Perspective: Redistribution Revisited." Luxembourg Income Study Center Research Brief (1/2015), May 4.
Gottschalk, Marie. 2015. *Caught: The Prison State and the Lockdown of American Politics*. Princeton: Princeton University Press.
Green, Erica L. 2017. "DeVos's Hard Line on New Education Law Surprises States." *New York Times*, July 7.
Greenhouse, Linda. 2017. "Will Politics Tarnish the Supreme Court's Legitimacy?" *New York Times*, October 26.
Grunwald, Michael. 2012. *The New New Deal: The Hidden Story of Change in the Obama Era*. New York: Simon and Shuster.
Gustafron, Kaaryn. 2009. "The Criminalization of Poverty." *Journal of Criminal Law and Criminology* 99 (3) (Spring): 643–716.
Hacker, Jacob S., and Paul Pierson. 2010. *Winner-Take-All Politics: How Washington Made the Rich Richer—and Turned Its Back on the Middle Class*. New York: Simon & Schuster.
Hacker, Jacob S., and Paul Pierson. 2016. *American Amnesia: How the War on Government Led Us to Forget What Made America Prosper*. New York: Simon and Schuster.
Hager, Eli, and Alysia Santo. 2016. "Private Prisoner Vans' Long Road of Neglect." *New York Times*, July 6.

Hall, E. Robert, and Charles I. Jones. 1999. "Why Do Some Countries Produce So Much More Output per Worker than Others? " *Quarterly Journal of Economics* 114 (February): 83–116.

Handlin, Oscar, and Mary F. Handlin. 1950. "Origins of the Southern Labor System." *William and Mary Quarterly* 7 (April): 199–222.

Harris, Alexes. 2016. *A Pound of Flesh: Monetary Sanctions as Punishment for the Poor*. New York: Russell Sage Foundation.

Harris, Elizabeth A. 2016 b. "Judge, Citing Inequality, Orders Connecticut to Overhaul Its School System." *New York Times*, September 7.

Harris, Elizabeth. 2016 a. "Where Nearly Half of Pupils are Homeless, School Aims to Be Teacher, Therapist, even Santa." *New York Times*, June 6.

Harris, John R., and Michael P. Todaro. 1970. "Migration, Unemployment and Development: A Two-Sector Analysis." *American Economic Review* 60: 126–142.

Hasen, Richard L. 2012. *The Voting Wars: From Florida 2000 to the Next Election Meltdown*. New Haven: Yale University Press.

Hayek, Friedrich A. 1944. The Road to Serfdom. Chicago: University of Chicago Press. 〔『隷属への道』西山千明訳、春秋社、2008年〕

Head Start. 2015. "Introduction to Monitoring." Early Childhood Learning and Knowledge Center, Administration for Children and Families, U.S. Department of Health and Human Services, Washington, DC, November https://eclkc.ohs.acf.hhs.gov/hslc/grants/monitoring/intro-to-monitoring.html. Accessed

September 22, 2016.

Heckman, James, Rodrigo Pinto, and Peter Savelyev. 2013. "Understanding the Mechanisms Through which an Influential Early Childhood Program Boosted Adult Outcomes." *American Economic Review* 103 (6) (October): 2052–2086.

Henrichson, Christian, Joshua Rinaldi, and Ruth Delaney. 2015. "The Price of Jails: Measuring the Taxpayer Cost of Local Incarceration." Vera Institute of Justice, May. https://www.vera.org/publications/the-price-of-jails-measuring-the-taxpayer-cost-of-local-incarceration. Accessed September 22, 2016.

Herszenhorn, David M. 2016 a. "G.O.P. Senators Say Obama Supreme Court Pic Will Be Rejected." *New York Times*, February 23.

Herszenhorn, David M. 2016 b. "Wisconsin Race Frames Dispute over Supreme Court." *New York Times*, March 24.

Herszenhorn, David M. 2016 c. "Paul Ryan Calls Donald Trump's Attack on Judge 'Racist" But Backs Him Still." *New York Times*, June 7.

Hertel-Fernandez, Alexander. 2014. "Who Passes Business's 'Model Bills'? Policy Capacity and Corporate Influence in U.S. Politics." *Perspectives on Politics* 12 (3) (September): 583–602.

Hicks, John. 1969. *A Theory of Economic History*. Oxford: Oxford University Press.〔『経済史の理論』新保博・渡辺文夫訳、講談社、1995年〕

Hill, Steven. 2016. *Expand Social Security Now!* Boston: Beacon Press.

Hinton, Elizabeth. 2016. *From the War on Poverty to the War on Crime: The Making of Mass Incarceration in America*. Cambridge, MA: Harvard University Press.

Holzer, Harry J., 2015. "Job Market Polarization and U.S. Worker Skills: A Tale of Two Middles." Economic Studies at Brookings, April.

Holzer, Harry J., and Robert I. Lerman. 2009. "The Future of Middle-Skill Jobs." Center on Children and Families, CCF Brief #41, Brookings Institution,

Washington, DC.

Huetteman, Emmarie, and Yamiche Alcindor. 2017. "Betsy DeVos Confirmed as Education Secretary; Pence Breaks Tie." *New York Times*, February 7.

Hull, Elizabeth A. 2009. "Our 'Crooked Timber': Why Is American Punishment So Harsh? " In *Criminal Disenfranchisement in an International Perspective*, ed. Alec Ewald and Brandon Bottinghaus, 136–164. New York: Cambridge University Press.

Hulse, Carl. 2016. "Why Washington Could n't Pass a Crime Bill Both Parties Backed." *New York Times*, September 16.

Hulse, Carl. 2017. "Behind New Obamacare Repeal Vote, 'Furious' G.O.P. Donors." *New York Times*, September 22.

Ignatiev, Noel. 1995. How the Irish Became White. New York: Routledge. Irwin, Neil. 2016. "The Economic Expansion Is Helping the Middle Class, Finally." *New York Times*, September 13.

Irwin, Neil. 2017. "To Understand Rising Inequality, Consider the Janitors at Two Top Companies, Then and Now." *New York Times*, September 3.

Isaac, Mike, and Noam Scheiber. 2016. "Uber Settles Cases with Concessions, but Drivers Stay Freelancers." *New York Times*, April 21.

Isaac, Mike, and Daisuke Wakabayashi. 2017. "Russian Influence Reached 126 Million through Facebook Alone." *New York Times*, October 30.

Isenberg, Nancy. 2016. *White Trash: The 400-Year Untold History of Class in America*. New York: Viking.〔『ホワイト・トラッシュ——アメリカ低層白人の四百年史』渡辺将人・富岡由美訳、東洋書林、2018年〕

Ivory, Danielle, Ben Protess, and Kitty Bennett. 2016. "When You Dial 911 and Wall Street Answers." *New York Times*, June 25.

Jackson, C. Kirabo, Rucker C. Johnson, and Claudia Persico. 2016. "The Effect of School Spending on Educational and Economic Outcomes: Evidence from School Finance Reforms." *Quarterly Journal of Economics* 131（1）(February): 157–218.

Jargowsky, Paul A. 2015. "The Architecture of Segregation: Civil Unrest, the Concentration of Poverty, and Public Policy." Issue Brief. The Century Foundation, August 9.

Jeffries, John C., Jr. 1994. *Justice Lewis F. Powell, Jr.* New York: Scribner's. Johnson, Lyndon B. 1966. "To Fulfill These Rights." In *Public Papers of the Presidents of the United States: Lyndon B. Johnson, 1965*, Vol. II, 635–640.Washington, DC: Government Printing Office.

Johnson, Rucker C. 2011. "Long-Run Impacts of School Desegregation and School Quality on Adult Attainment." NBER Working Paper No. 16664, January.

Johnston, Katie. 2016. "Western Mass. Prisoner Rehabilitation Program Lauded." *Boston Globe*, June 20.

Jones, Alexander, and Benjamin Forman. 2015. "Exploring the Potential for Pretrial Innovation in Massachusetts." MassINC (Massachusetts Institute for a New Commonwealth) Policy Brief, September.

Jones, Charles I. 1997. "On the Evolution of the World Income Distribution." *Journal of Economic Perspectives* 11 (3) (Summer): 19–36.

Jones, Charles I. 2015. "Pareto and Piketty: The Macroeconomics of Top Income and Wealth Inequality." *Journal of Economic Perspectives* 29 (1) (Winter): 29–46.

Kang, Cecilia. 2016. "No Driver? Bring It On: How Pittsburgh Became Uber's Testing Ground." *New York Times*, September 10.

Kanter, Rosabeth Moss. 2015. *Move: Putting America's Infrastructure Back in the Lead.* New York: Norton.

Kaplan, Thomas. 2017. "With Tax Cuts on the Table, Once Mighty Deficit Hawks Hardly Chirp." *New York Times*, September 28.

Kaplan, Thomas, and Robert Pear. 2017. "Senate Republicans Say They Will Not Vote on Health Bill." *New York Times*, September 26.

Katznelson, Ira. 2005. *When Affirmative Action Was White: An Untold History of Racial Inequality in Twentieth-Century America.* New York: Norton.

Katznelson, Ira. 2013. *Fear Itself: The New Deal and the Origins of Our Time.* New York: Norton.

Kaufman, Dan. 2016. "The Destruction of Progressive Wisconsin." *New York Times*, January 16.

Keefe, Patrick Radden. 2017. "Why Corrupt Bankers Avoid Jail: Prosecution of White-Collar Crime Is at a Twenty-Year Low." *New Yorker*, July 31.

Keller, Josh, and Adam Pearce. 2016. "This Small Indiana County Sends More People to Prison than San Francisco and Durham, N.C., Combined. Why?" *New York Times*, September 2.

Kerber, Linda K. 1998. No Constitutional Right to Be Ladies. New York: Hill and Wang.

Kessler-Harris, Alice. 2001. *In Pursuit of Equity: Women, Men, and the Quest for Economic Citizenship in 20th Century America.* New York: Oxford University Press.

Keyssar, Alexander. 2000. *The Right to Vote: The Contested History of Democracy in the*

United States. Revised edition. New York: Basic Books.
King, R. G., and Ross Levine. 1993. "Finance and Growth: Schumpeter Might Be Right." *Quarterly Journal of Economics* 108: 717–738.
Kinser, Kevin. 2006. *From Main Street to Wall Street: The Transformation of For-Profit Higher Education*. ASHE Higher Education Report, Vol. 31, No. 5. San Francisco: Jossey-Bass.
Kinzer, Stephen. 2016. "Frustrating the War Lobby." *Boston Globe*, September 18.
Kinzer, Stephen. 2006. *Overthrow: America's Century of Regime Change from Hawaii to Iraq*. New York: Times Books.
Kirp, David L. 2013. *Improbable Scholars: The Rebirth of a Great American School System and a Strategy for America's Schools*. Oxford: Oxford University Press.
Kohler-Hausmann, Julilly. 2017. *Getting Tough: Welfare and Imprisonment in the 1970s America*. Princeton: Princeton University Press.
Komlos, John. 2016. "Growth of Income and Welfare in the U.S., 1979–2011." NBER Working Paper No. 22211, April.
Koo, Richard. 2008. The Holy Grail of Economics. Singapore: Wiley. Kousser, J. Morgan. 1999. *Colorblind Injustice: Minority Voting Rights and the Undoing of the Second Reconstruction*. Chapel Hill: University of North Carolina Press.
Kozol, Jonathan. 2005. *The Shame of the Nation: The Restoration of Apartheid Schooling in America*. New York: Crown.
Krantz, Laura. 2016. "WPI Says Student Partly Responsible for Assault." *Boston Globe*, June 7.
Kremer, Michael. 1993. "Population Growth and Technological Change, One Million B.C. to 1990." *Quarterly Journal of Economics* 108 (3) (August): 681–716.
Kroll, Andy, et al. 2014. "A Brief History of Big Oil Tax Breaks for Oil Companies." Mother Jones, April 14. http://www.motherjones.com/politics/2014/04/oil-subsidies-energy-timeline. Accessed September 22, 2016.
Krotoszynski, Ronald J. 2016. "A Poll Tax by Another Name." *New York Times*, November 14.
Krueger, Alan B. 2012."The Rise and Consequences of Inequality." Speech by the chairman of the Council of Economic Advisers, January 12.
Krueger, Alan B., and Lawrence H. Summers. 1987. "Reflections on the Structure of Labor Markets." In *Unemployment and the Structure of Labor Markets*, ed. Kevin Lang and Jonathan Leonard. 17–47. Oxford: Blackwell.
Krugman, Paul. 2016 a. "Remembrances of Booms Past." *New York Times*, May 23.
Krugman, Paul. 2016 b. "States of Cruelty." *New York Times*, August 29.
Krugman, Paul. 2017. "Cruelty, Incompetence and Lies." *New York Times*, September 22.
Kuziemko, Ilyana, and Ebonya Washington. 2015. "Why Did the Democrats Lose the South?

Bringing New Data to an Old Debate." NBER Working Paper No. 21703, November.
Kuznets, Simon. 1955. "Economic Growth and Income Inequality." *American Economic Review* 45 (1) (March): 1-28.
Kyckelhahn, Tracy. 2014. "State Corrections Expenditures, FY 1982-2010." United States Department of Justice, Bureau of Justice Statistics, revised, April 30. http://www.bjs.gov/content/pub/pdf/scefy8210.pdf. Accessed September 22,2016.
Lee, Chisun, and Lawrence Norden. 2016. "The Secret Power Behind Local Elections." *New York Times*, June 25.
Lee, Sophia Z. 2014. *The Workplace Constitution: From the New Deal to the New Right*. New York: Cambridge University Press.
Leonhardt, David. 2017. "The Lawless Presidency." *New York Times*, June 6.
Levine, Ross. 2005. "Finance and Growth: Theory and Evidence." *In Handbook of Economic Growth*, vol I, part A, ed. Philippe Aghion and Steven N. Durlauf.865-934. Amsterdam: Elsevier.
Levine, Sheen S. Evan P. Apfelbaum, Mark Bernard, Valerie L. Bartelt, Edward J. Zajac, and David Stark. 2014. "Ethnic Diversity Deflates Price Bubbles." *Proceedings of the National Academy of Sciences of the United States of America* 111 (52) (December 30): 18524-18529.
Levinson, Sanford. 2006. *Our Undemocratic Constitution: Where the Constitution Goes Wrong (and How We the People Can Correct It)*. New York: Oxford University Press.
Levy, Frank, and Peter Temin. 2007. "Inequality and Institutions in 20th Century America." National Bureau of Research Working Paper 13106, May.
Levy, Frank, and Peter Temin. 2011. "Inequality and Institutions in 20th Century America. " In Economic Evolution and Revolution in Historical Times, ed. Paul Rhode, Joshua Rosenbloom, and David Weiman, 357-386. Stanford: Stanford University Press.
Lewis, Michael. 2010. *The Big Short: Inside the Doomsday Machine*. New York: Norton. 〔『世紀の空売り』東江一紀訳、文藝春秋、2010年〕
Lewis, W. Arthur. 1954. "Economic Development with Unlimited Supplies of Labour." *Manchester School* 22: 139-191.
Lichtblau, Eric. 2016. "U.S. to Curb Queries on Criminal Histories of Government Job Seekers." *New York Times*, April 29.
Liptak, Adam. 2016 a. "Justices Leave Texas Voter ID Law Intact, with a Warning." *New York Times*, April 29.
Liptak, Adam. 2016 b. "Supreme Court Finds Racial Bias in Jury Selection for Death Penalty Case." *New York Times*, May 23.
Liptak, Adam. 2016 c. "Supreme Court Strikes Down Texas Abortion Restrictions." *New York Times*, June 27.
Lipton, Eric, and Julie Creswell. 2016. "Panama Papers Show How Rich United States

Clients Hid Millions Abroad." *New York Times*, June 5.
Lipton, Eric, and Liz Moyer. 2015. "Hospitality and Gambling Interests Delay Closing of Billion-Dollar Tax Loophole." *New York Times*, December 20.
Lipton, Eric, Ben Protess, and Andrew W. Lehren. 2017. "With Trump Appointees, a Raft of Potential Conflicts and 'No Transparency.'" *New York Times*, April 15.
Lipton, Eric, David S. Sanger, and Scott Shane. 2016. "The Perfect Weapon: How Russian Cyberpower Invaded the U.S." *New York Times*, December 13.
Lipton, Eric, and Brooke Williams. 2016. "How Think Tanks Amplify Corporate America's Influence." *New York Times*, August 7.
Lithwick, Dahlia, and David S. Cohen. 2016. "Buck Up, Democrats, and Fight like Republicans." *New York Times*, December 18.
Locke, John. 2013. *Two Treatises on Government: A Translation into Modern English*. Manchester, UK, and Mountain View, CA: Industrial Systems Research and Google Books. Ebook.〔初版は1689年。『完訳 統治二論』加藤節訳、岩波書店、2010年〕
Loewenstein, Antony. 2016. "Private Prisons Are Cashing In on Refugees' Desperation." *New York Times*, February 25.
Lofstrom, Magnus, and Steven Raphael. 2016. "Crime, the Criminal Justice System, and Socioeconomic Inequality." *Journal of Economic Perspectives* 30 (2) (Spring): 103–126.
Logan, Trevon, and John Parman. 2015. "The National Rise in Residential Segregation." NBER Working Paper No. 20934, February.
Looney, Adam, and Constantine Yannelis. 2015 "A Crisis in Student Loans? How Changes in the Characteristics of Borrowers and in the Institutions They Attended Contributed to Rising Loan Defaults." *Brookings Papers on Economic Activity* (Fall) : 1–89.
Lowndes, Joseph E. 2008. *From the New Deal to the New Right: Race and the Southern Origins of Modern Conservatism*. New Haven, CT: Yale University Press.
Luce, Edward. 2015. "Forecasting the World in 2016." *Financial Times*, December 31.
Luce, Edward. 2017. "Trump Is Mugging the American Dream." *Financial Times*, September 7.
Ludwig, Jens, and Douglas L. Miller. 2007. "Does Head Start Improve Children's Life Chances? Evidence from a Regression Discontinuity Design."*Quarterly Journal of Economics* 122 (1) (February): 159–208.
MacDonald, Michael Patrick. 1999. *All Souls: A Family Story from Southie*. New York: Ballantine.
MacLean, Nancy. 2017. *Democracy in Chains: The Deep History of the Radical Right's Stealth Plan for America*. New York: Viking.
Macur, Juliet. 2016. "Before Kris Jenkins' Shot, There Was Ryan Arcidiacono's Pass." *New York Times*, April 5.
Maier, Pauline. 2011. *Ratification: The People Debate the Constitution, 1787-1788*. New

York: Simon and Shuster.
Margo, Robert A. 1985. *Disenfranchisement, School Finance, and the Economics of Segregated Schools in the United States South, 1880-1910*. New York: Garland.
Margo, Robert A. 1990. *Race and Schooling in the South, 1880-1950: An Economic History*. Chicago: University of Chicago Press.
Marx, Karl. 1852. *The Eighteenth Brumaire of Louis Bonaparte*. New York: Die Revolution. 〔『ルイ・ボナパルトのブリュメール18日』植村邦彦訳、平凡社、2008年〕
Mather, Victor, Carla Correa, and Meghan Louttit. 2016. "U.S. Women Jump, Spin and Soar to Gymnastics Gold." *New York Times*, August 9.
Mauer, Marc. 2006. *The Race to Incarcerate*. New York: New Press.
Mayer, Jane. 2010. "Covert Operations: The Billionaire Brothers Who Are Waging a War against Obama." *New Yorker*, August 30.
Mayer, Jane. 2016. *Dark Money: The Hidden History of the Billionaires behind the Rise of the Radical Right*. New York: Doubleday.〔『ダーク・マネー』伏見威蕃訳、東洋経済新報社、2017年〕
Mayer, Jane. 2017. "Trump's Money Man." *New Yorker*, March 27.
Meissner, Doris, Donald M. Kerwin, Muzaffar Chishti, and Claire Bergeron. 2013. *Immigration Enforcement in the United States: The Rise of Formidable Machinery*. Washington, DC: Migration Policy Institute, January.
Mian, Atif, and Amir Sufi. 2014. *House of Debt: How They (and You) Caused the Great Recession and How We Can Prevent It from Happening Again*. Chicago: University of Chicago Press.〔『ハウス・オブ・デット』岩本千晴訳、東洋経済新報社、2015年〕
Milanović, Branko. 2016. *Global Inequality: A New Approach for the Age of Globalization*. Cambridge, MA: Harvard University Press.〔『大不平等——エレファントカーブが予測する未来』立木勝訳、みすず書房、2017年〕
Miller, Claire Cain. 2016. "As Women Take Over a Male-Dominated Field, the Pay Drops." New York Times, March 18.
Miller, Edward H. 2009. *Nut Country: Right-Wing Dallas and the Birth of the Southern Strategy*. Chicago: University of Chicago Press.
Mills, D. Quinn. 1979. "Flawed Victory in Labor Law Reform." *Harvard Business Review* 57 (3): 92-102.
Mincer, Jacob. 1958. "Investment in Human Capital and Personal Income Distribution." *Journal of Political Economy* 66 (4) (August): 281-302.
Minow, Martha. 2003. "Public and Private Partnerships: Accounting for the New Religion." *Harvard Law Review* 115 (5) (March): 1229-1284.
Morgan, Edmund S. 1975. *American Slavery, American Freedom: The Ordeal of Colonial Virginia*. New York: Norton.
Morgenson, Gretchen. 2015. "A Student Loan System Stacked against the Borrower." *New*

York Times, October 9.

Morsy, Leila, and Richard Rothstein. 2016. *Mass Incarceration and Children's Outcomes: Criminal Justice Policy Is Education Policy*. Washington, DC:Economic Policy Institute, December 15.

Mortenson, Thomas G. 2012. "State Funding: A Race to the Bottom." American Council on Education, Winter. http://www.acenet.edu/the-presidency/columns-and-features/Pages/state-funding-a-race-to-the-bottom.aspx. Accessed September 22, 2016.

Moss, David A. 2002. *When All Else Fails: Government as the Ultimate Risk Manager*. Cambridge, MA: Harvard University Press.

Murray, Charles. 2012. *Coming Apart: The State of White America, 1960-2010*. New York: Crown.〔『階級「断絶」社会アメリカ――新上流と新下流の出現』橘明美訳、草思社、2013年〕

National Center for Education Statistics. 2015. "Postsecondary Attainment: Differences by Socioeconomic Status." http://nces.ed.gov/programs/coe/indicator_tva.asp. Accessed September 22, 2016.

National Science Board. 2012. "Diminishing Funding and Rising Expectations: Trends and Challenges for Public Research Universities." http://www.nsf.gov/nsb/sei/companion2/files/nsb1245.pdf. Accessed September 22, 2016.

Neal, Larry. 2015. *A Concise History of International Finance: From Babylon to Bernanke*. New York: Cambridge University Press.

New York Times Editorial Board. 2015. "Alabama Puts Up More Hurdles for Voters." *New York Times*, October 8.

Newman, Oscar. 1972. *Defensible Space: Crime Prevention through Urban Design*. New York: Macmillan.〔『まもりやすい住空間――都市設計による犯罪防止』湯川利和・湯川聡子訳、鹿島出版会、1976年〕

Nield, Ruth C., and Robert Balfanz. 2006. "An Extreme Degree of Difficulty: The Educational Demographics of Urban Neighborhood High Schools." *Journal of Education for Students Placed at Risk* 11 (April): 123-141.

Nixon, Richard. 1969. "Address to the Nation on Domestic Programs." In *The American Presidency Project*, ed. Gerhard Peters and John T. Woolley, August 8. http://www.presidency.ucsb.edu/ws/?pid=2191. Accessed September 22, 2016.

Nocera, Joe. 2015. "Zuckerberg's Expensive Lesson." *New York Times*, September 8.

Norris, Floyd. 2014. "Made in the U.S.A., but Banked Overseas." *New York Times*, September 25.

Norris, Louise. 2017. "10 Ways the GOP Sabotaged Obamacare: Trump and Congressional Republicans Say the ACA Is Collapsing under Its Own Weight,but They've Been Dragging It Down for Years." Health Insurance.org, May 17. https://www.healthinsurance.org/blog/2017/05/17/10-ways-the-gop-sabotaged-obamacare/. Accessed November 16, 2017.

Northeast Corridor Commission. 2015. "Five-Year Capital Plan, Fiscal Years 2016–2020." http://www.nec-commission.com/reports/nec-five-year-capital-plan-fy-2016-2020/. Accessed September 22, 2016.

Office of the Director of National Intelligence. 2017. *Assessing Russian Activities and Intentions in Recent US Elections*. January 6. https://www.intelligence.senate.gov/publications/assessing-russian-activities-and-intentions-recent-us-elections. Accessed November 16, 2017.

Osnos, Evan, David Remnick, and Joshua Yaffa. 2017. "Active Measures: What Lay behind Russia's Interference in the 2016 Election—and What Lies Ahead?" *New Yorker*, March 6.

Overton, Spencer. 2006. *Stealing Democracy: The New Politics of Voter Suppression*. New York: Norton.

Page, Benjamin I., Larry M. Bartels, and Jason Seawright. 2013. "Democracy and the Policy Preferences of Wealthy Americans." *Perspectives on Politics* 11 (March): 51–73.

Pamuk, Orhan. 2015. *A Strangeness in My Min*d. New York: Knopf.〔『僕の違和感』上下巻、宮下遼訳、早川書房、2016年〕

Parker, Ashley, and Steve Eder. 2016. "Inside the Six Weeks Donald Trump Was a Nonstop 'Birther.'" *New York Times*, July 2.

Parker, Ashley, and Maggie Haberman. 2016. "With Koch Brothers Academy, Conservatives Settle in for Long War." *New York Times*, September 6.

Patel, Jugal K., and Wilson Andrews. 2016. "Trump's Electoral Victory Ranks 46th in 58 Elections." *New York Times*, December 18.

Pear, Robert, and Reed Abelson. 2016. "As Insurers Like Aetna Balk, U.S. Makes New Push to Bolster Health Care Act." *New York Times*, August 18.

Pear, Robert, Maggie Haberman, and Reed Abelson. 2017. "Trump to Scrap Critical Health Care Subsidies, Hitting Obamacare Again." *New York Times*, October 12.

Pear, Robert, and Thomas Kaplan. 2017 a. "Trump Threat to Obamacare Would Send Premiums and Deficits Skyward." *New York Times*, August 15.

Pear, Robert, and Thomas Kaplan. 2017 b. "Republican Leaders Defy Bipartisan Opposition to Health Care Repeal." *New York Times*, September 19.

Peters, Jeremy W., and Maggie Haberman. 2017. "Bannon Was Set for a Graceful Exit. Then Came Charlottesville." *New York Times*, August 20.

Pew Research Center. 2015. "The American Middle Class Is Losing Ground: No Longer the Majority and Falling Behind Financially." December 9. http://www.pewsocialtrends.org/2015/12/09/the-american-middle-class-is-losing-ground/. Accessed September 22, 2016.

Pfaff, John F. 2017. *Locked In: The True Causes of Mass Incarceration—and How to Achieve Real Reform*. New York: Basic Books.

Pfaff, John. 2016. "A Mockery of Justice for the Poor." *New York Times*, April 29.

Philippon, Thomas, and Ariell Reshef. 2012. "Wages and Human Capital in the U.S. Finance Industry: 1909–2006." *Quarterly Journal of Economics* 127 (November): 1551–1609.
Philipps, Dave, and Eric Schmidt. 2017. "Fatigue and Training Gaps Spell Disaster at Sea, Sailors Warn." *New York Times*, August 27.
Phillips-Fein, Kim. 2009. *Invisible Hands: The Businessmen's Crusade Against the New Deal*. New York: Norton.
Pierce, Justin R., and Peter K. Schott. 2016. "The Surprisingly Swift Decline of US Manufacturing Employment." *American Economic Review* 106 (7) (July): 1632–1662.
Piketty, Thomas. 2014. *Capital in the Twenty-First Century*. Cambridge, MA: Harvard University Press.〔『21世紀の資本』山形浩生・守岡桜・森本正史訳、みすず書房、2014年〕
Piketty, Thomas, Emmanuel Saez, and Gabriel Zucman. 2018. "Distributional National Accounts: Methods and Estimates for the United States." Forthcoming in *Quarterly Journal of Economics*.
Pinto, Nick. 2015. "The Bail Trap." *New York Times*, August 13.
Piore, Michael J., and Sean Stafford. 2006. "Changing Regimes of Workplace Governance, Shifting Axes of Social Mobilization and the Challenge to Industrial Relations Theory." *Industrial Relations* 45 (3) (July): 299–325.
Porter, Eduardo. 2015. "Education Gap between Rich and Poor Is Growing Wider." *New York Times*, September 22.
Porter, Eduardo. 2016. "With Competition in Tatters, the Rip of Inequality Widens." *New York Times*, July 12.
Porter, Michael, and Scott Stern. 2015. "Social Progress Index." *Social Progress Imperative*. http://www.socialprogressimperative.org/global-index/. Accessed September 22, 2016.
Powell, Lewis. 1971. "The Powell Memo (also known as the Powell Manifesto)." August 23. http://reclaimdemocracy.org/powell_memo_lewis/. Accessed September 22, 2016.
Prince, Erik. 2017. "Contractors, Not Troops, Will Save Afghanistan." *New York Times*, August 30.
Protess, Ben, Danielle Ivory, and Steve Eder. 2017. "Where Trump's Hands-Off Approach to Governing Does Not Apply." *New York Times*, September 10.
Pudelski, Sasha, and Carl Davis. 2017. *Public Loss Private Gain: How School Voucher Tax Shelters Undermine Public Education*. AASA, The School Superintendents Association, May. http://www.aasa.org/uploadedFiles/Policy_and_Advocacy/Resources/AASA_ITEP_Voucher_Tax_Shelter.pdf. Accessed November 16, 2017.
Putnam, Robert D. 1993. *Making Democracy Wok: Civic Traditions in Modern Italy*. Princeton: Princeton University Press.〔『哲学する民主主義――伝統と改革の市民的構造』河田潤一訳、NTT出版、2001年〕
Putnam, Robert D. 2000. *Bowling Alone: The Collapse and Revival of American Community*.

New York: Simon and Schuster.〔『孤独なボウリング――米国コミュニティの崩壊と再生』柴内康文訳、柏書房、2006年〕

Putnam, Robert D. 2015. *Our Kids: The American Dream in Crisis*. New York: Simon and Schuster.〔『われらの子ども――米国における機会格差の拡』柴内康文訳、創元社、2017年〕

Rajan, Raghuram. 2010. *Fault Lines: How Hidden Fractures Still Threaten the World Economy*. Princeton: Princeton University Press.〔『フォールト・ラインズ――「大断層」が金融危機を再び招く』伏見威蕃・月沢李歌子訳、新潮社、2011年〕

Rand, Ayn. 1957. *Atlas Shrugged*. New York: Random House.〔『肩をすくめるアトラス』脇坂あゆみ訳、ビジネス社、2004年〕

Rankine, Claudia. 2015. *Citizen: An American Lyric*. Minneapolis, MN: Greywolf Press.

Rappeport, Alan. 2016. "Donald Trump Says His Remarks on Judge Were 'Misconstrued.'" *New York Times*, June 7.

Rappeport, Alan. 2017 a. "In Battle over Tax Cuts, It's Republicans vs. Economists." *New York Times*, September 20.

Rappeport, Alan. 2017 b. "Trump Reversals Hint at Wall Street Wing's Sway in White House." *New York Times*, April 12.

Rappeport, Alan, and Thomas Kaplan. 2017. "Senate Republicans Embrace Plan for $1.5 Trillion Tax Cut." *New York Times*, September 19.

Rattner, Steven. 2016 a. "By Opposing Obama, the Republicans Created Trump." *New York Times*, April 13.

Rattner, Steven. 2016 b. "Donald Trump and Art of the Tax Loophole." *New York Times*, May 1.

Rattner, Steven. 2016 c. "Long Lines at Airports? You Ain't Seen Nothing Yet." *New York Times*, July 8.

Ravitch, Diane. 2017. "The Demolition of American Education." *New York Review of Books* Daily, June 5. http://www.nybooks.com/daily/2017/06/05/trump-devos-demolition-of-american-education/. Accessed November 16, 2017.

Rawls, John. 1999. *A Theory of Justice*. Revised Edition. Cambridge, MA: Harvard University Press.〔『正義論』川本隆史、福間聡、神島裕子訳、紀伊國屋書店、2010年〕

Reardon, Sean F. 2012. "The Widening Academic Achievement Gap between the Rich and the Poor." *Community Investments* 24 (Summer): 19–30.

Reardon, Sean F., and Kendra Bischoff. 2011. "Income Inequality and Income Segregation." *American Journal of Sociology* 116 (4) (January): 1092–1153.

Reardon, Sean F., and Kendra Bischoff. 2016. "The Continuing Increase in Income Segregation, 2007–2012." Stanford Center for Education Policy Analysis, March. http://cepa.stanford.edu/content/continuing-increase-income-segregation-2007-2012. Accessed September 22, 2016.

Reardon, Sean F., Jane Waldfogel, and Daphna Bassok. 2016. "The Good News about Educational Inequality." *New York Times*, August 26.

Reeves, Richard V. 2015. "The Dangerous Separation of the American Middle Class." Social Mobility Memos, Brookings Institution, September 3. http://www.brookings.edu/blogs/social-mobility-memos/posts/2015/09/03-separation-upper-middle-class-reeves. Accessed September 22, 2016.

Reeves, Richard V., and Nathan Joo. 2015. "Not Just the 1%: Upper Middle Class Income Separation." Social Mobility Memos, Brookings Institution, September 10. http://www.brookings.edu/blogs/social-mobility-memos/posts/2015/09/10-not-just-1-percent-income-reeves. Accessed September 22, 2016.

Reich, Robert B. 1991. *The Work of Nations: Preparing Ourselves for 21st-Century Capitalism*. New York: Knopf.〔『ザ・ワーク・オブ・ネーションズ――21世紀資本主義のイメージ』中谷巌訳、ダイヤモンド社、1991年〕

Reid, Joy-Ann. 2015. *Fracture: Barack Obama, the Clintons and the Racial Divide*. New York: HarperCollins.

Riggs, Mike. 2012. "Four Industries Getting Rich off the Drug War." Reason.com, April 22. http://reason.com/archives/2012/04/22/4-industries-getting-rich-off-the-drug-w/2. Accessed September 22, 2016.

Robertson, Campbell. 2016. "In Louisiana, the Poor Lack Legal Defense." *New York Times*, March 19.

Rocheleau, Matt. 2016. "A List of All of the Boston Schools with Recent Lead Concerns." *Boston Globe*, August 17.

Roeder, Oliver, Lauren-Brooke Eisen, and Julia Bowling. 2015. *What Caused the Crime Decline?* New York: Brennan Center for Justice at NYU.

Rose, Stephen J. 2016. "The Growing Size and Income of the Upper Middle Class." Urban Institute, June 21. http://www.urban.org/research/publication/growing-size-and-incomes-upper-middle-class. Accessed November 16, 2017.

Rosenberg, Matthew. 2017. "Trump Misleads on Russian Meddling: Why 17 Intelligence Agencies Don't Need to Agree." *New York Times*, July 6.

Rosenberg, Matthew, Adam Goldman, and Michael S. Schmidt. 2017. "Obama Administration Rushed to Preserve Intelligence of Russian Election Hacking." *New York Times*, March 1.

Rosenthal, Brian M. 2017. "Police Criticize Trump for Urging Officers Not to Be 'Too Nice' with Suspects." *New York Times*, July 29.

Ross, Carne. 2016. "Chilcot Report: How Tony Blair Sold the War." *New York Times*, July 6.

Rubin, Robert E. 2016. "How to Help Former Inmates Thrive." *New York Times*, June 3.

Ruiz, Rebecca R. 2017 a. "Attorney General Orders Tougher Sentences, Rolling Back Obama Policy." *New York Times*, May 12.

Ruiz, Rebecca R. 2017 b. "Justice Dept., under Siege from Trump, Plows Ahead with His Agenda." *New York Times*, August 3.

Russakoff, Dale. 2015. *The Prize: Who's in Charge of America's Schools*. Boston: Houghton Miffl in Harcourt.

Rutenberg, Jim. 2015. "Voting Rights Act, a Dream Undone." *New York Times*, August 2.

Rutenberg, Jim. 2017. "Bannon Is Ready for #War." *New York Times*, August 21.

Saez, Emmanuel, and Gabriel Zucman. 2016. "Wealth Inequality in the United States since 1913: Evidence from Capitalized Income Tax Data." *Quarterly Journal of Economics* 131 (2) (May): 519–578.

Sanders, Eli. 2016. *While the City Slept: A Love Lost to Violence and a Young Man's Descent into Madness*. New York: Viking.

Sanger-Katz, Margot. 2017 a. "How Failure of the Obamacare Repeal Affects Consumers." *New York Times*, September 26.

Sanger-Katz, Margot. 2017 b. "Obamacare Premiums Are Set to Rise: Blame Policy Uncertainty." *New York Times*, August 10.

Sanger-Katz, Margot. 2017 c. "What We Know about Trump's Twin Blows to Obamacare." *New York Times*, October 12.

Santora, Marc. 2017. "How Did the Subway Get So Bad? Look to the C Train." *New York Times*, June 6.

Santora, Marc, and Emma G. Fitzsimmons. 2017. "Subway Derailment in Manhattan Injures Dozens." *New York Times*, June 27.

Santos, Fernanda, and Motoko Rich. 2015. "Recession, Politics and Policy Stretch Arizona School Budgets." *New York Times*, June 5.

Sass, Tim R. 2006. "Charter Schools and Student Achievement in Florida." *Education Finance and Policy* 1 (Winter): 91–122.

Scharfenberg, David. 2015. "MBTA Repair Bill up to $7.3b, and May Rise, Panel Says." *Boston Globe*, August 31.

Scheiber, Noam. 2015. "Justice in Taxes, Most Likely Short-Lived." *New York Times*, December 31.

Scheiber, Noam. 2016 a. "White House Increases Overtime Eligibility by Millions." *New York Times*, May 17.

Scheiber, Noam. 2016 b. "The Law School Bust." *New York Times*, June 19. Scheiber, Noam, and Patricia Cohen. 2015. "For the Wealthiest, a Private Tax System that Saves Them Billions." *New York Times*, December 29.

Scheindlin, Shira A. 2016. "America's Trial Court Judges: Our Front Line for Justice." *New York Times*, May 7.

Scher, Richard K. 2011. *The Politics of Disenfranchisement: Why Is It So Hard to Vote in America?* Armonk, NY: M. E. Sharpe.

Schmidt, Michael S., and Maggie Haberman. 2017. "Mueller Has Early Draft of Trump Letter Giving Reasons for Firing Comey." *New York Times*, September 1.
Schmitt, Eric. 2017 a. "Navy Ships Kept at Sea despite Training and Maintenance Needs, Admiral Says." *New York Times*, September 7.
Schmitt, Eric. 2017 b. "Navy Returns to Compasses and Pencils to Help Avoid Collisions." *New York Times*, September 27.
Schorr, Lisbeth B. 1989. *Within Our Reach: Breaking the Cycle of Disadvantag*. New York: Random House.
Schwartz, Nelson D. 2014. "The Middle Class Is Steadily Eroding, Just Ask the Business World." *New York Times*, February 2.
Schwartz, Nelson D. 2016 a. "In an Age of Privilege, Not Everyone Is in the Same Boat." *New York Times*, April 23.
Schwartz, Nelson D. 2016 b. "Why Corporate America Is Leaving the Suburbs for the City." *New York Times*, August 1.
Seelye, Katherine Q. 2016. "Massachusetts Chief's Tack in Drug War: Steer Addicts to Rehab, Not Jail." *New York Times*, January 24.
Shane, Scott. 2017. "The Fake Americans Russia Created to Influence the Election." *New York Times*, September 7.
Shane, Scott, and Vindu Goel. 2017. "Fake Russian Facebook Accounts Bought $100,000 in Political Ads." *New York Times*, September 6.
Shear, Michael, and Maggie Haberman. 2017. "Trump Defends Initial Remarks on Charlottesville: Again Blames 'Both Sides." *New York Times*, August 15.
Shertzer, Allison, and Randall P. Walsh. 2016. "Racial Sorting and the Emergence of Segregation in American Cities." NBER Working Paper No. 22077, March.
Siegel, Reva B. 2002. "She the People: The Nineteenth Amendment, Sex Equality,
Federalism, and the Family." *Harvard Law Review* 115 (4): 948–1046.
Singer, Peter W. 2005. "Outsourcing War." *Foreign Affairs*, March/April.
https://www.foreignaffairs.com/articles/2005-03-01/outsourcing-war. Accessed September 22, 2016.
Sitaraman, Ganesh. 2017. *The Crisis of the Middle-Class Constitution*. New York: Knopf.
Smallacombe, Patricia Stern. 2006. "Rootedness, Isolation, and Social Capital in an Inner-City White Neighborhood." In *Social Capital in the City: Community and Civil Life in Philadelphia*, ed. Richardson Dilworth, 177–195. Philadelphia: Temple University Press.
Smeeding, Timothy M. 2016. "Gates, Gaps, and Intergenerational Mobility:
The Importance of an Even Start." In *The Dynamics of Opportunity in America: Evidence and Perspective*, ed. Irwin Kirsch and Henry Braun. New York: Springer ebooks.
Smith, Mitch. 2016. "Michigan: Emergency Declared over Flint's Water." *New York Times*, January 5.

Sokol, Jason. 2014. *All Eyes Are Upon Us: Race and Politics from Boston to Brooklyn*. New York: Basic Books.
Solow, Robert M. 1956. "A Contribution to the Theory of Economic Growth." *Quarterly Journal of Economics* 70 (February): 65–90.
Solow, Robert M. 1957. "Technical Change and the Aggregate Production Function." *Review of Economics and Statistics* 39 (3) (August): 312–320.
Solow, Robert M. 1997. "How Did Economics Get That Way and What Way Did It Get." *Daedalus* 126 (1) (Winter): 39–58.
Sommer, Jeff. 2015. "Pfi zer Didn't Need an Inversion to Avoid Paying U.S. Taxes." *New York Times*, November 25.
Soss, Joe, Richard C. Fording, and Sanford F. Schram. 2011. *Disciplining the Poor: Neoliberal Paternalism and the Persistent Power of Race*. Chicago: University of Chicago Press.
Special Inspector General for TARP (Troubled Asset Relief Program). 2015. *Quarterly Report to Congress*, July 29. http://www.sigtarp.gov/Quarterly%20Reports/July_29_2015_Report_to_Congress.pdf.
Stack, Liam. 2016 a. "Florida Governor Signs Law to Cut Funding for Abortion Clinics." *New York Times*, March 25.
Stack, Liam. 2016 b. "Light Sentence for Brock Turner in Stanford Rape Case Draws Outrage." *New York Times*, June 6.
Steinfeld, Robert J. 1991. *The Invention of Free Labor: The Employment Relation in English and American Law and Culture, 1350-1870*. Chapel Hill: University of North Carolina Press.
Steinfeld, Robert J. 2001. *Coercion, Contract, and Free Labour in the Nineteenth Century*. Cambridge: Cambridge University Press.
Steinhauer, Jennifer. 2017. "Without Obama as a Unifier, Republicans Are Fragmented."*New York Times*, June 6.
Stepler, Renee, and Anna Brown. 2016. "Statistical Picture of Hispanics in the United States." Pew Research Center, April 19. http://www.pewhispanic.org/2016/04/19/statistical-portrait-of-hispanics-in-the-united-states-key-charts/ Accessed September 22, 2016.
Stevenson, Alexandra. 2015. "For Top 25 Hedge Fund Managers, a Difficult 2014 Still Paid Well." *New York Times*, May 5.
Stevenson, Alexandra. 2016. "Hedge Funds Faced Choppy Waters in 2015, but Chiefs Cashed In." *New York Times*, May 10.
Stevenson, Bryan. 2015. *Just Mercy: A Story of Justice and Redemption*. New York: Speigel and Grau.〔『黒い司法——黒人死刑大国アメリカの冤罪と闘う』宮崎真紀訳、亜紀書房、2016年〕
Stewart, Amy. 2016. "Female Officers Save Lives." *New York Times*, July 26.

Stewart, Charles, III, and Stephen Ansolabehere. 2013. "Waiting in Line to Vote." White Paper: US Election Assistance Commission.
Stewart, James B. 2017. "Goldman Sachs Completes Return from Wilderness to the White House." *New York Times*, January 12.
Stewart, Katherine. 2017. "What the 'Government Schools' Critics Really Mean." *New York Times*, July 31.
Stiglitz, Joseph E. 2012. *The Price of Inequality*. New York: Norton.〔『世界の99%を貧困にする経済』楡井浩一・峯村利哉訳、徳間書店、2012年〕
Stiglitz, Joseph E., and Linda Bilmes. 2008. *The Three Trillion Dollar War: The Trues Cost of the Iraq Conflict*. New York: Norton.〔『世界を不幸にするアメリカの戦争経済——イラク戦費3兆ドルの衝撃』楡井浩一訳、徳間書店、2008年〕
Stockman, Farah. 2015. "Sex, Drugs, and Racist Policing in Rutland, VT." *Boston Globe*, August 27.
Stolberg, Cheryl. 2016. "Findings of Police Bias in Baltimore Validate What Many Have Long Felt." *New York Times*, August 10.
Stolberg, Sheryl Gay, and Erik Eckholm. 2016. "Virginia Governor Restores Voting Rights to Felons." *New York Times*, April 22.
Stolberg, Sheryl Gay, and Nicholas Fandos. 2016. "Washington Metro, 40 and Creaking, Stares at a Midlife Crisis." *New York Times*, April 3.
Stolberg, Sheryl Gay, and Robert Pear. 2017. "Why The Latest Health Bill Is Teetering: It May Not Work." *New York Times*, September 23.
Stuntz, William J. 2011. *The Collapse of American Criminal Justice*. Cambridge, MA: Harvard University Press.
Summers, Lawrence H. 2015."Demand Side Secular Stagnation." *American Economic Review* 105 (5): 60–65.
Surowiecki, James. 2016. "System Overload." *New Yorker*, April 18.
Swarns, Rachel L. 2015. "Biased Lending Evolves, and Blacks Face Trouble Getting Mortgages." *New York Times*, October 30.
Swavolo, Elizabeth, Kristine Riley, and Ram Subramanian. 2016. "Overlooked: Women and Jails in an Era of Reform." Vera Institute of Justice, August. https://www.vera.org/publications/overlooked-women-and-jails-report. Accessed September 22, 2016.
Tainter, Joseph A. 1988. *The Collapse of Complex Societies*. Cambridge: Cambridge University Press.
Tankersley, Jim, and Thomas Kaplan. 2017. "Tax Cuts Are the Glue Holding a Fractured Republican Party Together." *New York Times*, October 25.
Tavernise, Sabrina. 2016. "Disparity in Life Spans of the Rich and the Poor Is Growing." *New York Times*, February, 12.
Taylor, Kate. 2015. "At a Success Academy Charter School, Singling Out Pupils Who Have

'Got to Go.'" *New York Times*, October 29.

Temin, Peter, and David Vines. 2013. *The Leaderless Economy: Why the World Economic System Fell Apart and How to Fix It*. Princeton: Princeton University Press.〔『リーダーなき経済』貫井佳子訳、日本経済新聞社、2014年〕

Temin, Peter, and David Vines. 2014. *Keynes: Useful Economics for the World Economy*. Cambridge, MA: MIT Press.〔『学び直しケインズ経済学——現在の世界経済問題を考える』小谷野俊夫訳、一灯舎、2015年〕

Temin, Peter. 1999. "The American Business Elite in Historical Perspective." In *Elites, Minorities, and Economic Growth*, ed. Elise S. Brezis and Peter Temin.19–39. Amsterdam: Elsevier.

Temin, Peter. 2002. "The Golden Age of Economic Growth Reconsidered." *European Review of Economic History* 6 (April): 3–22.

Temin, Peter. 2002. "Teacher Quality and the Future of America." *Eastern Economic Journal* 28 (Summer): 285–300.

Temin, Peter. 2016. "The American Dual Economy: Race, Globalization and the Politics of Exclusion." *International Journal of Political Economy* 45 (2) (Summer): 1–40.

Temin, Peter. Forthcoming. "Taxes and Industrial Structure." *Business History Review*. Paper prepared for a conference in honor of Les Hannah, March 8, 2017.

Thompson, Heather Ann. 2010. "Why Mass Incarceration Matters: Rethinking Crisis, Decline, and Transformation in Postwar American History." *Journal of American History* 97 (3) (December): 703–734.

Thompson, Heather Ann. 2016. *Blood in the Water: The Attica Prison Uprising of 1971 and Its Legacy*. New York: Pantheon.

Thrush, Glenn. 2017. "Trump's 'Great National Infrastructure Program'? Stalled." *New York Times*, July 23.

Thrush, Glenn, and Maggie Haberman. 2017. "Trump Gives White Supremacists an Unequivocal Boost." *New York Times*, August 15.

Tirman, John. 2015. *Dream Chasers: Immigration and the American Backlash*. Cambridge, MA: MIT Press.

Toner, Robin. 1988. "Prison Furloughs in Massachusetts Threaten Dukakis Record on Crime." *New York Times*, July 5.

Toobin, Jeffrey. 2017. "Full Court Press: The Impresario behind Neil Gorsuch's Confirmation." *New Yorker*, April 17.

Traugott, Michael W. 2016. "Americans: Major Donors Sway Congress More than Constituents." Gallup, June 1–5. http://www.gallup.com/poll/193484/americans-major-donors-sway-congress-constituents.aspx?g_source=Politics&g_medium= newsfeed&g_campaign=tiles. Accessed September 22, 2016.

Tribe, Laurence, and Joshua Matz. 2014. *Uncertain Justice: The Roberts Court and the*

Constitution. New York: Henry Holt.
Triffin, Robert. 1960. *Gold and the Dollar Crisis: The Future of Convertibility*. New Haven: Yale University Press.
Troesken, Werner. 2006. *The Great Lead Water Pipe Disaster*. Cambridge, MA: MIT Press.
US Bureau of Labor Statistics. 2016. "Nonfarm Business Sector: Labor Share (PR85006173)." FRED, Federal Reserve Bank of St. Louis. http://fred.stlouisfed.org/series/PR85006173. Accessed September 12, 2016.
Van Cleve, Nicole Gonzalez. 2016. "Chicago's Racist Cops and Racist Courts." *New York Times*, April 14.
Vennochi, Joan. 2015. "The T's Haves and Have-Nots." *Boston Globe*, December 17.
Vlasic, Bill, and Mary M. Chapman. 2015. "U.A.W. Contracts Change Math for Detroit Automakers." *New York Times*, November 24.
Vogel, Kenneth P. 2015. "The Koch Intelligence Agency." Politico, November 18. http://www.politico.com/story/2015/11/the-koch-brothers-intelligence-agency-215943. Accessed September 22, 2016.
Vogel, Kenneth P., and Jeremy W. Peters. 2017. "Alabama Victory Provides Blueprint for New Bannon Alliance." *New York Times*, September 28.
Wacquant, Loic. 2009. *Punishing the Poor: The Neoliberal Government of Social Insecurity*. Durham, NC: Duke University Press.
Wagner, Peter, and Bernadette Rabuy. 2017. "Mass Incarceration: The Whole Pie 2017." *Prison Policy Initiative*, March 14. https://www.prisonpolicy.org/reports/pie2017.html. Accessed March 25, 2017.
Waldman, Annie. 2016. "In New Jersey Student Loan Program, Even Death May Not Bring a Reprieve." *New York Times*, July 3.
Waldman, Paul. 2017. "Republicans Reach Staggering New Heights of Hypocrisy." *Washington Post* blog, January 6. http://wapo.st/2iZ6VbD. Accessed November 16, 2017.
Wang, Sam. 2013. "The Great Gerrymander of 2012." *New York Times*, February 2.
Warren, Elizabeth. 2015. "Speech on Racial Inequality." Edward M. Kennedy Institute for the United States Senate, September 27. http://www.warren.senate.gov/?p=press_release&id=967. Accessed September 22, 2016.
Weets, David J., and Justin M. Ronca. 2006. "Examining Differences in State Support for Higher Education: A Comparative Study of State Appropriations for Research Universities." *Journal of Higher Education* 77 (November–December): 935–967.
Weil, David N. 2014. *The Fissured Workplace: Why Work Became So Bad for So Many and What Can Be Done to Improve It*. Cambridge, MA: Harvard University Press.
Weil, David N. 2015. "Capital and Wealth in the Twenty-First Century." *American Economic Review* 105 (5) (May): 34–37.
Weiser, Benjamin. 2016. "Rich Defendants' Request to Judges: Lock Me Up in a Gilded

Cage." *New York Times*, June 1."'Welfare Queen' Becomes Issue in Reagan Campaign." 1976. *New York Times*, February 15.
Western, Bruce. 2006. *Punishment and Inequality in America*. New York: Russell Sage Foundation.
Wigmore, Barrie A. 1997. *Securities Markets in the 1980s: The New Regime, 1979-1984*. New York: Oxford University Press.
Wilkerson, Isabel. 2010. *The Warmth of Other Suns: The Epic Story of America's Great Migration*. New York: Random House.
Williams, Timothy. 2016. "Number of Women in Jail Has Grown Far Faster than That of Men, Study Says." *New York Times*, August 17.
Wilson, William Julius. 1996. *When Work Disappears: The World of the New Urban Poor*. New York: Knopf.
Wilson, William Julius. 2009. *More than Just Race: Being Black and Poor in the Inner City*. New York: Norton.
Wines, Michael. 2016 a. "Federal Judge Bars North Dakota from Enforcing Restrictive Voter ID Law." *New York Times*, August 1.
Wines, Michael. 2016 b. "Inside the Conservative Push for States to Amend the Constitution." *New York Times*, August 22.
Wines, Michael. 2017. "Wisconsin Strict ID Law Discouraged Voters, Study Finds." *New York Times*, September 25.
Wines, Michael, and Lizette Alvarez. 2015. "Council of Conservative Citizens Promotes White Primacy, and G.O.P. Ties." *New York Times*, June 22.
Wines, Michael, and Alan Blinder. 2016. "Federal Appeals Court Strikes Down North Carolina Voter ID Requirement." *New York Times*, July 29.
Wines, Michael, and Manny Fernandez. 2016. "Stricter Rules for Voter IDs Reshape Races." *New York Times*, May 1.
Wines, Michael, Patrick McGeehan, and John Schwartz. 2016. "Schools Nationwide Still Grapple with Lead in Water." *New York Times*, March 26.
Winters, Jeffrey A. 2011. *Oligarchy*. Cambridge: Cambridge University Press.
Wolfers, Justin. 2016. "Growing Up in a Bad Neighborhood Does More Harm than We Thought." *New York Times*, March 25.
Woodward, C. Vann. 1974. *The Strange Career of Jim Crow*. New York: Oxford University Press.
Wright, Gavin. 2013. *Sharing the Prize: The Economics of the Civil Rights Revolution in the American South*. Cambridge, MA: Harvard University Press.
Yates, Sally Q. 2016. "Reducing Our Use of Private Prisons." Memo sent by Sally Q. Yates, Deputy Attorney General, to the acting director of the Federal Bureau of Prisons, August 18. https://www.justice.gov/opa/blog/phasing-out-our-use-private-prisons. Accessed

September 22, 2016.
Zernike, Kate. 2015 a. "Amtrak Official Says Rail Delays May Become 'Norm.'" *New York Times*, August 10.
Zernike, Kate. 2015 b. "Obama Administration Calls for Limits on Testing in Schools." *New York Times*, October 24.
Zernike, Kate. 2016 a. "An F-Minus for America's Schools from a Fed-Up Judge." *New York Times*, September 8.
Zernike, Kate. 2016 b. "How Trump's Education Nominee Bent Detroit to Her Will on Charter Schools." *New York Times*, December 12.
Zernike, Kate. 2016 c. "A Sea of Charter Schools in Detroit Leaves Students Adrift." *New York Times*, June 28.
Zernike, Kate. 2016 d. "Test Scores Show a Decline in Math among High School Seniors." *New York Times*, April 27.
Zernike, Kate, Reed Abelson, and Abby Goodnough. 2017. "Latest Obamacare Replacement Effort Is Most Far-Reaching." *New York Times*, September 21.
Zingales, Luigi. 2015. "Does Finance Benefi t Society?" Presidential Address to the American Finance Association, January. Also available as NBER Working Paper No. 20894, January.
Zucman, Gabriel. 2014. "Taxing across Borders: Tracking Personal Wealth and Corporate Profits.'" *Journal of Economic Perspectives* 29（4）（Fall）: 121–148.
Zucman, Gabriel. 2015. *The Hidden Wealth of Nations: The Scourge of Tax Havens*. Chicago: University of Chicago Press. Copyright〔『失われた国家の富——タックス・ヘイブンの経済学』林昌宏訳、NTT出版、2016年〕

註

はじめに

1）「中位」とは何を意味し、どのように決まるのか？　3人の集団を考えよう。朝刊を配達してくれる人、ヘッジファンド経営者、そしてあなたである。所得が大きく異なることは明らかだ。3人を所得順に並べると、中位とはまん中の人であり、あなたの可能性が高い。中位は平均とは異なり、平均は3人が得る所得の合計の3分の1である。かりに、ヘッジファンド経営者の年収が（彼らとしては高くない）約1000万ドルであるとする。このとき、3人の平均所得は300万ドルを超え、中位のあなたの所得よりもはるかに高い（ただし、あなたがヘッジファンド経営者でなければの話だ）。ひとこぶラクダとは（アラビア産）ヒトコブラクダ、ふたこぶラクダとは（中央アジア産）フタコブラクダのことである。
2）Piketty 2014.
3）Dylan 1963; Case and Deaton 2015.
4）Goldin and Katz 2008.
5）Goldin 2006.
6）Levinson 2015. この話が公表された頃、ボストン・グローブ紙は新しい配達会社を使って配達費用を削減しようとしていたが、失敗した。Arsenault 2016. この種の仕事のさらなる例についてはEdin and Shaefer 2015を見よ。
7）Confessore 2015; Kaufman 2016; Smith 2016; Eligon 2016; Davey 2016a.
8）Bonczar 2009.
9）Alexander 2010.
10）Temin 2016.
11）Levy and Temin 2007.

第1章　二重経済

1）Edwards 2004.
2）Freeland 2012; Piketty 2014; Reeves 2015; Reeves and Joo 2015; Goldin and Katz 2008, 300.
3）経済の専門家向けにルイス・モデルのさらなる議論を補論に収める。ルイス・モデルは、Hicks 1969に描かれた経済史の初期段階をも記述している。
4）Jones 1997.
5）Lewis 1954, 49.
6）Ibid.
7）Harris and Todaro 1970.
8）Pamuk 2015は、ルイス・モデルがトルコで数世代にわたってどう作用したかを、小説の形で鮮明に描いている。

9）図2は2007年で終わるが、賃金の停滞は続く（DeSilver 2014; Reardon and Bischoff 2016）。ピケティの著書の冒頭には、図3によく似た拡張された図があるが、それは人口のトップ十分位である（Piketty 2014, 24）。

10）Pew Research Center 2015. 大学卒業者の比率で部門を分けた私の論文がのちに本書となった（Temin 2016）。本書で引用する文献には、労働人口を所得で区分するものもあれば、教育で区分するものもある。ピュー・リサーチ・センターの報告書が出たのは、私がこの論文を出版用に提出した後で、報告書の所得の数字の方が、私が論文で用いた教育の数字よりもルイス・モデルの定義に近い。私はこれに応じてFTE部門の人々の比率を人口の30%から20%に減らして、2つの部門をより鮮明に識別した。最近のIMFのワーキング・ペーパーは、ピュー・リサーチ・センターの研究を所得分極化の枠組みに基づいて更新している（Alichi, Kantenga, and Solé 2016）。

11）Gornick and Milanovic 2015; Komlos 2016; Schwartz 2014.

12）Saez and Zucman 2016.

13）のちの経済学者は、農民も資本家のように（利潤ではないが自らの所得を）最大化していると仮定してきた（Harris and Todaro 1970）。このモデルをここで扱えるのはこれまでである。この論点には第10章で戻ってくる。

14）補論に人的資本と社会資本に関する経済学の文献を載せている。

15）Putnam 2015, 44–45, 265–266.

16）Temin 1999.

17）Page, Bartels, and Seawright 2013.

18）Kozol 2005.

第2章　FTE部門

1）Triffin 1961; Temin and Vines 2013.

2）ジョンソンからニクソンへの移行はより微妙だったのかもしれない。ヒントンによると、ジョンソンが法執行補助機関（LEAA）を設立したことにより、「国の政策決定者たちは、あらゆるレベルで法執行と刑事裁判における実質的パートナーになった」。彼女は、「逆説的なことに、ジョンソンは、自身が進めた貧困対策がのちのニクソン、フォード政権の犯罪防止策によって後退させられるお膳立てをした」と結論づけた（Hinton 2016, 8, 14）。Thompson 2010も見よ。

3）「ニクソン・ショック」は3つの政策の組み合わせだったが、永続的かつ重要だったのは為替相場体制の変更である。新たな政策の必要性はバジョットやケインズの主張から明らかだったはずだ。固定為替相場制における中央銀行の主要な機能は、為替相場の維持だったからである。この洞察を定式化したマンデル＝フレミング・モデルは当時、開発から10年足らずで、まだ広く理解されていなかっただろう（Nixon 1971; Eichengreen 2011）。

4）ベイスビッチは中東戦争の歴史叙述の起点をニクソンの声明にとった（Bacevich

2016, 5)。

5) Neal 2015; Zucman 2015, 22.

6) Powell 1971. Phillips-Fein 2009, chapter 7も見よ。Mayer 2016, 73-76. パウエルのメモは彼の伝記で言及されていない。著者は600ページを費やして、パウエルが穏健な判事であったと主張している(Jeffries 1994)。

7) Doogan 2009, 34; http://www.heritage.org/about .

8) Steinfeld 1991, 2001.

9) 現在でも白人至上主義的組織と保守派政治家の間にはつながりがある(Wines and Alvarez 2015)。

10) Drutman 2015, 28.

11) Lipton and Williams 2016; Kinzer 2016.

12) Hertel-Fernandez 2014. Ferguson and Rogers 1986は政治の変化をこの時期、つまり1973~75年の不況期と見ている。Mayer 2016, 73-90、および新たにコーク兄弟が資金を提供した取り組み「草の根リーダー養成塾」の記述(Parker and Haberman 2016)を見よ。

13) Mills 1979; Ferguson and Rogers 1986.

14) Levy and Temin 2011; Neumann 2016.

15) Wilkerson 2010.

16) Wilkerson 2010; Logan and Parman 2015; Anderson 2016.

17) Piore and Safford 2006; Lee 2014.

18) Nixon 1969.

19) Phillips-Fein 2009, 322; Miller 2009, 64.

20) Hayek 1944; Temin and Vines 2014. 現在、経済思想のこうした変化のひとつの結果として、毎年連邦予算を均衡させるように憲法修正を目指す動きがある(Wines 2016b)。

21) Congressional Budget Office 2014.

22) Wigmore 1997.

23) Philippon and Reshef 2012.

24) Stevenson 2105, 2016; Bartlett 2013; Gornick and Milanovic 2015.

25) Lipton and Moyer 2015; Scheiber and Cohen 2015.

26) Zingales 2015. 部門間移動という点で興味深い例がある。私たちはキューバ出身の芸術家や野球選手を称賛する。才能あるキューバ人は金融部門に参入できないからである。

27) Gelles 2015; Jones 2015, 35.

28) http://www.wid.world/#Database. Atkinson 2015, 38が設定する閾値はジョーンズよりも少し高い。トップ1%は40万ドル以上、トップ10%は15万ドル以上である。

29) Chozick 2015.

30) これは中位の労働者であって、ピュー・リサーチ・センターの報告(Pew 2015)に

描かれた中位の3人家族とは異なる。

31) Bureau of Labor Statistics 2015. 学術分野間と同様な収入格差が同一分野内に見られる。大学の英語教員のトップ10%は年収10万ドルを超え、明らかにFTE部門に属する(Fourcade, Ollion, and Algan 2015)。

32) Santos and Rich 2015.

第3章　低賃金部門

1) Gelman et al.(2008, 71-73)によれば、豊かになると人々は共和党に投票するが、南部では人種が依然として投票を左右する。Kuziemko and Washington 2015は、人種が鍵であるという。Woodward 1974; Anderson 2016も見よ。

2) パウエルの秘密メモは、彼が認める前は注目されていなかっただろう(Phillips-Fein 2009, 163; Jeffries 1994, 6; Alexander 2010)。

3) Autor, Levy, and Murnane 2003. 労働市場の分断はReich 1991が予想していた。

4) Krueger and Summers 1987.

5) Weil 2014.

6) Bewley 1999; Weil 2014; Isaac and Scheiber 2016; Kang 2016. ホルザーは図4のデータに異議を唱え、賃金が中程度の新たな仕事があると主張する。彼の挙げる例は、利用者のごく近くで提供するサービスの仕事である。それらのいくつかは大学教育を要すると思われ、賃金はFTE部門に属する水準であろう。ただ、ほとんどは(上位ではあるが)低賃金部門に属すると思われる(Holzer and Lerman 2009; Holzer 2015)。

7) Porter 2016.

8) Azar, Schmalz, and Tecu 2015.

9) Tirman 2015.

10) Acemoglu et al. 2016; Pierce and Schott 2016. アメリカ製造業の縮小は労働収入を低下させたはずだが、小規模の一時的上昇が見られた。

11) Freeman 1995; Autor, Dorn, and Hanson 2013.

12) US Bureau of Labor Statistics 2016; International Labour Organization 2015.

13) Bosworth and Burtless 2016.

14) Goolsbee and Krueger 2015, 13. 二層賃金体系は2015年に放棄された。自動車会社は再び利益を上げていたからである(Vlasic and Chapman 2015)。

15) Board of Governors of the Federal Reserve System 2015, 2.

16) Katznelson 2005; Boustan 2010; Card, Mas, and Rothstein 2008. 最近の研究によると、第二次世界大戦前でさえ都市部と農村部の両方で人種隔離が進んでいた。居住の人種隔離が頂点に達したのは「ブラウン対教育委員会」判決の後だったかもしれないが、それが引き金となったわけではない(Gerstle 1995; Logan and Parman 2015; Shertzer and Walsh 2016)。

17) Wilson 1996, 42.

18） Cherlin 2014, 172–175.

19） 図1の人種構成を見ると、黒人およびラテン系家族の約9割が低賃金部門である（Pew Research Center 2015）。ラテン系人口は急増中である（Stepler and Brown 2016）。

20） Caraley 1992.

21） Wilson 1996.

22） ニューヨーク・タイムズ紙はこの件を繰り返し報道した。以下を見よ。Bosman 2016b, 2016c, 2016d; Bosman, Davey, and Smith 2016; Davey and Smith 2016a; Goodnough 2016; Goodnough, Davey, and Smith 2016.

23） Wilson 1996, 49; Mauer 2006; Glaze and Kaeble 2014.

24） Bonczar 2003. この推計は2001年のデータから得られたものだが、今日でも正確であることに疑いはない。近年、囚人人口はいくらか減ったが、原因は長期刑に服する囚人の早期釈放であって、逮捕率や有罪率の低下ではない。一部の黒人は自衛のため警察が近隣地域に目を光らせることを奨励した（Fortner 2015）。彼らのうちで薬物関連の法律がコミュニティに与える影響を見越した者はいないだろう。

25） Alexander 2010; Crutchfield and Weeks 2015.

26） Roeder, Eisen, and Bowling 2015; Gottschalk 2015; Lofstrom and Raphael 2016, 123.

27） "'Welfare Queen' Becomes Issue in Reagan Campaign" 1976. レーガンは、47歳の福祉手当受給者リンダ・テイラーが手当増額のために偽名を使っていたことを発見した。彼はその金額と偽名の数をかなり誇張した。

28） Davis 2015; Parker and Eder 2016.

29） Agan and Starr 2016. 経済学の用語で言うと、雇用者は個別の差別が禁止されても統計的差別を行うのである。

30） Murray 2012.

31） Goffman 2014; Smallacombe 2006. Putnam 2000は「仲介」社会資本と「絆」社会資本を区別する。仲介社会資本は包摂的で市民集団に拡張されるが、絆社会資本は排他的・制限的である。貧しい地区の人々は、就学・就職を助けてくれる仲介社会資本を欠くが、家族や教会集団の内部に絆社会資本を有する。

32） Current Population Survey, http://www.census.gov/hhes/www/cpstables/032015/pov/pov03_100.htm.

33） Wilson 2009; Putnam 2015.

34） Goffman 2014; Case and Deaton 2015; Tavernise 2016.

35） Gustafson 2009.

36） Edin 1997; Wacquant 2009.

37） Pinto 2015; Stockman 2015.

第4章　移行

1） Harris and Todaro 1970.

2） Ferguson 2007.
3） Baily and Dynarski 2011; National Center for Education Statistics 2015.
4） Beasley 2011; Carey 2014; Bui and Miller 2016.
5） DiTomaso 2013.
6） Weerts and Ronca 2006; National Science Board 2012.
7） Mortenson 2012.
8） Dynarski 2015a.
9） Kinser 2006.
10） Cohen 2015b; Looney and Yannelis 2015.
11） Bernard 2015; Waldman 2016.
12） Consumer Financial Protection Bureau 2015; Morgenson 2015.
13） Dynarski 2016b.
14） Carey 2015. この話は極端に聞こえるが、例外ではない。ジョン・アコスタは2015年末にインディアナ州の法科大学院を修了し、一度で司法試験に合格した。しかし、彼は勉学のため20万ドルを超える借金を抱えている。返済できなければ、25年後に政府は債務を免除することになるが、国税局は免除額を所得とみなすため、アコスタは退職直前に7万ドルを課税されることになる（Scheiber 2016b）。
15） Krueger 2012.

第5章　人種とジェンダー

1） Coates 2015, 17–18.〔『世界と僕のあいだに』池田年穂訳、慶應義塾大学出版会、2017年〕
2） Fields and Fields 2012, 283.
3） Boyer and Nissenbaum 1974.
4） Handlin and Handlin 1950, 211, 216, 221–222から引用。Galenson 1981; Isenberg 2016も見よ。アイゼンバーグによると、一部のイングランド系移民は強制的にアメリカに送られた路上生活者・犯罪者であった。
5） Foner 1988; Woodward 1974.
6） Anderson 2016; Carl 2016.
7） Margo 1985.
8） Agee and Evans 1941.
9） Johnson 1966; Katznelson 2005; Fairlie and Sundstrom 1999.
10） Warren 2015.
11） Alexander 2010; Bonczar 2003.
12） Ignatiev 1995; MacDonald 1999.
13） Brodkin 1998.
14） Pew Research Center 2015.
15） Alesina, Glaeser, and Sacerdote 2001.

16） Acharya, Blackwell, and Sen 2015.

17） Rankine 2015, 105–109. このような逮捕が有罪につながる実例は存在する。デリック・ハミルトンは、牢獄で法律を勉強し、友人そしてついには自身の無実を証明した。彼の話はニューヨーカー誌に掲載された。Gonnerman 2016.

18） Coates 2015.

19） Krantz 2016; Stack 2016b.

20） Covert 2015; Stack 2016a.「20分の行為」の引用は加害学生の父親の法廷証言に基づく。

21） Liptak 2016c.

22） Krugman 2016b; Eckholm 2016.

23） Kessler-Harris 2001, 246.

24） Blinder and Fausset 2016; Liptak 2016a; Siegel 2002; Greenhouse 2016; Wines 2016; Wines and Blinder 2016.

25） Kuziemko and Washington 2015; Reid 2015.

26） Liptak 2016b.〔判決については以下を参照。印付き資料は（3）で確認できる〕
（1） https://www.supremecourt.gov/opinions/15pdf/14-8349_6k47.pdf
（2） https://www.supremecourt.gov/qp/14-08349qp.pdf
（3） https://www.theguardian.com/law/2016/may/23/supreme-court-ruling-timothy-tyrone-foster-death-sentence

27） Kerber 1998, 305; Stewart 2016.

28） Miller 2016.

第６章　政治の投資理論

1） Luce 2015.

2） Dimon 2016.

3） Levinson 2006; Maier 2011.

4） Overton 2006.

5） Burnham 2015, 29, 35, 46.

6） Keyssar 2000, part I; Burnham 2010.

7） Katznelson 2013.

8） 570 US __（2013）; Overton 2006.

9） Hasen 2012; Wines and Fernandez 2016.

10） Thompson 2010.

11） Herszenhorn 2016c. トランプはすぐに、自分の発言は誤解されたと述べた（Rapeport 2016）。

12） http://www.whytuesday.org/

13） Keyssar 2000; Kousser 1999, 2.

14） Keyssar 2000, 175.

15）現在、2種類の行動が必要である。長期的には、受給者への支給額か、それを賄う税額の調整、または両方の変更である。短期的には、緊急の問題に対処するため、政府は社会保障基金を融資する必要がある。後者は単純である。ちょうど連邦政府が2008年の金融危機で銀行に資金を融資したように、政府の一部門が別の部門に資金を融資して活動の継続を担保する必要がある。前者の、長期的論点は公共政策の問題である。保守派政治家は、今後75年間の課税と支給の均衡を回復するため、支給額の削減を望んでいる。社会保障年金の受給開始年齢の引き上げが支給額削減のひとつの方法である。リベラル派政治家は均衡回復のための増税を望んでいる（Diamond and Orszag 2005; Hill 2016）。

16）Bartels 2008, 177.

17）Bacevich 2016, 194, 244. トニー・ブレアは同じ方法で戦争を英国民に売り込んだ（Ross 2016）。

18）Ferguson 1995, chapter 1.

19）Ibid.

20）Bartels 2008, 265, 267, 289. バーテルズはより新しい著書でこの結論を再確認し、述べている。「選挙結果は本質的には政党間のランダムな選択である。椅子取りゲームだ」（Achen and Bartels 2016, 312）。

21）Traugott 2016.

22）Ferguson, Jorgensen, and Chen 2013.

23）Ferguson, Jorgensen and Chen 2016.

24）Lee and Norden 2016.

25）Gilens and Page 2014.

26）Mayer 2016, 90.

第7章　超富裕層の選好

1）http://www.forbes.com/forbes-400/list/

2）Page, Bartels, and Seawright 2013, 56.

3）Ibid.

4）Freeland 2012, 5, 241.

5）Drutman 2013; Gold and Narayanswamy 2016.

6）Phillips-Fein 2009, 221–225.

7）Miller 2015, 64.

8）Kroll et al. 2014.

9）Norris 2014; Corkery 2016; Buettner and Bagli 2016.

10）Bagli 2016; Rattner 2016b; Frank 2016; Norris 2014; Sommer 2015; Cohen 2016b.

11）Zucman 2014, 2015, 35, 107; Lipton and Creswell 2016.

12）Sokol 2014. オバマは、最高位のアフリカ系アメリカ人政治家として、自身の政策への執拗な反対に遭い、彼はアメリカ生まれではないから当選は無効だと（まった

く根拠なく）主張する政治家たちに侮辱された（Parker and Eder 2016; Barbaro 2016）。

13） Mayer 2016, 9, 55, 86–87.

14） Mayer 2010, 2016, 280–285; Dwyer 2016.

15） Mayer 2016, 123に引用。強調は原文。

16） Mayer 2016, chapter 4.

17） Mayer 2016 は表紙と裏表紙の内側に、コクトパスによる政治活動およびシンクタンクへの支出を示す図を掲載している。Vogel 2015も見よ。

18） 情報を全面開示すると、本書につながった論文は新経済思考研究所の支援を受けた。

第８章　政府の概念

1） 小文字で始まるdemocratは民主主義社会・国家のメンバーである。大文字で始まる政党の党員Democratと混同してはならない。

2） Bush v. Gore, 531 US 98（2000）; Shelby County v. Holder, 570 US 529（2013）; Ewald 2009; Scher 2011; Berman 2015.

3） Moss 2002.

4） 第12章を見よ。

5） これらの規制は第3章で述べた外注によって骨抜きにされてきた。

6） Barro 2015; Scheiber 2015, 2016a.

7） Rawls 1999.

8） Rattner 2016cはこの過程がすでに進行中であることを示す。

9） 第10章を見よ。

10） Dawisha 2014.

11） Winters 2011.

12） Hacker and Pierson 2016は、私たちが自国の歴史を忘れていることを戒めるが、彼らは長い歴史のうちこのわずかな部分を顧みるだけで、人種レトリックの重要な役割にはほとんど注目していない。

13） Overton 2006; Ewald 2009; Scher 2011; Berman 2015.

14） Bacevich 2016; Gerges 2016, 133.

15） Wang 2013; Daley 2016.

16） Scheindlin 2016.

17） Kar and Mazzone 2016.

18） Herszenhorn 2016a; Brittain and Horwitz 2016; Fandos 2016; Herszenhorn 2016b. Mayer 2016は表紙の内側で、「ネットワーク」が全米ライフル協会に660万ドルをつぎ込んだことを示す。Greenhouse 2016aも見よ。

19） Corasaniti and Parker 2016; Gold and Narayanswamy 2016.

20） Mayer 2016, 90; Beard 2015, chapter 9.

第9章　大量投獄

1）Williams 2016.

2）Fountain and Schmidt 2016.

3）Apuzzo 2016; Davey 2016b. 連邦政府がボルティモア警察を調査したところ、ファーガソンと同種の偏見が確認された（Stolberg 2016）。

4）Gottschalk 2015; Davey and Smith 2016b; Van Cleve 2016.

5）Tirman 2015; Bernstein 2009, 2016.

6）Edsall and Edsall 1991; Mauer 2006; Anderson 2016.

7）Western 2006, 78–79; Alexander 2010.

8）Kyckelhahn 2014; Carlson 2014.

9）Henrichson, Rinaldi, and Delaney 2015.

10）Swavolo, Riley, and Subramanian 2016; Keller and Pearce 2016.

11）Jones and Forman 2015.

12）Bonczar 2003; Tirman 2015.

13）Alexander 2010; Stuntz 2011; Edwards, Bunting, and Garcia 2013.

14）Charles Colton Task Force on Federal Corrections 2015; Eavis 2016; Hulse 2016.

15）O'Conner v. Donaldson, 422 US 563（1975）.

16）Sanders 2016.

17）Toner 1988; Edsall with Edsall 1991.

18）Bunton 2016; Pfaff 2016; Robertson 2016.

19）Weiser 2016; Schwartz 2016.

20）Hull 2009; Hinton 2016.

21）Bernstein 2009, 2016. ネットフリックスの『オレンジ・イズ・ニュー・ブラック』シリーズでは、刑務所が民間企業に買収され、大量投獄や民営刑務所の問題が広く知られるようになった。連邦司法省は2016年8月に覚書を出して、民営刑務所の利用を段階的に止めると述べた（Yates 2016）。

22）Riggs 2012; Ashton and Petteruti 2011; Loewenstein 2016.

23）Ivory, Protess, and Bennett 2016; Hager and Santo 2016.

24）Burnham and Ferguson 2014.

25）Seelye 2016.

26）Stolberg and Eckholm 2016; Lichtblau 2016; Johnston 2016; Rubin 2016.

27）Harris 2016, xix ほか。

28）Wacquant 2009; Soss, Fording, and Schram 2011; http://www.census.gov/hhes/www/cpstables/032015/pov/pov03_100.htm.

第10章　公教育

1）Schorr 1989.

2）Goldin 2006.

3）Goldin and Katz 2002; Temin 2002.
4）Goldstein 2014.
5）Allegretto and Mishel 2016.
6）Farley, Danziger, and Holzer 2000; Tribe and Matz 2014, 20.
7）Reardon and Bischoff 2011, 2016; Edsall 2016.
8）Temin 2002; Nocera 2015.
9）Goldin and Rouse 2000; Card and Giuliano 2014; Dynarski 2016a.
10）Johnson 2011. Clotfelter 2004も見よ。
11）Margo 1990.
12）Zernike 2015b, 2016d; Cohen 2016.
13）Bettinger 2005: Bifulco and Ladd 2006: Sass 2006; Kozol 2005; Nield and Balfanz 2006.
14）Dynarski 2015b; Taylor 2015.
15）Dobbie and Fryer 2013.
16）Mather, Correa, and Louttit 2016.
17）Zernike 2016c.
18）フライヤーはこうした実践を「5原則」と呼ぶ。「言い訳無用」と呼ばれることもある。前者は、頻繁な教師の対応、データに基づく指導、充実した個人指導、指導時間の増加、学業成績への徹底した注目からなる。後者は、規律と態度、従来型の読解と計算の能力、指導時間、教員の選択的雇用を強調する。共通の要素は、指導時間の増加と学業成績への注目であり、それらは規律と態度を反映する質問によって特定される。2種類の実践が確認されるのは似たような学校でる（Dubner 2005; Fryer 2014; Dobbie and Fryer 2013; Angrist, Pathak, and Walters 2013）。
19）Russakoff 2015.
20）Ibid., 76.
21）Ibid., 218; Schorr 1989.
22）Smeeding 2016.
23）Heckman, Pinto, and Savelyev 2013, 3–5; Reardon, Waldfogel, and Bassok 2016.
24）Schorr 1989; Kirp 2013; Jackson, Johnson, and Persico 2016. コネチカット州では、裁判所が学校への支出を生徒のニーズに合わせようとしており、ニュージャージー州に続く可能性がある（Harris 2016; Zernike 2016a）。
25）Barnett et al. 2013.
26）Editorial Board 2016.
27）Delpit 2012.
28）Kirp 2013.
29）Goleman 1995, 2006; Harris 2016.
30）Schorr 1989, 191.
31）Consortium for Longitudinal Studies 1983; Garces, Thomas, and Currie 2002; Currie

and Neidell 2007; Ludwig and Miller 2007; Heckman, Pinto, and Salvelyev 2013.
32）Currie and Thomas 2000.
33）Bush 2007; Head Start 2015.
34）Macur 2016; Dasgupta 2007, 31.
35）Reardon 2012; Porter 2015.
36）Abascal and Baldassarri 2015.
37）Lewis 2010; Levine et al. 2014.

第11章　アメリカの都市

1）Jargowsky 2015, 13.
2）Caraley 1992.
3）Troesken 2006, 140.
4）Rocheleau 2016.
5）Bosman 2016a; Wines, McGeehan, and Schwartz 2016.
6）Schwartz 2016b.
7）Belkin 1999; Jargowsky 2015. 2014年に白人警官が丸腰の若い黒人男性を銃撃したミズーリ州ファーガソンは、1990年には住民の75%が白人だったが、白人の退出が都市中心部から郊外に広がり、2010年には住民の3分の2が黒人になっていた。
8）Newman 1972.
9）Wilson 1996, 2009; Murray 2012.
10）MacDonald 1999; Swarns 2015.
11）Goffman 2014.
12）Chetty, Hendren, and Katz 2016; Chyn 2016; Wolfers 2016.
13）Heckman 1989.
14）8つの基準とは、収容力、状態、財源、将来のニーズ、維持管理、公共の安全、強靭さ、イノベーション、である。
15）American Society of Civil Engineers 2013.
16）Northeast Corridor Commission 2015; Fitzsimmons and Chen 2015.
17）Forsberg 2010; Zernike 2015a.
18）Scharfenberg 2015. Kanter 2015は、交通輸送問題の高度な技術による解決を提案し、それが低賃金部門のみならずFTE部門をも助けると暗に主張している。しかし、それらはかなりの支出を要するため、近い将来に実現する可能性は低い。
19）Dungea 2015; Vennochi 2015.
20）Stolberg and Fandos 2016; Fandos 2016b.
21）DeLong and Summers 2012; Authers 2015; Surowiecki 2016; Eavis 2015.
22）Cohen 2015a; Associated Press 2015; Dougherty 2016.

第12章　個人と国家の負債

1）Rajan 2010; Cynamon and Fazzari 2016.
2）Koo 2008. 失業は減ったものの、労働参加率は低いままである。
3）Mian and Sufi 2014.
4）Special Inspector General for TARP 2015. 銀行は報告書の数字に異議を唱えたが、Morgenson 2015は報告書の趣旨を支持した。「この施策は巨大銀行が借り手を繰り返し踏みにじることを許したようである」。
5）Barofsky 2012, 156. 現在、銀行は不良債権をヘッジファンドに売却している。後者はしばしば抵当権を行使して、家屋を売却するか、ほとんど営繕せず高い賃料で貸し出している（Dreier and Sen 2015; Goldstein 2015）。
6）Gordon 2015; Summers 2015.
7）Temin and Vines 2014.
8）Krugman 2016; Federal Reserve Bank of St. Louis data（FRED）, https://research.stlouisfed.org/fred2/series/LNS11300060
9）Grunwald 2012.
10）Pear and Abelson 2016.
11）アラバマ州は特に強力に「シェルビー郡対ホルダー」判決（2013年）に反応した。まず、投票者に運転免許証などのIDの保持を要請した。次いで、黒人の多い郡で運転免許を発行する事務所を閉鎖し、経費の削減にすぎないと主張した。こうした行為は裁判で係争中であるが、結果は不確実である（Bennett 2014; Cason 2015; New York Times Editorial Board 2015）。
12）Rutenberg 2015.
13）Stiglitz and Bilmes 2008; Bacevich 2016, 3–5. ベイスビッチはこうした戦争の軍事史を以下の言葉で始めた。「アメリカ市民革命が独立をめぐるものであり、南北戦争が奴隷制をめぐるものであったように、対中東戦争の存在根拠を常に規定してきたのは石油である。」
14）Gerges 2016, 8, 17.
15）Singer 2005; Bacevich 2016, 278.
16）Kinzer 2016.
17）Schwartz 2016a; Irwin 2016.

第13章　比較

1）Bourguignon 2015.
2）Piketty 2014.
3）Goos, Manning, and Salomons 2014.
4）Porter and Stern 2015; Atkinson 2015, 215.
5）Milanovic 2016, 12–18.
6）アメリカの〔下から〕第2十分位の所得階層を中国の第8十分位の所得階層と比較

した。ミラノビッチは引用文を以下のように続ける。「そして個々人への影響を解き明かそうとしても徒労に終わる」(Milanović 2016, 20, 35, 110)。

7) Atkinson 2015, 3.

第14章　結論

1) Case and Deaton 2015.
2) Anderson 2016; Confessore 2016.
3) Wright 2013.
4) Page, Bartels, and Seawright 2013; Ferguson 1995; Hacker and Pierson 2010; Gilens and Page 2014.
5) Autor 2015; Feinstein 1998.
6) Dewey 1935, 62; Piketty 2014, 481.
7) Heckman, Pinto, and Savelyev 2013.
8) Kremer 1993.
9) Dewey 1935, 66; Rawls 1999.

エピローグ

1) Marx 1852.
2) 「はじめに」の図1は、2010年頃までのデータに基づいている。ピケティ、サエズ、ズックマンはデータを2018年まで延長して、所得分布の最上位層における格差拡大を確認した。所得の最下位層では、企業のコア活動への集中によって、清掃員などの労働者の昇進や所得増加の機会が減っていることが現在でもニュースになっている。過去2年間で中位家計所得が伸びたのは、就職した人が増えたからである。これはよい知らせであるが、上昇したのは賃金というよりも労働参加なので、格差への影響は疑わしい(Piketty, Saez, and Zucman 2018)。Irwin 2017; B. Appelbaum 2017; E. Appelbaum 2017 も参照。
3) Dyson 2017; Shear and Haberman 2017; Thrush and Haberman 2017.
4) Bazelon and Posner 2017; Flegenheimer 2017a; Toobin 2017.
5) Flegenheimer 2017a; Greenhouse 2017.
6) Solow 1997.
7) Patel and Andrews 2016; Baker and Haberman 2017.
8) Stewart and Ansolabehere 2013; Lithwick and Cohen 2016; Krotoszynski 2016; Berman 2017; Wines 2017.
9) Kaplan 2017; Waldman 2017.
10) Clarke 2004; Bacevich 2016.
11) Rattner 2016a.
12) Associated Press 2017; Gardner, McIntyre, and Phillips 2017.
13) Ferguson, Jorgensen, and Chen 2017; MacLean 2017.

14）Thompson 2016, 564; Wagner and Rabuy 2017.

15）Fields and Fields 2012; Anderson 2016. 本書で利用したピュー・リサーチ・センターのデータを確認したRose 2016は、超富裕層を除外したFTE部門を「上位中間層」と呼んだ。彼の線引きは、FTE部門と低賃金部門の間ではなく、超富裕層とその他の人々の間だった。Freeland 2012.

16）Office of the Director of National Intelligence 2017; Rosenberg, Goldman, and Schmidt 2017; Osnos, Remnick, and Yaffa 2017; Fandos 2017.

17）Lipton, Sanger, and Shane 2016; Davis, Sanger, and Thrush 2017; Rosenberg 2017; Schmidt and Haberman 2017; Shane 2017; Shane and Goel 2017; Isaac and Wakabayashi 2017.

18）Locke 2013, 117; Leonhardt 2017.

19）Baker, Thrush, and Haberman 2017; Lipton, Protess, and Lehren 2017; Leonhardt 2017.

20）Baker 2017; Kohler-Hausmann 2017.

21）Morgan 1975, 386–87.

22）Lowndes 2008; MacLean 2017; Boushey 2017.

23）Buchanan 1973, 1975; MacLean 2017, 185–186. ノーベル財団は、ウェブサイトからブキャナンのコメントを削除した。

24）Dawisha 2014; MacLean 2017, xxviii, 152; Luce 2017.

25）Kinzer 2006; Philipps and Schmidt 2017; Schmitt 2017a, 2017b.

26）Rappeport 2017b; J. Stewart 2017.

27）Mayer 2017; Peters and Haberman 2017; Rutenberg 2017; Vogel and Peters 2017; Tankersley and Kaplan 2017; Steinhauer 2017.

28）Protess, Ivory, and Eder 2017.

29）Congressional Budget Office 2017a, 2017b, 2017c.

30）Flegenheimer, Martin, and Steinhauer 2017; Flegenheimer 2017b.

31）Kaplan and Pear 2017; Krugman 2017; Pear and Kaplan 2017a; Sanger-Katz 2017a; Stolberg and Pear 2017; Zernike, Abelson, and Goodnough 2017.

32）Bohlen 2017; Hulse 2017; Rappeport 2017a; Rappeport and Kaplan 2017.

33）Dew and Baker 2017; Sanger-Katz 2017b; Norris 2017.

34）Pear and Kaplan 2017b; Pear, Haberman, and Abelson 2017; Congressional Budget Office 2017d; Goodnough and Pear 2017.

35）Baum 2016から引用。Alexander 2010も見よ。

36）Stuntz 2011, 286; Pfaff 2017, 127.

37）Clear 2007, 175.

38）Goldman 2017; Rosenthal 2017; Ruiz 2017a. 州検察官たちのアフリカ系アメリカ人に対する敵意も抑制される必要がある。B. Stevenson 2015.

39）Meissner et al. 2013; Ruiz 2017b.

40) Dickerson 2017.
41) Eisinger 2017, 292.
42) Ibid., 168. Keefe 2017も見よ。
43) Morsy and Rothstein 2016.
44) Desmond 2017.
45) Barstow et al. 2004; Apuzzo 2017; Prince 2017.
46) Zernike 2016b; Binelli 2017.
47) Hayek 1944; Rand 1957; Arrow 1963. 人々を支援するうえで政府が果たすもっとも適切な役割について、より詳しくはBerliner 1999を参照。
48) Huetteman and Alcindor 2017.
49) Brown, Strauss, and Douglas-Gabriel 2017; Green 2017.
50) Ravitch 2017.
51) Pudelski and Davis 2017.
52) Cowley and Silver-Greenberg 2017; Dynarski 2017.
53) Cowley and Cohen 2017から引用。Cowley 2017も見よ。
54) Fogel and Engerman 1974; David and Temin 1974.
55) K. Stewart 2017.
56) American Society of Civil Engineers 2017.
57) E. Appelbaum 2017; Fessenden et al. 2017; Fitzsimmons 2017; Santora 2017; Santora and Fitzsimmons 2017; Thrush 2017.
58) Appelbaum and Batt 2014, 12–13.
59) Davis 2009; Foroohar 2016; Alexander, 2017.
60) Temin, forthcoming.
61) Tainter 1988; Sitaraman 2017; Rappeport and Kaplan 2017.

補論

1) Piketty 2014, 271–303.
2) Solow 1956.
3) Piketty 2014. ピケティは資本/所得比率βに焦点を当て、ソローは資本/労働比率kに集中した。読者は2人の著者を行き来する際には、この表記法の違いを念頭に置く必要がある。ピケティの第二法則は、彼の表記法では$\beta = s/g$〔貯蓄率/経済成長率〕となる。
4) Kuznets 1955; Fogel 1987; Piketty 2014; Temin 2002. クズネッツは断片的な証拠をつなぎ合わせようとする彼の試みの悪評に驚いただろう、とフォーゲルは主張した。
5) Goldsmith 1969; King and Levine 1993; Levine 2005.
6) Temin and Vines 2014; Zingales 2015.
7) Solow 1957.

8) Mincer 1958; Becker 1964.

9) Weill 2015は、人的資本を含めていないとしてピケティを批判した。

10) Putnam 1993, 2000.

11) Hall and Jones 1999; Dasgupta 2007, 31. ホールとジョーンズは、社会資本ではなく社会インフラに言及した。

12) Piketty 2014, 119.

13) これらの省略に対してピケティを批判した論者もいる(Weil 2015)。

14) Piketty 2014, 20.

【著者】

ピーター・テミン（Peter Temin）

1937年生まれ。マサチューセッツ工科大学名誉教授。著書に『大恐慌の教訓』（猪木武徳他訳、東洋経済新報社）、共著に『リーダーなき経済』（貫井佳子訳、日本経済新聞出版社）、『学び直しケインズ経済学』（小谷野俊夫訳、一灯舎）などがある。

【訳者】

栗林寛幸（くりばやし・ひろゆき）

1971年生まれ。東京大学教養学部教養学科卒業（国際関係論）。ケンブリッジ大学大学院修士課程修了（経済学）。現在、一橋大学経済研究所規範経済学研究センター研究員。訳書に、ビンモア『正義のゲーム理論的基礎』、バスー『見えざる手をこえて』（以上、NTT出版）、マーモット『健康格差』（監訳、日本評論社）など。

【解説】

猪木武徳（いのき・たけのり）

1945年生まれ。大阪大学名誉教授、国際日本文化研究センター名誉教授。マサチューセッツ工科大学（Ph.D., Economics）。著書に『戦後世界経済史』（中公新書）、『自由の条件』（ミネルヴァ書房）、『デモクラシーの宿命』（中央公論新社）など多数。

なぜ中間層は没落したのか
——アメリカ二重経済のジレンマ

2020年6月5日　初版第1刷発行
2021年3月20日　初版第2刷発行

著　者————ピーター・テミン
訳　者————栗林寛幸
発行者————依田俊之
発行所————慶應義塾大学出版会株式会社
〒108-8346　東京都港区三田2-19-30
TEL〔編集部〕03-3451-0931
〔営業部〕03-3451-3584〈ご注文〉
〔　〃　〕03-3451-6926
FAX〔営業部〕03-3451-3122
振替　00190-8-155497
https://www.keio-up.co.jp/
装　丁————米谷豪
ＤＴＰ————アイランド・コレクション
印刷・製本——中央精版印刷株式会社
カバー印刷——株式会社太平印刷社

Printed in Japan ISBN 978-4-7664-2674-8